尊重自由，激发自觉

重庆一中新时代办学理念的探索与实践

主编　唐宏宇

重庆大学出版社

图书在版编目（CIP）数据

尊重自由，激发自觉：重庆一中新时代办学理念的探索与实践 / 唐宏宇主编. -- 重庆：重庆大学出版社，2021.3

（新时代校长论丛）

ISBN 978-7-5689-2570-9

Ⅰ.①尊… Ⅱ.①唐… Ⅲ.①中学—学校管理—研究—重庆 Ⅳ.①G637.1

中国版本图书馆CIP数据核字（2021）第026751号

新时代校长论丛

尊重自由，激发自觉

ZUNZHONG ZIYOU，JIFA ZIJUE

——重庆一中新时代办学理念的探索与实践

——CHONGQING YIZHONG XIN SHIDAI BANXUE LINIAN DE TANSUO YU SHIJIAN

主 编 唐宏宇

策划编辑：张菱芷

责任编辑：李桂英 何俊峰 版式设计：张菱芷

责任校对：邹 忌 责任印制：赵 晟

*

重庆大学出版社出版发行

出版人：饶帮华

社址：重庆市沙坪坝区大学城西路21号

邮编：401331

电话：（023）88617190 88617185（中小学）

传真：（023）88617186 88617166

网址：http：//www.cqup.com.cn

邮箱：fxk@cqup.com.cn（营销中心）

全国新华书店经销

重庆紫石东南印务有限公司印刷

*

开本：787mm × 1092mm 1/16 印张：16 字数：280千

2021年3月第1版 2021年3月第1次印刷

ISBN 978-7-5689-2570-9 定价：68.00元

编委会

主　编

唐宏宇

副主编

周鹊虹　张群力

编　委（按姓氏笔画排序）

卫晋丽　王　刚　王伟民　石先华　皮坤龙

刘　涛　李崎颖　吴昊俊　何文吉　张　建

张　哲　苟翰心　欧　权　赵彦华　翁　凯

郭　斌　唐中浩　涂华勋　姬　键　龚剑秋

彭　成　彭树云　曾克阳　曾照军　廖治华

谭顺福

序 一

办学理念是一个学校对为什么办学、怎样办学的思考，是一个学校发展的思想引领和价值遵循，对于学校发展具有基础性、引领性作用。办学理念的提出关键在校长，提炼办学理念也是校长的重要职责。教育部印发的《义务教育学校校长专业标准》中强调“尊重学校传统和学校实际，提炼学校办学理念，办出学校特色”。历史证明，好的学校都有好的办学理念，好的校长也有自己独特的办学理念，如北京大学历史上最有影响的校长之一蔡元培的“思想自由、兼容并包”理念，苏联著名教育家、帕夫雷什中学校长苏霍姆林斯基的“全面发展”理念，“人民教育家”、育才学校校长陶行知的“生活教育”理念，等等。

办学理念的提出既要基于学校的历史传统，又要面向学校的现实发展和时代发展需要。重庆一中是一所有着光荣革命传统的学校，学校建于1931年，是重庆市最早的现代公立中学，周恩来、郭沫若、马寅初、晏阳初、潘菽、田汉等都曾在学校居住和讲学，邓小平的弟弟邓垦曾在任重庆市教育局局长时兼任重庆市第一中学校校长。90年来，学校几任校长薪火传承、不畏艰难、前赴后继，取得了一系列优异的成绩。当前，中国特色社会主义进入新时代，中国社会的主要矛盾和教育发展的主要矛盾已经发生了转变，相应地对学生、教师、学校发展的要求也悄悄发生着改变。面向新时代，重庆一中应该如何既传承学校的光荣传统，又回应时代发展需要？唐宏宇校长带领全体重庆一中人潜心研究、上下求索，形成了“尊重自由，激发自觉”办学理念。这一办学理念充分体现了“以人为本”的思想，体现了马克思“人的全面发展”思想，也体现了新时代中国特色社会主义思想要义，同时也是对重庆一中办学思想的传承。更为重要的是，学校真正践行“尊重自由，激发自觉”办学理念，使这一办学理念成为学校的灵魂，成为全校师生的价值遵循和行为准则，引领学校形成独特的文化品质和办学风格，促进学校在新时代高质量发展，并在国内甚至国外产生广泛影响。

如今，重庆一中唐宏宇校长带领团队历时数年将学校的办学理念和实践方略编著成《尊重自由，激发自觉——重庆一中新时代办学理念的探索与实践》，该书全面介绍了重庆一中办学理念的流变、“尊重自由，激发自觉”办学理念提出的背景和理念内涵，并对学校如何践行办学理念以“尊重自由，激发自觉”引领学校、教师、学生发展进行了系统论述，全景式地描述了“尊重自由，激发自觉”办学理念的传承与发展、理论与实践。尽管书中还有一些值得商榷的地方，但对于一个中学而言，有如此论著已属不易。作为重庆乃至全国最优质的中学之一，相信他们对新时代办学理念的思考对其他中小学校有借鉴和启迪意义。

我与宏宇校长相交多年，据我所知他是重庆市最早一批中学正高级教师，是一位有思想、有情怀且十分务实的校长。希望他能带领重庆一中人继续深入研究、创新发展，在“尊重自由，激发自觉”办学理念的引领下取得更多更好的成绩。应宏宇校长邀请略述几句，是为序。

西南大学

2021 年 3 月 2 日

宋乃庆系西南大学教授、博士生导师，国家级教学名师，当代教育名家，教育部西南基础教育课程研究中心主任，国家高端智库新华社“瞭望智库”首批入驻专家，原西南师范大学校长、西南大学原常务副校长。

序 二

伟大的革命导师马克思认为，“一个种的全部特性、种的类特性就在于生命活动的性质，而人的类特性恰恰就是自由的自觉的活动”，“以人的独立性为前提，以人的自主性选择为基础，通过对客观世界（包括自然界和社会）的认识和改造而实现的一种解放与自我发展”。自由自觉是人的本质，人的自由自觉发展是教育的目的，更是教育的途径。

教育是在尊重人的自然属性的基础上，通过道德培养与知识传授等一系列教育行为，促使人的内在自觉生长，形成持久的内驱力，进而使人的内在潜能发展出来。构建一个成就自觉者的“场”，让自觉者的个性在“场”中自由生长，更好地激发并实现人的社会属性，这是学校的意义与价值所在。

重庆一中的前身为重庆市立中学，建于 1931 年，是当时重庆市最早的、唯一的、现代的由政府出资办学的国立公办中学校，主要招收百姓子弟，进行平民教育。学校的命运总是与国家民族的命运血肉相连，与经济社会的发展息息相关。经历了抗日战争、新民主主义革命、社会主义革命建设、改革开放、新世纪的洗礼，学校曾六次易名，七度搬迁，改变的是地址，但始终不变的是教育情怀。物质的东西丢失了，但精神却被重庆一中人重新拾起来，经过创新，不断传承下去。

无论在过去，还是在未来发展中，人永远是第一位的因素，因此教育必须遵循人的成长规律，教育最理想的生态，就是尊重每一个学生创造文化的自由，激发每一个学生创造文化的自觉。从 20 世纪建校初期的“教育即生活，生活是教育的中心”到新世纪的“学校的一切为学生的发展而存在”，再到今天的“尊重自由，激发自觉”，重庆一中办学理念的演进是一个渐趋教育本质以及回归人基本属性的过程。它不是一朝一夕形成的，也不是一成不变的，它既与时俱进，也一脉相承。作为一种精神与文化，它被不同时代的重庆一中人传承并发扬光大，构成学校宝贵的精神财富。

尊重自由，激发自觉，是重庆一中在传承办学传统的基础上提出来的新时代的办学理念。这一理念基于人的本质属性，有着丰富的理论基础。我们在“尊重自由，激发自觉”办学理念指导下，努力探索符合教育本质规律的新办学形态。

“尊重自由，激发自觉”这一理念的提出，也是基于对当今世界教育背景与趋势的考察。它不仅契合了当今世界教育发展趋势，而且在某种角度上为时代教育探索了道路。重庆一中的教育教学实践表明，学校在每一个历史阶段的重大发展，都离不开自己办学理念的引导，思想先导成为我们前进的动力。只有回应时代的呼唤，认真研究解决教育面临的问题，才能真正把握发展脉络，推动教育理论创新，与时代变革同进步。

当前，国家步入了新时代，教育改革进入了关键时期，学校在总结提炼多年办学经验的基础上，创新性地提出了“尊重自由，激发自觉”办学理念，把“发展自觉力、成就自觉者”定为办学目标。我们以“人”这一教育终极关怀目标为出发点，从人的本质属性进行思考，提出了“尊重自由，激发自觉”办学理念，努力探索更加符合教育科学规律与人才成长规律的办学方向。学校应以学生的自由与自觉而存在，一切从学生自身发展需要出发，重视学生的主体地位，以现代人自由的精神塑造人，以自觉的广阔视野培养人。这一教育旨归，正是站在哲学思考的高度上，其本质就是呼应教育回归本质，回归对人的核心素养的关注。

教育层面的“自由”，指的是人身心舒展自在、积极精进的生命状态。人在这样的状态下，才是幸福的，才是具有非凡创造力的，其禀赋潜质才会被激发和唤醒，从而演绎生命的精彩。尊重是尊敬、敬畏、重视和敬重，做到自我尊重、尊重自然、尊重他人，尊重社会。“尊重自由”的教育释义就是坚持把教育人、引导人、鼓舞人与尊重人、理解人、关心人结合起来，倡导把人的健康、人格完善、人的素养发展看成是社会进步的一种标志。教育层面的“自觉”，即人对自我以及世界的觉悟。一个人只有真正觉悟到自己是一个独立个体、一个拥有无限选择和可能的人，以及觉悟到世界也有无限的生命、众多的人，这个人的内心才可能萌生敬畏、尊严、良善、奋斗等美好品质。“激发自觉”的教育释义要求师生对自己与他人、家国、世界的关系要有认同的自觉，做到自知、自省、自信、自主、自强。只有当一个人自觉意识到“我”的生命有一种力量，自觉到“我”的心灵有一种能量时，教育的意义和作用才真正体现出来。正如苏霍姆林斯基所说：“只有能够激发学生去进行自我教育的教育，才是真正的教育。”自由是自觉的前提与条件，而自觉既是对自由的自我限制，同时又是自由得以实现的方式。有了自由与自觉，人才有人之为人的意义，人才是创造的人。我们尊重的并非只是少数个体的自由，而是“共同自由”，唤起学生共同体意识与共同成长成才的“共同自觉”。

“尊重自由”就是把学校教育与学生的终极幸福联系起来，使学校教育不仅关注物，更关注人，使学校教育真正成为“人”的教育，而不是机器的制造。“激发自觉”是建立在对教育的本质、办学规律和时代特征的深刻认识的基础之上的价值追求。“尊重自由，激发自觉”就其产生来说，它不是自发形成的，而是我们对长期教育的深刻总结和自觉实践。学校教育文化的建构首先应该从人的基本属性出发，关注人的基本人格，关照人的基本权利，发展人的自由的、自觉的特性。“尊重自由，激发自觉”的教育实践，就是尊重学生的人格，尊重学生的个性特点，尊重学生的情感需要，引导学生从自尊到尊重他人；就是要培养、释放学生的自由意志，使其拥有思考的自由、选择的自由、实践的自由和人格的自由，拥有独立思考、独立行为的能力，进而成为一个真正的自觉者。

激发自觉意识是唤醒生命，成就自觉者则是点燃生命之光，让自由和自觉在师生心中扎根，实现思想的自由和行为的自觉。我们学校教育的所有内容和形式都必须符合“尊重自由，激发自觉”办学理念的要求。在培养与塑造人的时候，尊重人的自然天性，激发人的社会属性，自觉担当起教书育人、立德树人的崇高使命。多年来，重庆一中把这一办学理念融于教育教学实践中，致力于多维度的文化生态场的构建。开展学校、教师和学生等多元建设，通过运动与健康、阅读与人文、科技与创新多维路径，培养具有中国情怀、国际视野的未来人才，促进人的自由而全面发展。

学校本质上就是一个充满生长机缘的“场”，恰如大地，天无私覆，地无私载，为花草树木、鸟兽虫鱼等万物都提供了生长的机缘，大地也因此葳蕤，满是生机。一所学校也要有大地般厚德载物的精神。厚德载物的起点就是尊重生命发展的特点，让李开李的花，让桃结桃的果。人在其中，自由呼吸，自觉生长。一所理想的学校，就应该是“各美其美，美人之美，美美与共”“和而不同”的，这就是学校办学理念的精神内核与格局。将个人梦与学校梦、教育梦与中国梦融为一体的自由和自觉的至境，唯有如此，我们培养的人，才是大写的社会人，才是大写的民族人，才是大写的中国人。

唐宏宇

2021年3月

目录

第一章 “尊重自由，激发自觉”办学理念的提出

第一节 人类对自由、自觉思想的历史探索 3

第二节 当今世界教育背景与趋势 11

第三节 新时代我国的教育任务 17

第二章 重庆一中办学理念的持续探索

第一节 建校时期重庆一中办学理念的摸索 27

第二节 重庆一中办学理念的红色追寻 37

第三节 中华人民共和国成立后重庆一中办学理念的探索 45

第四节 新时代重庆一中办学理念的追求 65

第三章 “尊重自由，激发自觉”办学理念的理性思考

第一节 “尊重自由，激发自觉”办学理念的具体阐述 73

第二节 “尊重自由，激发自觉”办学理念的体系建构 79

第三节 “尊重自由，激发自觉”办学理念的实施目标 85

第四节 “尊重自由，激发自觉”办学理念的人文价值 95

第四章 “尊重自由，激发自觉”办学理念下的学校建设实践

第一节 以自觉为前提的自由——重庆一中管理现代化建设 105

第二节 自主改革，自觉发展——重庆一中“课程、课堂、课题”建设 115

第三节 海阔凭鱼跃，天高任鸟飞——重庆一中校园文化建设 137

第五章　“尊重自由，激发自觉”办学理念下的教师发展

第一节　明礼崇德的育人者　157

第二节　求知求真的学习者　165

第三节　个性飞扬的自觉者　179

第四节　教育公平的担当者　191

第六章　“尊重自由，激发自觉”办学理念下的学生成长

第一节　让尊重成为一种态度　197

第二节　让选择成为一种常态　209

第三节　让创新成为一种行动　223

第四节　让成就成为一种追求　237

目录

第一章 “尊重自由，激发自觉”办学理念的提出

第一节 人类对自由、自觉思想的历史探索 3

第二节 当今世界教育背景与趋势 11

第三节 新时代我国的教育任务 17

第二章 重庆一中办学理念的持续探索

第一节 建校时期重庆一中办学理念的摸索 27

第二节 重庆一中办学理念的红色追寻 37

第三节 中华人民共和国成立后重庆一中办学理念的探索 45

第四节 新时代重庆一中办学理念的追求 65

第三章　“尊重自由，激发自觉”办学理念的理性思考

第一节　“尊重自由，激发自觉”办学理念的具体阐述　73

第二节　“尊重自由，激发自觉”办学理念的体系建构　79

第三节　“尊重自由，激发自觉”办学理念的实施目标　85

第四节　“尊重自由，激发自觉”办学理念的人文价值　95

第四章　“尊重自由，激发自觉”办学理念下的学校建设实践

第一节　以自觉为前提的自由——重庆一中管理现代化建设　105

第二节　自主改革，自觉发展——重庆一中“课程、课堂、课题”建设　115

第三节　海阔凭鱼跃，天高任鸟飞——重庆一中校园文化建设　137

第五章 “尊重自由，激发自觉”办学理念下的教师发展

第一节 明礼崇德的育人者 157

第二节 求知求真的学习者 165

第三节 个性飞扬的自觉者 179

第四节 教育公平的担当者 191

第六章 “尊重自由，激发自觉”办学理念下的学生成长

第一节 让尊重成为一种态度 197

第二节 让选择成为一种常态 209

第三节 让创新成为一种行动 223

第四节 让成就成为一种追求 237

第一章

“尊重自由，激发自觉”办学理念的提出

第一节

人类对自由、自觉思想的历史探索

“尊重自由，激发自觉”，是重庆一中在传承办学传统的基础上提出来的新时代办学理念。这一理念基于人的本质属性，有着坚实的理论基础。重庆一中在“尊重自由，激发自觉”办学理念的指导下，努力探索符合教育本质、教育规律的新办学形态。

一、中国历代对自由、自觉思想的阐释

在我国古典文献中，“自由”一词最早出现于东汉。东汉经学家赵岐在《孟子章句》中道：“今我居宾师之位进退自由，岂不绰绰然舒缓有余裕乎？”此处“自由”即“跟随、顺应自己的心境”。此句大意是，“我”是不居官职而受到君主尊重的人，所以进退随心而动，皆由自己做主，故而进退皆宽绰而有余裕。此处的“自由”是一种免于恐惧、奴役、伤害的，随心所欲的舒适和谐的心理感受和生活状态。

我国古代典籍中，“自由”一词多指人无拘无束、自在自乐、自适其意的身心感受和生活状态，只是在具体运用中有褒贬之分。汉乐府名篇《孔雀东南飞》中有句：“吾意久怀忿，汝岂得自由！”此处的“自由”是“自作主张”的意思，略带贬义。唐代杜牧《登池州九峰楼寄张祜》有句：“百感中来不自由，角声孤起夕阳楼。”此处的“自由”是“自乐自在”的意思，褒义。无论褒贬，其核心意思是自己做主。

“自由”一词虽然最早出现于东汉，但在东汉之前已有类似的表达。先秦两大显学儒家和道家，皆有关于“自由”的论述。

老子说："功成，名遂，身退，天之道。"孔子说："道不行，乘桴浮于海。"儒道都有牺牲个人自由而建功立业，以担当天下责任的追求；但若已立功业抑或没有实现抱负的社会条件，那就去追求个人的自在生活。孔子还认为，每个人要经过不断学习、成长，最后才能达到"从心所欲不逾矩"的自觉状态。

继老子之后的道家代表庄子，更是表达了对个人的高度自由的追求。他的一个核心理念——"逍遥"，就是强调自然的、不受干扰的、无所待的状态。他认为人生的最高境界在于追求"与造化者同其逍遥"的境界，也就是要像天地万物般自然祥和、宁静自足、丰富精彩、巧妙愉快，且不受世俗价值标准中的权、利、名、位、功、禄的束缚。庄子强调人在精神世界里高度自由，从这一层面看，庄子追求的"逍遥"即近乎"自由"。故庄子在妻子死后依然可以"鼓盆而歌"；面对楚王提供的高官厚禄，庄子却宁愿做泥沼里摇头摆尾、自由自在的乌龟！

"自觉"一词出现在三国魏王肃注《孔子家语·致思》："吾有三失，晚而自觉，悔之何及！"意思是说，我一生有三个过失，可惜到了晚年才觉悟到，但已经追悔莫及了。何谓"自觉"？是指自己感觉并意识到。《说文》曰："觉，悟也。"而"悟"，从心，从吾。"吾"义为"正中的"，引申为"一箭正中靶心的"。"心"与"吾"结合起来表示"一种一箭正中靶心的心理状态"。所谓"觉悟"就是理解本质、醍醐灌顶的感觉与状态。

我国古代典籍中有许多类似"自觉"的意思表达。《论语·里仁》曰："见贤思齐焉，见不贤而内自省也。""自省"就是通过自我意识来省察自己言行的过程以达到"自觉"。曾子曰："吾日三省吾身。"一日多次反省自己，最终是为了清楚地认识自我，是为了获得"自觉"，从而改善自我。

儒家的一个重要概念"慎独"，也与"自觉"有紧密关联。《礼记·大学》曰："君子必慎其独也。""慎独"就是要诚其意，独自面对自己内心时无愧无怍，对自己满意。慎独既是一种修为，也是一种境界，包含了"自觉"的条件。"自觉"本质上就是在无人监督的情况下依旧保持本心，这也是教育希望学生能达到的境界。

在我国古代的教育思想中，"自由""自觉"体现得较为充分。

孔子主张"有教无类""因材施教""循循善诱"以及"不愤不启，不悱不发"；墨子主张学须量力而行。《墨子·公孟》曰："夫知者必量其力所能至而从事焉。"这些都体现出孔子、墨子对个体差异的理解，在一定程度上体现了对人的个性和自由的尊重。

孟子也有尊重个性的表述。如《孟子·尽心下》中“夫子之设科也，往者不追，来者不拒，苟以是心至，斯受之而已矣！”设置课日教学，离去的不追赶，前来的不拒绝，只要抱着学习之心而来，我就接纳他们。故在教育中，我们要尊重学习主体的思想，这就是对个性与自由的清醒认识。

而《论语·卫灵公》中“君子求诸己，小人求诸人”，强调君子学习要多反省自己而不要苛责他人，实质是强调认识自我，以期获得“自觉”。墨子有“不扣亦鸣”之说——《墨子·公孟》中说，国家有难，“君子之必以谏”。君子不待命令与安排，主动担当救国之任。这是墨子对君子的“自觉”的肯定。

孟子主张“自求自得”,《孟子·离娄下》曰:“君子深造之以道，欲其自得之也。自得之，则居之安；居之安，则资之深；资之深，则取之左右逢其原，故君子欲其自得之也。”孟子在此强调主动获得知识，即要自觉学习。

朱熹理学和王阳明心学充分体现出古代思想家们对“自由”“自觉”的认识。“夫天下之事，莫不有理。”其意是说人之为人，在于把握天理并以天理规范自己的行为，当人拥有了按天地“所以然”之理，做理“所当然”之事的自觉，则趋于理想人格。故朱熹重视理性自觉的原则。

而王阳明心学的形成是以对朱熹学说的批判为出发点的。他意识到过于强调“理”，可能会忽视“人”本身，抹杀人的主体性，从而可能造成“以理杀人”的悲剧。因此，王阳明强调将形而上的“天理”内化为主体性的“人心”，建立“以心为本，心外无理”的心本论，通过“知行合一”达到“良知”。故王阳明在平定赣南土匪后，发出“破山中贼易，破心中贼难”的感叹。要用内化为本心的道德伦理去破除心中诸多杂念，王阳明心学就是把道德伦理内化为内心自觉。心本论确立了主体精神（心、良知、良心、本心）的绝对地位，遵从意志自愿原则，“吾心自有光明月，千古团圆永无缺”。王阳明心学赋予了人意志自由的精神。

总而言之，虽然我国古代并未明确思辨过“自由”“自觉”之间的关系，但对“自由”“自觉”的认识是颇为深入的。

二、西方历代对自由、自觉思想的阐释

西方文明始于古希腊，古希腊文明由一个个“小国寡民”的城邦构成。不少

城邦实行“公民直接管理国家”的直接民主制，又依靠与海外各国进行商业贸易为生。不论是“直接民主”还是商业贸易，都要求公民具有人身自由。如果没有自由，也就谈不上公民权利；如果没有自由，也就没有独立自主的权利去经营、通商。因此，古希腊文明重视自由，而且不只是重视法律形式上的自由，更看重精神层面的自由。尽管他们没有明确提出“自由意志”的概念，但他们的思想无不在主张自由，于是便有了著名的德尔菲神谕“认识你自己”。苏格拉底经常用这句话来教育他的学生。

为什么要“认识你自己”？因为只有进行反思，认识自己，人才能达到精神“自由”与“自觉”状态。为了帮助人从“自由”上升到“自觉”，苏格拉底提出了一个重要观点即“美德即知识”——真正的知识在于美德（道德）的觉醒，让人能够自由自觉地行动，而不作恶危害社会。只有当自由的人因获得美德、知识而觉醒后，才能把“自由”升华为“自觉”，成为良好的社会公民。这也是教育孜孜以求的——既要传授学生知识，又要培养、重视他们的品德以使其成为自觉学习的主体。

苏格拉底的学生柏拉图进一步提出人有两类欲望：必要欲望（生活中身体的基本需要）和奢侈欲望（超出人基本需要的欲望）。如果人的行为由奢侈欲望来“自由”地支配，那么就可能会“自由”地毁坏自己，这不是真正的自由。必须是与求善本性相一致来满足自己欲望的生活，才是自由自觉的。现实中的做法是让灵魂控制欲望，灵魂（理性）作为主宰时，人才能走向真正的自由，达到理性自觉。

苏格拉底、柏拉图开创了一种新的传统，即把善与真统一起来的唯智主义的伦理学传统。在他们看来，自由就是对至善或真理的认识，把善和真内化为自己的思维，并达到一种自觉状态。所以柏拉图的学生亚里士多德有句名言叫“吾爱吾师，吾更爱真理”——努力追求真理，以期获得一种高度的精神自由。

在经历了漫长的中世纪后，文艺复兴让欧洲人重新发现了尘封千年的古希腊哲学。与资本主义经济生产的结合，让古希腊哲学重新焕发出生机。笛卡尔沿袭了古希腊的自由观，继承了古希腊哲学中对“求善求知与自由自觉的关系”的论述，提出了“我思故我在”的著名观点。

在笛卡尔看来，真正能作为知识基础的是确定无疑且无法否定的“我思”。“我思”作为人的思想活动的出发点和承载者，必然具有自由和自觉。“我思”是唯一的权威，知道什么是善恶、美丑、好坏、正误。自觉自愿地选择并实现善，这样作为唯一权威的“我思”便成了一种高度自觉。

笛卡尔之后的英国启蒙思想家霍布斯以另一种方式阐释了自由。他认为，自由与约束是相容的，当我们在法律、习俗的强制下行动时，我们并非不自由。因为外在的道德、法律强力让我们不至于为了满足自己的私欲而去破坏他人与社会的利益。在这种道德、法律和风俗的长期约束与潜移默化下，人就能养成一种自觉习惯。

斯宾诺莎提出了著名的“自由是对必然的认识”——我与世界是一体的，我依赖于我之外的万事万物而存在，我之外的万事万物也依赖于我而存在。因此，斯宾诺莎说：“只要能够正确运用理性，思想便完全处于自己的权利之下，或得到完全的自由。”这种对理性的“正确运用”，便是人的高度自觉。这也再次证明，自觉是一种高度的自由。

法国的启蒙思想家们继承和发扬了斯宾诺莎的“自由观”，尤其是卢梭，他既是哲学家，也是教育学家。在他的代表作《社会契约论》里，卢梭开篇就说：“人生而自由，却无时无刻不在枷锁中。”这个枷锁就是自觉，内心的自觉克服个人做坏事、违背道德的冲动。所以，自由不是为所欲为，而是有所为、有所不为。

卢梭在其教育学名著《爱弥儿》中提出了教育儿童要顺应自然：“出自造物主之手的东西都是好的，一到了人的手里就全变坏了。”由此，他提出“自然教育”的主张。在卢梭看来，人的本质是善的，人最可贵的是自由，因而教育应该是自然的、自由的，让儿童在自然的成长环境与教育中，养成各种行为习惯以达到自觉。

继卢梭之后的德国启蒙思想家康德，也是一位教育学家，他认为人的所有自然禀性都有待于发展，“人是唯一需要教育的动物”，教育的根本任务在于充分发展人的自然禀赋，使人人都成为自身、成为本来的自我并得到完善，以最终形成自觉。

康德的学生赫尔巴特在他的《普通教育学》中写道，教育的最高目的是帮助学生完成道德和性格的完善。具体而言，首先是要养成内心的自由；然后在内心自由的状态下，树立其他道德观念。这就是赫尔巴特对其师康德的教育观的继承与发展。

哲学与教育学在进入 20 世纪后，有了长足的发展。其中最典型的就是美国实用主义哲学家杜威提倡“新三中心教学论”：儿童（学生）中心、活动中心、经验中心，他认为应该把教学回归到学生，回归到一种自由的状态。

杜威认为，教育不是教师的教，而是学生的学。为了提高学生学习的效率，要给学生减轻外在负担，充分尊重他们的自由天性，让他们在一种自由状态下学习，让其最终获得能力、形成自觉。所以教育首先就应强调尊重学生的自由！

三、马克思对自由、自觉的阐释

伟大的革命导师马克思与恩格斯对“自由、自觉”有着相当精辟的阐述，主要体现在《1844年经济学哲学手稿》《德意志意识形态》《反杜林论》和《资本论》等光辉著作中。在《1844年经济学哲学手稿》中，马克思得出一个重要结论：“人的类特性恰恰就是自由的自觉的活动。”这是人区别于动物的最大不同。马克思认为，人自由的生命和自觉的生产活动是人的类存在、类本质和类特性，“一当人们自己开始生产他们所必需的生活资料的时候，他们就开始把自己和动物区别开来”。正是在这种意义上，马克思主义认为动物活动的性质是自由的，但不自觉。而人的活动的性质与动物不同，“人使自己的生命活动本身变成自己的意志和意识的对象”，所以能够自觉控制。

以上是从“人”、个体的角度来看问题。其实从历史唯物主义的角度出发看人类历史与社会，又何尝不是“自由的自觉的活动”。人类社会的发展是社会内部矛盾演变的结果，生产力与生产关系的矛盾、经济基础与上层建筑的矛盾运动构成了促进人类社会发展的两大基本规律，而生产力与生产关系的矛盾运动则是更为基本的矛盾运动。其中生产力又是人类社会发展的最后决定力量，所谓生产力，归根到底是人们“自由的自觉的活动”的能力，它标志着人们活动的自由与自觉水平。

基于马克思对“自由自觉”的阐述，恩格斯在《反杜林论》里对自由的定义是“对必然的认识和对客观的改造”，强调主观与客观的统一。故我们社会主义国家的教育，要把握住“人是自由的自觉的”这一特性，做到主观与客观、理论与实践的统一。

马克思认为，“自由的首要条件是自我认识”。人的自由以人的独立性为前提，没有精神的自由就不是真正的自由，所以教育讲“尊重自由”。首先要尊重“精神的自由”或“自由的精神”。其次，对客观必然性的正确把握是人能够获得自由、实现自由的认识论基础。在此认识论的指导下来实现自由，是人们通过自觉的、主动的、创造性的活动对外在障碍的克服来实现的，故教育更要“激发自觉”，让每个学生能够自觉克服外在障碍以实现学习的目的和促进个人成长。

由此，马克思主义对“自由自觉”的阐释——“以人的独立性为前提，以人的自主性与自觉性的选择为基础，通过对客观世界（包括自然界和社会）的认识和改造而实现的一种解放与自我实现”——为教育指明了道路。

四、自由与自觉是人的本质属性

上述对古今、东西方思想家们的观点的梳理，可见自由与自觉是人的本质属性。其中，自由更多的属于自然性，强调人与生俱来的天然属性；而自觉更多强调人的社会性，即它是在人的社会性成长中逐渐养成的。二者相辅相成，共同构造了人的属性。

按照马克思的观点，人的本质不是不证自明，而是需要自我确证。确证的途径就是劳动实践，最重要的是自由自觉的劳动实践。因此，自由与自觉这二者是密不可分的辩证统一。

为了实现人的“自由自觉”的本质属性，其大前提、大背景就是需要实现人类历史进程中由必然王国向自由王国的转化与发展。必然王国和自由王国是反映人类历史进程中社会实践自觉自由程度的两种不同发展状态。人类的历史发展是由自发不断向自觉发展的过程，也是从必然向自由不断发展、转化的过程。自由与自觉是对必然的认识和对客观世界的改造。

当人们还没有认识和掌握自然界和人类社会发展的必然性，并受这种必然性盲目支配和统治的时候，人们就处于必然王国的状态。当人们认识和掌握了自然界和人类社会发展的必然性即客观规律，并自觉运用这种必然性认识指导和推进对客观世界的改造时，人们的社会实践活动就进入了高度自觉、自由的状态，也就由必然王国逐步迈向自由王国。所以教育就是要教给学生发现、认识、掌握客观规律的能力。

当然，即使在生产力高度发达的今天，人们总要面临许多新情况、新问题、新挑战，总要继续实现由必然向自由、由自发向自觉的发展转变。所以人类的历史实践活动由必然、自发向自由、自觉的发展是一个永无止境的实现过程，教育的作用就是要在尊重人个性自由的基础上，激发人的自觉（主观能动性），促使人不断提升自我、改造世界。

第二节

当今世界教育背景与趋势

“尊重自由，激发自觉”这一办学理念的提出，基于对当今世界教育背景与趋势的考察。当今世界是个二元结构的世界，一方面“人是目的”的意识日渐深入人心，另一方面“人的异化”的现象又更加突出。如何避免人的异化，使人真正成为目的本身，是教育要着力思考和解决的问题。

“尊重自由，激发自觉”这一办学理念不仅契合了当今世界教育发展趋势，而且在某种角度上为时代教育指明了方向。

一、当代国际教育思潮

从教育史的角度看，“当代教育”这个概念的范围应该是20世纪以来世界各国的教育理论及其实践。教育思潮来源于教育实践，反映了实践过程中的要求、构想、总结、反思和对未来的展望。20世纪各种教育思潮此起彼伏，争先恐后地解决一定时期的教育和社会问题，得到政府和各种组织的积极推动。其中科学主义的东风和人文主义的西风此消彼长，时代性比较明显。

当代不断涌现的教育思潮中，影响最大者莫过于以杜威为代表的进步主义教育思潮。进步主义教育在方法和理论上不断嬗变，但其总体的特征不变，即要求学校教育从千篇一律的形式教育中摆脱出来，要求把儿童从传统教育的束缚中解放出来，让儿童成为教育的中心。这是传统教育走向现代教育的标志。然而进入20世纪30年代后，资本主义世界经济危机挑战着进步主义的教育理想，使后者受到多方面的批评和责难。人们开始了这样的反思：教育和学校究竟应该发挥怎样的社会作用？为了渡过现实的难关，教育首先应该做哪些工作？学校教育怎样为建立一个没有危机的社会做出贡献？

20世纪30年代的经济危机所带来的关于教育功能的争论，使进步主义教育的理论发生了转向：逐渐放弃早先过分强调的儿童中心主义，并分化出新的改造主义教育，与此同时，受到进步主义冲击的传统人文主义也以新的面孔出现。第二次世界大战以后，20世纪30年代的教育争论以新的形式继续进行，并打上了“冷战”的时代烙印。出于“冷战”态势下增强国家军事、经济实力的迫切需要，国家机器对教育进行干预，以便培养国家急需的专业人才。在这个背景下，围绕进步教育所展开的争论不免都成为明日黄花，“效率”和“优秀”成为教育界的新宠儿。以美国为例，20世纪50年代开始，不断出现主要以心理学和哲学理论创新为基础的新的教育思想，这些新的教育思想在一定程度上也可以被称为教育思潮：以布鲁纳和施瓦布为代表的学科结构运动，以斯金纳为代表的新行为主义教育，以布鲁姆为代表的掌握学习理论，以加德纳为代表的多元智能教育，以结构主义学习理论为基础的建构主义教育。这些思考和实践，都是为了解决怎样才能教得更多、更快和更好的问题。

从第一次经济危机到“冷战”结束这一段时间里，以行为主义、实用主义和科学教育为代表的科学主义教育思潮影响较大。作为进步主义教育的后来者，科学主义教育有着明显的实用导向性。譬如，战后世界的竞争集中体现为科技力量的竞争，科技竞争直接导致以培养高质量科技人才为目的的科学教育的竞争。

1957年，美国人惊呼：苏联卫星上天对美国的冲击不亚于珍珠港事件，“俄国的图书馆、教室，实验室和教学方法，对我们的威胁可能比氢弹还要厉害！”美国随即于1958年颁布《国防教育法》，宣布联邦政府增加巨款，用于加强以外语、数学和自然“新三艺”为主体的课程改革，欲以此法来巩固美国的教育制度，使之能满足国家安全的要求。科学教育运动就此拉开序幕。美国许多政治家、科学家和教育家积极投身于此。美苏两国具有竞争性的教育科学化运动迅速产生连锁反应，英、法、德、日、以色列等国也争先恐后效法改革，从而形成世界性的教育科学化潮流。如同一枚硬币的两面，科学发展又在很大程度上造成了人们对道德和价值体系实际处境的担心，这种担心以传统人本主义思潮的新面孔出现，并将审视的目光放大到所有受教育的现代国民。以存在主义、人本主义为代表的教育家认为，将有限的科学原则无限盲目扩张必然会导致人类各方面的危机。“现代科技把理性的智慧抬到高于其他一切之上，从而造成了一种可怕的怪物。”与此同时，人本主义教育家们开始在人的主体地位、人的全面发展和健全人格培养等方面大做文章，对科学主义实用价值的功利观念痛加斥责。

教育是否有必要追求一种“崇高”的目的？这是古老的争吵。杜威对此持否定态度，认为追求这种目的会导致教育停留在空洞、僵化的层面上，主张教育的目的在教育的整个过程之中，要通过近期的目标去完成可能的使命，“跳一跳摸到桃子”。但实践证明，当代社会多方面改变人类生活的同时，对物质的欲望常常掩盖了人完善自身的价值追求。很多人在畸形教育价值观的熏陶下，变成了“技术动物”：他们会操控现代化的高技术设备，却不会调整自己；他们有良好的学院教育背景，有许多文凭、证书，但却兴趣狭窄，沦为了精神侏儒；他们能自经济生活中赚取高额收入，被老板赏识，但却既缺乏社会担当和公共事务能力，又没有人格魅力，靠唯唯诺诺和见风使舵维持既得利益。所有这些至少表明，道德完善和人格教养是当代教育仍需努力的地方。日本学者小原国芳曾痛斥这种现象：“日本虽然在经济上被称为世界第二大国，但在精神上却未取得相应的发展，日本人被称为‘技术动物’。”

20 世纪 90 年代后，世界多极格局促使教育朝着多样化的方向发展。协同解决全球性的人类困扰，成为教育的时代主题。现代教育出现了思潮林立的繁荣局面，有对教育法制化的探索，也有对教育国际化、现代化的重视，其中科学主义与人本主义合流，成为既求真又求善的教育思潮。教育发展的客观规律昭示，现代教育必须适应科技和经济的发展，但政治、文化以及人的自身完善也是其重要内容和标志。那种把科学和人文相对立的思想存在偏差，教育思考的坐标应从一元走向多元。“今天的人类撕毁了其与宇宙结为一体的合约，在未来的社会，人类一定会重新签下这样的协约”[1]，这不能不说是教育思潮成熟的标志。

如果说 20 世纪 30 年代以前的教育思想创新都是时代理论自发的产物，那么近几十年来政府组织和国家机器在教育思潮的形成和强化中起到了重要作用，但这种趋势现在也在不断改变。20 世纪 90 年代以来，终身教育思想的广泛传播与联合国教科文组织、各国教育部门的大力宣传、广泛发动是离不开的。然而未来教育的发展只依靠国家组织是不够的，正如《学会生存：教育世界的今天和明天》

1　沙布尔·拉塞克，等. 从现在到 2000 年教育内容发展的全球展望［M］. 马胜利，等，译. 北京：教育科学出版社，1996.

一书中所讲的那样："不仅通过政府的命令或行政命令，也要靠整个社会，因而那些与未来教育有关的人们，要联合起来随着这个运动一同向前。"在进入 21 世纪以后，人们更加相信未来社会是学习型社会，也是个人意识充分觉醒、个性不断得到弘扬和健康发展的和谐社会。在这样的社会里，人们对教育的追求将是一种内心自发的倾向，而不是主要表现为社会舆论，从而形成新的教育思潮的发动力量。在新的教育思潮中，终身教育是学习化社会的基石，这种教育尊重每个人的差异性和自主性，重视学习者自主自发的不断发展。在学习化社会里不仅学习内容增多、范围扩大，而且教育、学习的技术和方法也进一步增多，学习者可以自主地从多种内容和方法里进行选择。在 21 世纪的学习化社会，多元教育、全民教育、终身教育和全纳教育等思想将大放异彩。

二、国际教育理念的转变与趋势

人文主义对当下国际教育理念的趋势做了一个概括。正如杜威所说："哲学就是教育的最一般层面的理论，教育乃是使哲学上分歧具体化并受到检验的实验室。"西方哲学里古老争吵的双方，即人文主义和科学主义，影响了 20 世纪所有的重要教育实践。在 21 世纪的教育认识中，人文主义略胜一筹，成为教育工作者眼中的"宁馨儿"。但事实上，生活在多种矛盾诸如经济发展脆弱、不平等、生态压力和暴力现象不断加剧的今天，我们对人文主义的理解已经不同以往，因而称之为"现代人文主义"。

人文主义（humanism）一词起源于拉丁文 humanistas，意指人和人的品质。人文主义在不同的时代有不同的内涵。

在古典时代，人文主义主要探索人的本质、个性以及美德，倡导自由和个性发展的哲学倾向。在文艺复兴和西方资产阶级革命时期，人文主义曾高举理性的武器，站在了神权和封建权力的对立面。而人文主义真正作为一种教育倾向并与科学主义站在对立面则是在 20 世纪初。科学技术一方面提高了生产力，使人们的物质生活达到空前的富足与方便；另一方面也带来了环境污染、生态失衡、资源萎缩、核战争威胁等危机。同时，人文主义哲学日渐式微，导致人文精神滑坡，社会道德水平下降，人类社会面临着前所未有的危机。"科学的野蛮"和"理性的暴政"使人们认识到，仅靠科学和理性不足以给人类带来幸福，相反却有可能使人类迷失本性，引来灾难。同时人文主义虽然关注人的主体地位，承认人的价值和尊严，但离开了理性和科学，人文主义也难以实现自己的理想。于是，人们开始重新审视科学主义和人文主义，相互对立和冲突的两大哲学思潮呈现出相互融合的趋势。以上是人文主义和科学主义教育理念在之前的基本发展脉络。

联合国教科文组织《反思教育：向“全球共同利益”的理念转变》研究报告于 2015 年发表后，许多学者认为这个报告展现了新人文主义的教育曙光。北京师范大学著名教育学学者顾明远先生在《光明日报》上直接以“从科学主义到人文主义”为标题对这个报告展开评价。华东师范大学教育学部教授李政涛也发表了《人工智能时代的人文主义教育宣言》，对这个报告进行解读。从报告本身来看，最直接关涉人文主义的是以下文段：

“人文主义方法让教育辩论超越了经济发展中的功利主义作用，着重关注包容性和不会产生排斥及边缘化的教育。人文主义方法可以指导人们应对全球学习格局的变化，教师和其他教育工作者仍然是促进学习的核心力量，以实现所有人的可持续发展。”（《反思教育：向“全球共同利益”的理念转变》29 页）

这段话可以从以下三个层面理解。

第一个层面，报告指出“增强和维护个人和其他人在自然面前的尊严、能力和福祉，应是 21 世纪教育的根本宗旨。这种愿望可以称为人文主义，是联合国教科文组织从概念和实践两方面肩负的使命”。这段话将人文主义视为一种面向未来的价值愿景和根本宗旨，是指引人类教育未来发展的价值指针。教育不仅关系到获取技能，还涉及尊重生命和人格尊严的价值观，而这是整个 20 世纪教育实践的最重要认识。但联系到报告中的另一个关键词“全球共同利益”，整个报告可谓陈义甚高、持论甚正。正如一些学者所提出的，“尊严、能力和福祉”仅仅是教育能够增强和维护的吗？教育的问题还应该有更广泛的探索。

第二个层面，人文主义的提出是联合国教科文组织对近几十年来国际教育中“教育资本”现象的纠偏。在这个报告之前，教科文组织发布过著名的《学会生存：教育世界的今天和明天》。它认为：20 世纪科学技术的发展改变了世界。“到目前为止，还没有什么东西足以与我们现在所说的科学技术革命所产生的后果相比拟。”科学技术革命把人类带入了学习化社会，人们只有不断学习才能适应科学技术革命带来的生产和社会的变革。而“教育是随着经济的发展而发展的，也是随着生产技术的演进而演进的”。因而科学技术革命使得知识与训练，也就是教育有了全新的意义，从而提出了“终身教育”的观念。报告特别强调“学习化社会”和“终身教育”两个基本观念。最初这种思想被运用在职教领域，随后又涉及整个教育活动中的各个方面。在后来的实践中，联合国教科文组织发现，教育的目标正在由“以人为本”转变为以物为本，即发展本身不再是人类完善自身的手段，发展（经济发展）本身成了目的，人反而成了手段。人文主义的“重申”意味着大家已经意识到，教育的经济功能是重要的，但必须超越单纯的功利主义观点以及中国国际发展体现出的人力资本观念。

第三个层面，“全球变化的学习格局”指向是多重的，但主要指向来势汹汹的互联网教育。传统的“课堂中心”被打破，人类获取知识的途径被拓宽，但教育不只是知识与技能的传授，情感和价值观的传递也占据重要地位。以互联网、数据为载体的学习模式还难以代替传统课堂的地位，而传统课堂中的实际人际交往和讨论启发更是互联网教育所无法比拟的。

教育要立足于世界，就需要培养完整的人，即无论在道德品质还是在知识技能上，都能够可持续发展的未来的人。这种新的教育理念是先进的。虽然教育不能解决世界的各种危机，但教育总该有一个理想，即把培养人的事业和人类可持续发展的事业联系起来，否则人类自身将走向毁灭。结合今天功利主义、技术至上盛行的局面，人文主义的转向无疑是一味清醒剂。我们要大声疾呼：回归教育本质，把立德树人作为教育的根本任务，使我们年轻的一代担当起未来的责任。

第三节

新时代我国的教育任务

一、立德树人是教育的根本任务

在党的十九大报告中，习近平总书记提出：“要全面贯彻党的教育方针，落实立德树人根本任务，发展素质教育，推进教育公平，培养德智体美全面发展的社会主义建设者和接班人。”这是党中央对教育把脉的最新成果，突出体现了党和国家对“立德树人”德育工作的高度重视。要深刻把握新形势下“立德树人”的丰富内涵，就要站在历史的维度上理解“德”“人”的科学意义，并结合实际，从学校教师、教育和课程的现实途径满足“立德树人”的深刻要求。

“立德”和“树人”在中国古代教育思想中有着鲜明的呈现。“立德”语出《左传·襄公二十四年》：“大上有立德，其次有立功，其次有立言，虽久不废，此之谓不朽。”“树人”语出《管子·修权》：“一年之计，莫如树谷；十年之计，莫如树木；终身之计，莫如树人。”这反映了道德品行始终被人们看得很重。但道德不是固定不变的抽象原则和教条，它随着人们实践能力的提升和生产力的发展而前进。正如恩格斯所说：“我们避免把道德教条当作永恒的、终极的、从此不变的伦理规律强加给我们的无理要求。”所以，我们应该把今天的立“德”与传统封建士大夫道德辨析开来，“立德树人”的“德”是以马克思主义和无产阶级信念为指导的，代表人民群众根本利益，以集体主义为原则的道德体系。当前社会主义道德形成的基础是中国特色社会主义的伟大实践，也是中国特色社会主义在社会伦理道德方面的体现，更是社会主义核心价值观在道德层面的要求。同时，社会主义道德又为中国特色社会主义事业提供精神动力，储备优秀人才，营造良好的社会舆论，形成高尚的社会规范。因此，社会主义道德内在地包含了未来性的价值取向，内在地包含了奉献、无私、集体利益取向、国家意识，乃至超越人类个体关怀和人类命运共同体的界限，具有国家性和民族性的特征。从实践的角度看，社会主义道德体系体现了现在与未来，历史与共时，民族与国际，人与人类的道德的同一要求，具有丰富内涵。

“立德树人”要培养什么人？习近平总书记在十九大报告中指出“培养德智体美全面发展的社会主义建设者和接班人”，从育人目标上为我们提出了科学方向。“任人以德为先，才次之”，这句话精辟地指出了我们在对待人才上的科学认识。“德”为先，就是要有基本的社会主义道德素养，认同集体主义道德原则，并自觉将思想行动投入到中国特色社会主义伟大实践当中去，愿意为祖国奋斗，为人民奋斗。这是我们在学校教育中要注意的一个大前提。同时也要看到，合格的“建设者和接班人”还必须有较高的个人素养，能够实现自我的全面发展。苏霍姆林斯基曾经指出“培养个性全面发展的人”是社会主义的教学任务，要实施“个性和谐全面发展的教育”，使“人的才能、天赋、意向、兴趣得到充分发挥”，让“走向现实生活的每一个青年男女的才能得到充分发挥”。可见，马克思主义的人才观具有个人性与社会性相结合，强调个人在社会中全面发展的科学含义。我们要在中国特色社会主义教育实践中努力践行这一人才观，为我国民族复兴的伟大事业输送人才资源，做好人才保障。

创新是一种扬弃，是变革不理想因素的积极发展。要在实际教育过程中践行“立德树人”的科学理念，还需要从教师和课程等方面着力。

教书育人是教师的本职所在，教书即传授知识，教学生如何做事；育人即培养学生如何做人，促使其三观的养成，两者不可分割，紧密结合一起，不能一味脱离生活实际闭门思辨，也不能一味脱离价值观纯粹追求知识上的进步。为此，教师除了传道、授业、解惑之外，还需以身作则，树立榜样模范，更重要的是以高度亲和力与感染力在示范与引领中教会学生“做人”，以自身思想道德水平的提升为高校学生的发展提供更好的引导。德育工作的开展只有抓好师德师风建设，积极打造知识过硬、品质高尚、综合能力较强的教师队伍，才能在潜移默化中起到春风化雨的作用。习近平总书记在党的十九大报告中这样提出：“加强师德师风建设，培养高素质教师队伍，倡导全社会尊师重教。”为此，教师应积极开展拓展型学习，积极涉猎马克思主义理论、哲学、教育学、心理学、伦理学等各类人文学科优秀资源，不断增强其人格魅力。

学校教育的主要阵地是课堂，对学生进行思想教育的主要渠道仍是思想政治理论课这一传统的德育方式，多重视理论灌输而忽视实践教学，一定程度上不利于学生道德信念的内化与外显。为此，学校可以将严谨的课堂理论教育与生动活泼的社会实践有机结合起来，变革只重德育内容传输的单向育人模式，在交流互动中寻找德育的良方益法，在改革中寻找突破点与发展支撑点，积极增强实践教学环节，促进学生有效运用德育知识来为自身行为践履服务，并增强德育知识的认同与内化。要推动当代学生群体对德育知识的真懂、真学真用，以改革为当代大的发展增添动力，真正实现德育为当代的生活服务。不断提高德育教学的针对性，如针对不同课程不同年龄等具有一定差异的学生主体，制定具体的德育教学方案，积极以问题导向进行反思，并结合学生主体的兴趣引导学生对德育知识的学习与实践，注重德育理论与实践活动的有机结合，激发学生主体走出校门，深入社会，通过社会实践提升学生的认知与判断能力，进而不断丰富中学“立德树人”的内容。

二、社会主义核心价值观是“兴国之魂”

社会主义核心价值观是兴国之魂、育人之本，是国家的稳定器、民族的主心骨，它既与中华优秀传统文化和民族精神一脉相承，又与社会建设和现代文明水乳交融。积极培育和践行社会主义核心价值观是党对教育事业提出的重要要求，是深化教育领域综合改革、促进学生健康成长的现实选择，是中学德育工作的时代命题和战略任务，对于培养全面发展的社会主义建设者和接班人、办好人民满意的教育具有十分重要的意义。

中学生正处于价值观形成的关键期和变动期，可塑性强，是弘扬和践行社会主义核心价值观的生力军。因此，积极培育和践行社会主义核心价值观是中学德育工作的关键任务。当今中学生正处于社会的转型期，不可避免地受到形形色色的诱惑和多元价值观的冲击，在思想和行为上极具独立性、多变性和差异性。他们在语言上追求理想，行动上追求实际；有爱国激情，却缺乏爱国理性；有真、善、美的道德认知，却我行我素，不愿接受规章制度的约束；有成就事业的愿望，但缺乏实干精神。这些现象使我们清楚地认识到，培育和引导中学生践行社会主义核心价值观是紧迫的现实要求，是艰巨的战略任务，是中学德育工作的责任和使命。教育工作者要积极作为、扎实有序、深入持久、生动有效地培育和践行社会主义核心价值观，在推动科学认知、践行和培育合格人才上创新求进，出效果、出成果、出经验。

面对新形势和新要求，教育工作者必须从学生的思想道德实际和身心发展规律出发，积极打造“制度 + 课堂 + 校园”三位一体的社会主义核心价值观培养体系，使其与中学德育工作紧密结合，突出抓好重点环节，真正让社会主义核心价值观内化为学生长久的精神动力，外化为稳定的行为习惯。

（一）为培育和践行社会主义核心价值观提供常态支撑、长效保障

教育行政部门作为学校的领导，要在社会主义核心价值观的统领下，结合学生思想活动的新规律、新特点，结合学生精神文化需求的新变化、新趋势，积极探索符合当代学生思想特点和成长规律的方法，修订、调整德育课程标准，丰富、充实德育课程内容，形成融汇了社会主义核心价值观的德育新教材，真正把社会主义核心价值观教育进课堂落到实处。建立评价激励制度，把自觉践行社会主义核心价值观作为师德和学生评价的基本要求，对在培育和践行社会主义核心价值观进程中涌现出来的优秀教师、优秀学生给予表彰，切实以评价标准、操作措施和制度平台，推进学校培育践行社会主义核心价值观工作的有效实施。

（二）以课堂教学为主要阵地，积极推动德育教育与学科教学相结合

立足于中华优秀传统文化的根基，对各个学科中的德育教育点进行深层次挖掘，积极引导学生增强民族文化自信和价值观自信，生动具体、深入有效地开展社会主义核心价值体系教育。以社会上的热点问题为教学的载体和重点，以现代多媒体为手段，采取案例式、启发式、讨论式教学法，以问题探究推进认知，使学生在认识社会主义核心价值教育必要性、重要性的基础上增强学习和践行社会主义核心价值体系的自觉性和紧迫性。

（三）以校园文化开展对学生的社会主义核心价值观教育

校园文化深刻影响着学生的价值取向和信仰观念，是社会主义核心价值观教育的重要载体。在课堂之外，校园文化具有重要的育人功能。建设优良的校园文化，通过各类校园文化活动提高中学生学习社会主义核心价值观的积极性和参与度，

及时抓住校内外先进事迹，通过校园广播、电视、报刊、网络等各种载体，大力宣传新时代的先进人物和先进事迹。除此之外，积极邀请社会各界知名人士和先进人物在学校开设讲座，以开阔学生眼界，启迪学生觉悟。

培育和践行社会主义核心价值观是一项百年树人的基础工程、灵魂工程、系统工程和战略工程，只有坚定不移、常抓不懈才能逐步进入学生的思想和意识深处，生成学生自觉的价值取向、价值追求和价值尺度。总之，在新形势下，学校要将培育和践行社会主义核心价值观作为中学德育工作的灵魂和主线，贯穿于中学教育教学的始终，结合学校实际，积极创新学校德育工作内容和方法，努力开创德育工作的新局面，真正让社会主义核心价值观的种子在学校生根发芽。

三、发展学生核心素养是教育基本目标

著名教育家夸美纽斯曾在《大教学论》中提出“把一切知识教给一切人”的育人观。曾经，人类知识的积累速度比较缓慢，以至于在一个人一生之中，知识的总量和结构大体稳定。学校由此确立了“知识本位”的教育观。然而，这种相对稳定的教育生态，随着信息化时代的到来而逐渐开始瓦解和重建。今天的教育和人类的学习，面临着前所未有的新挑战。知识以指数级增长，一个人穷尽一生也学不完；而且知识更新的速度也非常快，不久前学习的知识，有很多在今天却已过时。在这个互联网信息时代，地球已成为一个村落，多元文化的互相交融，使得一个人一生很难静态地固守一隅。“知识本位”的教育观已不能适应时代发展。建立符合知识日新月异、信息技术迅猛发展这一时代背景的新的教育观，已经成为很多国家、地区以及国际组织的共识。全球许多国际组织和地区都在思考如何培养未来的公民，以使其能够更好地适应未来的工作与生活。大道至简，只有找到那个“一”，方能“一生二，二生三，三生万物”。国际上一些组织和机构的研究表明，只有找到人发展的“核心素养体系”，才能解决好有限与无限的矛盾；只有找到对学生终身发展有益的DNA，才能在给学生打下坚实知识技能基础的同时，又为未来发展预留足够的空间。

教育部2014年印发的《关于全面深化课程改革　落实立德树人根本任务的意见》首次提出“核心素养体系”概念。同时，新修订的普通高中课程标准，也将“核心素养”作为重要的育人目标。对于“核心素养”一词，尽管不同国家的表

述不同，如美国21世纪技能合作组织将其称为“21世纪技能”，经济合作与发展组织将其称为“关键素养”，澳大利亚称其为“综合能力”，但都表达了不同、国家、地区和组织对未来的公民到底应该是什么样子、应该具备什么素质的追问。党的十八大提出了“坚持教育为社会主义现代化建设服务、为人民服务，把立德、树人作为教育的根本任务，全面实施素质教育，培养德智体美全面发展的社会主义建设者和接班人，努力办好人民满意的教育”的教育方针。核心素养这一桥梁，转化为教育教学实践可用的、教育工作者易于理解的具体要求，进而贯穿到各学段，体现到各学科，最终落实到学生身上，明确学生应具备的必备品格和关键能力，从中观层面深入回答“立什么德、树什么人”的根本问题，用于指导人才培养具体实践。

2016年9月13日，教育部“中国学生发展核心素养”研究成果在北京师范大学正式发布，这项历时三年出炉的权威研究成果对学生发展核心素养的内涵、表现、落实途径等做了详细阐释。学生发展核心素养，主要指学生应具备的、能够适应终身发展和社会发展需要的必备品格和关键能力。研究学生发展核心素养是落实立德树人根本任务的一项重要举措，也是适应世界教育改革发展趋势，提升我国教育国际竞争力的迫切需要。根据发布的“中国学生发展核心素养”研究成果，核心素养以培养“全面发展的人”为核心，分为文化基础、自主发展、社会参与三个方面，综合表现为人文底蕴、科学精神、学会学习、健康生活、责任担当、实践创新六大素养，具体细化为理性思维、国家认同等十八个基本要点。如下页图所示。

“教育是什么？教育就是把所教知识都忘了后留下的东西。”据考证，这是爱因斯坦在演讲时运用的出自德国物理学家冯劳厄之口的语句。知识遗忘后剩下的东西就是素养，是可以以一当十的东西，是那根点石成金的手指。核心素养培养目标的落实，只有基于尊重自由、激发自觉的教育理念才能兑现。文化基础的夯实有赖于学生的自主建构，自主发展的实施更有赖于学生知行合一的自觉，而社会参与也必须出于学生的自觉自愿，这样参与才有实效。由此可以得出，发展学生核心素养的前提在于尊重自由，激发自觉。无论是怎样的教育目标，终究要通过自我教育才能实现，而自我教育必须基于自由与自觉。

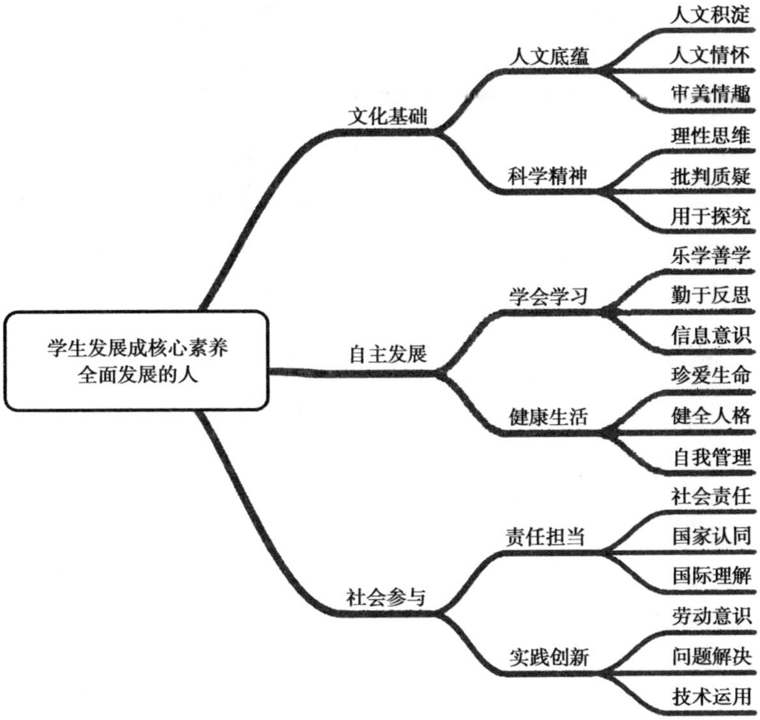

四、“尊重自由，激发自觉”办学理念顺应了新时代教育需求

那么如何培养适应社会主义现代化建设需要的人才呢?“尊重自由,激发自觉”顺应了这个要求。

当我们把“自由与自觉”的辩证统一关系落实到教育工作中，首先就要“尊重每个学生的自由”，即不要给他们施加过多的外在压力或束缚，而要尽量给学生营造一种自由、自主的学习生活氛围；与此同时，教育者又创造性地去“激发每个学生的自觉”，让学生自觉主动地去学习和生活。“尊重自由，激发自觉”就是要学生的学习态度从传统教学中的“要我学”，转变为“我要学”，进而升华为“我爱学”，如此，方能实现“自由与自觉”的高度统一。

我国当前社会的主要矛盾是“人民日益增长的美好生活需要和不平衡不充分的发展之间的矛盾”，教育领域同样存在人民日益增长的美好教育需要和不平衡不充分的发展之间的矛盾。具体表现为：对教育的要求从“有学上”到“上好学”，从“有数量”到“有质量”，学生从“要我学”到“我要学”。

基于这种矛盾的转换与现实需求，我们首先要“尊重学生的自由”，这包括为学生营造自由的学习环境和充分尊重学生的个性、特征、兴趣爱好和个体需求，真正做到以人为本。因为“教育是一种特殊的认识过程和交往过程”，所以在尊重每个学生的基础上，通过社会、学校、教师和家庭的协调一致与共同努力，期望能够激发每个学生的学习自觉性，以利于每个学生自觉发挥主观能动性，喜欢学习、自主学习，真正成为学习的主体，教育的主体，实现素质教育。

第二章

重庆一中办学理念的持续探索

重庆一中具有悠久的办学历史和深厚的人文底蕴。从 20 世纪建校初期的“教育即生活，生活是教育的中心”，20 世纪 90 年代的“学校的一切为学生的发展而存在”，到今天的“尊重自由，激发自觉”，学校的办学理念不是一朝一夕形成的，更不是一成不变的，既一脉相承也与时俱进，是学校宝贵的精神财富。办学理念是学校的根本所在。“不忘初心，方得始终”就是不能忘记从何而来、为何而来，也必须回答到何处去。它们开创见证了学校教育的担当之路、文化传播的先锋之路、铸魂树人的育人之路。我们的办学理念，作为一种信念，被不同时代的重庆一中人传承光大。

第一节

建校时期重庆一中办学理念的摸索

欲知大道，必先为史。重庆一中原名重庆市立中学，创建于1931年。90年来，学校几经坎坷，曾七度搬迁，六次易名，改变的是地址，始终不变的是教育的情怀。几十年来，重庆一中的命运总是与国家民族的命运血肉相连，与经济社会的发展息息相关。重庆一中经历了抗日战争、新民主主义革命、社会主义革命建设、改革开放、新世纪、新时代的洗礼，学校几度迁移合并，甚至被解散，虽然物质的东西改变了，但办学理念却被重庆一中人擎举保存，经过创新，始终以自己独特的思想为灵魂，不断深化教育改革。

一、众多教育思想的影响

追根溯源，自1931年重庆一中成为重庆市最早的由政府出资办学的公办中学，从无到有，从小到大地发展起来，学校筚路蓝缕，风雨兼程，是重庆基础教育发展的一个缩影，汇集了重庆社会近现代史上众多精彩华章，每一个音符都激荡着动人心魄的历史回响。在历史的长河中，90年只是转身一瞬，但是这里有太多的名字值得我们久久回忆，有太多的故事和事件需要我们细细品读。

（一）晏阳初的平民教育思想

晏阳初是中国著名的平民教育家和社会学家，一生致力于落后地区的平民教育与乡村改造事业，被尊为“世界平民教育之父”，与陶行知先生并称“南陶北晏”。他曾被联合国聘为终身特别顾问。1943年，晏阳初当选“世界上贡献最大、影响最广的十大名人”之一，与爱因斯坦等同获殊荣。“我是一个‘传教士’，传的是平民教育，出发点是仁和爱。”晏阳初说。

晏阳初认识到：“今日我国的问题，这样的复杂，非从根本上求一个解决方法。所谓根本的解决法，在将欲从各种问题的事上去求的时节，先从发生问题的‘人’上去求；因为，社会的各种问题，不自发生，自‘人’而生。发生问题的是‘人’，解决问题的也是‘人’。”因此，他认为“从事人的改造”的教育工作，是解决中国整个社会问题的根本和关键。“建乡须先建民，一切从人民出发，以人民为主，先使农民觉悟起来，使他们有自动自发的精神，然后一切工作，才不致落空。……有了‘自力’才能做到‘更生’！”[1]

中国传统文化中民本思想与经世大同的理想在晏阳初的头脑中扎下了根。他1939—1942年多次在重庆市立中学讲学。他在课堂上对师生们说：“先圣先贤留给我们的古训中有一条叫作‘民为邦本，本固邦宁’。”“人民是国家的根本，本不固则邦不宁。人民是国家的根本，要建国，先要建民，要强国，先要强民，要富国，先要富民。”[2]

晏阳初在回顾近代新教育发展的历史时指出，中国的教育家要自尊自信，要有自己的哲学，走自己的路。他认为：“平民教育的目标是培养民族的新生命，塑造民族的新人格，促进民族的新团结。平民教育的‘平’字，一是人格平等，二是人人均有受教育的机会，三是治国平天下。”平民教育思想是具有中国特色的国民教育思想，对重庆市立中学影响很大。1938年6月，毛泽东同志在延安会见中华平民教育促进总会代表堵述初先生时，曾对晏阳初及其同仁“以宗教家的精神努力平教运动，深致敬佩”，并表示“共产党愿做你们的朋友！”[3]

（二）杜威的实用主义教育思想

20世纪20—30年代，美国教育家杜威提出的实用主义教育思潮传入中国并很快形成高潮，对中国教育实践与理论发展产生了十分广泛的影响。实用主义教育思想在中国的盛行，掀起了中国教育界的杜威热。此外，孟禄、克伯屈等实用主义教育家也分别于1921年和1927年来华讲学和调研，实用主义教育思想直接引

1　熊培云．一个村庄里的中国［M］．北京：新星出版社，2011.

2　堵述初．毛泽东先生会见记［M］// 宋恩荣．晏阳初文集．北京：教育科学出版社，1989：400.

3　晏阳初．乡村改造运动十大信条［M］// 宋恩荣．晏阳初全集：第二卷．长沙：湖南教育出版社，1992：560.

导了中国当时的教育改革。

杜威提出了一些重要教育命题——“教育即生活”“教育即生长”“学校即社会”“做中学”。在杜威看来，“教育即生长”，无非是“把现实的社会生活简化，缩小到一种雏形的状态”，它本身就是一个小型社会。把教育等同于生长、生活，学校等同于社会，这显然抹杀了学校教育的特殊性。但另一方面，杜威借用生物学上的“生长”概念来解释教育问题，强调“做中学”，确实发现了传统教育的一些致命弱点：不顾受教育者的个性生理心理特点和社会生活不断变化的需要，为学生简单地安上一个外在或静止的教育目的，学校生活死气沉沉，体脑分离，背离生活实际。凡此种种，都体现了实用主义教育思想的价值。

（三）陶行知的生活教育思想

杜威教育思想在中国受到了陶行知等教育大家的批判和吸收。人民教育家陶行知的生活教育理论与杜威的教育学说有联系却又有本质的区别。“生活即教育”思想极其广阔自由，如同一只鸟放在林子里面。“教育即生活”，则将教育和生活关在学校大门里，如同一只鸟关在笼子里。“生活即教育”，是让教育从书本的到人生的，从狭隘的到广阔的，从字面的到手脑相长的，从耳目的到身心全顾的。“教育即生活”，是拿教育做生活，好教育固然是好生活，八股的教育也就造成八股的生活。[1]杜威认为：“教育不是将来生活的预备。”陶行知师从杜威，但对杜威教育思想有根本突破，将其思想翻了半个筋斗，与杜威相反，陶行知提出“生活即教育”“社会即学校”“教学做合一”，以社会生活为教育中心，以人民大众为教育主体，以社会改造为教育目标，以教学做合一为根本实践方式，适应生活规律和教育发展规律，熔铸创造思维与人文精神的教育思想体系。

陶行知强调：“生活教育是给生活以教育，用生活来教育，为生活向前向上的需要而教育。从生活与教育的关系上说：是生活决定教育；从效力上说：教育要通过生活才能发出力量而成为真正的教育。‘教学做合一’是生活法亦是教育法。‘社会即学校’这一原则要把教育解放出来。”[2]陶行知先生的生活教育理论的内涵非常丰富，“生活”是他的生活教育理论的中心点，生活教育理论是陶行知先生对中国教育的独特贡献，深刻影响着重庆市立中学的办学理念。

陶行知明确提出，教育是属于人民的。生活教育是大众自己办的教育。他鼓

1　陶行知．陶行知全集［M］．成都：四川教育出版社，2005：504–505.

2　陶行知．陶行知全集［M］．成都：四川教育出版社，2005.

励学生自己管自己的事，推行“小先生制”，即知即传，文化为公，学生自己教自己，人人都是学生，人人都是先生。这一主张为如何实现人民群众的自立、自主、自动，提高人民群众的民主意识提供了有益的经验。生活教育是大众为生活解放而办的教育。他赋予生活教育以民主的内容，提出民主的教育是教人做主人，做自己的主人，做国家的主人，做世界的主人。陶行知以人民为主体，以人民解放为奋斗目标的教育思想贯穿生活教育运动的全过程，从而使人民性成为鲜明的、永远植根于富厚的人民生活土壤的主体特征，直接催生了我们的办学理念。

二、学校的创办和办学理念的形成

（一）重庆市立中学的创建

1929 年 2 月，重庆正式建市并成立市政府，下设教育局，开始对全市教育进行统一管理。对各级学校（是时重庆有不少私塾、私立学校和教会学校）进行全面整顿。当时重庆有私塾 100 余所，教育局倡导成立了“私塾改进会”，并逐渐把私塾改为小学校。从此，小学教育蓬勃发展，人数急增。以 1930 年的巴县为例，就学儿童就达 47790 人。重庆地区小学毕业生逐年增加，至 1931 年，小学毕业人数大大超过了全市初中招生总和。然而当时重庆普通中等学校极少，大量小学毕业生常苦于无处入学，小学生的升学成为亟待解决的一个社会问题。

重庆在民国初年也曾有大力发展中等教育的计划，但终因战乱频繁、政局动荡、经费稀缺等而搁浅，新建的中等学校并不多。四川军阀混战时期，重庆中等学校的发展更受到了严重的影响。到 1927 年，重庆市区仅剩七所中等学校，从数量上看，比清末民初还有所减少。职业技术类学校也不能提供学生接受中等基础教育的途径。而私立中学因其收费高昂，普通人家根本无力承担学费，供普通老百姓子弟就读的普通公立中学几乎没有。

鉴于重庆教育面临的小学毕业生数量剧增，同时初中学校极度缺乏的状况，政府为了缓解升学压力，决定兴办一所公立中学校，以解“小升初”读书之忧，更好地满足小学生继续接受中等教育的发展需求，并发展新式教育。1931 年 12 月，重庆市立中学由市教育局呈报市政府正式核准成立。办校地址暂定在当时城内较场口附近的学院街天府庙，只设初中部招收初中学生。从此，重庆一中一直作为公办学校，成为传播中华文明，培养巴蜀人才的摇篮。

（二）办学目标和办学理念的确立

重庆市立中学在建校之初就在《重庆市立中学学则》里提出了“本校继续小学之基础训练，以严格训练青年身心培养，健全国民，为研究高深学问或从事各种职业之准备为宗旨”，“为发展青年个性，适应社会需要，授以必要知识及生活技能，以养成社会上优良健全之分子”的办学目标。在公民教育中提出训育目标：“尊重、信实、忠诚、互助、友爱、谦恭、快乐、节俭、勇敢、清洁。”

从学习借鉴著名教育家陶行知先生的“生活教育”理论开始，重庆市立中学的教育就已经在理论和实践教学中开始了生活化教学的进程。正如陶行知先生所言，“没有生活做中心的教育是死教育。没有生活做中心的学校是死学校。没有生活做中心的书本是死书本。在死教育、死学校、死书本里鬼混的人是死人”。从办学理念上，重庆市立中学在《训育旨趣》中写道：“我们深信：教育即生活，生活是教育的中心。”学校主张生活教育是生活所原有，生活所必需的教育。教育的核心是实际生活，生活和教育是统一的，教育离不开生活，生活决定教育；同时教育也改造生活，生活是最好的教育，生活也是教学的起点和基础。教育的根本意义是生活的变化，生活无时不变，即生活无时不含有教育的意义。学校主张教育同实际生活相联系，反对死读书，注重培养儿童的创造性和独立自主能力。“我们要学生在生活中求学问，在学问上用功夫，在秩序中讨生活，并使生活合理化。”

重庆市立中学的先贤们认识到，教育是从生活中来，到生活中去的过程。任何一门学科知识都来源于生活，最终又回归生活、服务于生活。这就是要将教学理论和学生的实际生活相互联系起来，从而把学生从条框化的枯燥的教材中解放出来，用实际的社会知识来帮助他们理解理论知识。这和我们贯彻落实的“三贴近”原则，即贴近学生、贴近生活、贴近实际是一致的。教学是学校生活的一部分，学校生活是社会生活中的一部分。教师要让学生体会到身边处处有生活，生活处处离不开教育，学生最终要走向社会、走向生活，从而自主地解决生活中遇到的实际问题。教学生活化能够激发学生主动性，加深学生对知识的理解。同时生活又是学生学习的源泉，是教学生活化的延伸。教学中，要引导学生学以致用，取得好的学习效果。“生活是教育的中心”意味着教育是一个开放、自由、灵活、阔大无比的空间。它不仅可以克服传统教学中只重知识的弊端，而且能使新教育真正落到实处。在教育中学会生活，在生活中求得教育，并确立了学校校训为：明礼崇德，知耻力行。“生活是教育的中心”的办学理念彰显出了与同时代的其他中学志趣不同的生活平民化与科学人文性。重庆市立中学教育之旨既吸收了当时较为先进的国际国内教育理念，也为今日重庆一中的教育改革进行了最早实践性的摸索。

1933 年，位于市内两路口的新校舍建成，重庆市立中学整体搬迁于此，学校遂于当年秋在上述思想指导下，针对招收普通人家百姓子弟接受中等教育为主的具体情况，推行教育改革，达到培育“好人”的学校教育总目标。学校实施“避免消极的责罚，注意积极的指导，师生同起居，共甘苦，共当生活，教师循循善诱，以身作则，师生打成一片”的教学方法，制订出学校的教育课改措施并实施。

（三）丰富的课程设置

“我是校队的。”从小学、初中、高中到大学，曹越华一直拥有并保持着这个在校园球场中学生们最高的“职称”和荣誉。

“1932 年进入重庆市立中学（今重庆一中）后，我担任了足球中锋。学校在两路口，地址就是后来的大田湾体育场，球场就是现在的跳伞塔。20 世纪 30 年代初，重庆早就开埠通商，沿江码头已经驻扎了外国军舰，且足球队又是典型的欧美舶来品，绝大多数英法水兵都会踢球，于是我们黄皮肤、黑眼睛的黄种人与这些白夷人、蓝眸子彼此摆开了这‘没有硝烟战争’的战场，记得那时候，足球竞赛很文明，开球前，交战双方围成一个圆，首先是进行礼仪呼话，我们队长喊‘Three cheers’，接着他们队长喊‘Three cheers’（三呼欢乐），继而我们队长举手又喊‘Happy’（快乐），其队员就紧跟着振臂高呼‘Play’（踢球），交替三遍，然后对方也一模一样地同此回呼进行。我们就曾与法国‘福尔卡’号等外国军舰的水兵厮杀，虽然他们人高马大，我们无法与他们粗鲁冲撞，但他们动作笨拙；虽然我们体小个矮，但非常敏捷灵活，其结果居然是胜多负少，我们可谓是早期的一种民族英雄了。”校友中健在的百岁老人曹越华仿佛重新又沉醉在“少年得志”时的情景，津津有味地回忆着。整个初中时期，是曹越华足球“疯狂”的年代，他寄宿在学校，六个寒暑假大都是在足球场上度过的。他说“重庆市立中学为满足学生体育锻炼的需要，建成了重庆最早的足球场，组织了重庆最早的中学足球队伍，当时驻渝的英国、法国水兵经常组队前来学校与学生球队比试球艺，学校球队常获胜利”。

重庆市立中学始创之初，学校尚无专职教员，其授课之责均由其时中央大学和教育局相关职员兼任。故其所开设课程为国文、数学、外语等为数不多的中学主干课程。后来随着学校办学条件渐趋完善，学校教学的课程设置也相应完备齐全。学校课程分为必修科和选修科两大类。必修科为遵循国民政府教育大纲所规定的科目而开设，选修科为学校培养学生素质和个性，满足社会现实需要而开设的科目。采用学分制考核。

学校主要课程开设为：包括国文、国语、英文的语言科，包括算术、代数、几何、三角的数学科；包括公民、中国历史、地理、外国历史、外国地理的社会科；包括植物、动物、化学、矿物、物理的自然科；包括图画、音乐、手工的艺术科；包括体操、生理卫生的体育科。同时也开设簿记、珠算等实用性课程，以及理化等学科实验课程。其后不久，教育部公布《中学课程标准》，取消课程分为 6 大科的形式和必修、选修科的划分，初中增开“童子军”课。这些课程充分展示了学校教育的自由性、选择性、开放性和发展性。

附：重庆市立中学 1932 年选修科科目表

选修科	三学级		四学级		五学级		六学级		合计学分
	每周时数	学分	每周时数	学分	每周时数	学分	每周时数	学分	
商业常识	一	1	一	1	一	1	一	1	4
工业常识	一	1	一	1	一	1	一	1	4
农业常识	一	1	一	1	一	1	一	1	4
簿记	二	2	二	2					4
珠算	一	0.5	一	1					1.5
教育	一	1	一	1	一	1	一	1	4
科学概论					一	1	一	1	2
应用文					二	2	二	2	4
经济					一	1	一	1	2
合计									29.5

1936 年，教育部《修订中学课程标准》规定开设的学校初中课程有：公民、体育及童子军、国文、英语、算学、自然（生理卫生、植物、动物、物理、化学）、历史、地理、劳作、图画、音乐。高中课程有：公民、体育、军训、论理、国语、英语、算学、生理卫生、植物、动物、化学、物理、历史（本国历史，外国历史）、地理（本国地理，外国地理）、劳作、图画、音乐。

这个课程修订标准有四个特点：一是减少了教学时数。各学期每周的教学时数为 31 小时，平均每日约 5 小时，较前每日减少 1 小时，而自习时间较前每日增加 1 小时，这有利于解决学生课业负担过重的问题。二是修改了劳作课程。男生劳作中设大类一种，其第一年为木工，第二年为金木工、竹工、土工及农业畜养，各校视地方情形只设一组。女生劳作仍设家事一种。三是确定了职业科目的地位与时数。四是取消了自习时数的规定。这次课改还将初中的体育与童子军合为 1 科。男童子军于课外增加训练 1 小时；将生理课与卫生课合并为生理卫生课；乐歌改为音乐课。

重庆市立中学“以陶为师”，锐意教育改革，不断探索创新，大胆创造试验，加强课程的综合性和实践性，重视实验课教学，培养学生实际操作能力。学校除了在学习上注重选修课的开设外，还注重学生的生活实际技能和生活体验的培养，每天要求学生到学校开设的工场和农场进行技能培训和生活体验，时间不能少于两个小时，并把它作为学生升留级的必要指标。如《重庆市立中学 1932 年学生作工条例》规定：“本校合求学、作工、游戏为一贯使设有工场或农场时，学生每日均须作工二小时或四小时。学生不愿在本校作工者，亦得自择附近农场或工场作工，但须经该场之证明及本校之认可。”

抗战初期，学校执行 1936 年教育部的《修订中学课程标准》。1940 年，教育部通知将初中英语改为选修（1945 年又恢复初中英语为必修课），加强本国史地教学。1943 年 5 月，重庆市教育局发布的课程标准表与部颁的教学科目基本一致。只初中每周增加 3 课时选修课，高中的军事训练 3 课时，女生学习军事救护。此课程标准表在重庆市立中学一直执行至 1949 年重庆解放。

（四）多元的成绩考核

1933 年，重庆市立中学的成绩考核方式遵照教育部颁布的《中学规程》及其以后的《修正中学规程》中关于成绩考核条款执行。

在当时四川省政府的统一部署下，学校贯彻执行第一次颁布的两个规程，把学生的学业成绩分为平时成绩、试验成绩。平时成绩的计算以百分为满分，即将每月每学科平时成绩相加，除以所有月数，得到平均分数。试验成绩分学期试验、学年试验、毕业试验三种，还有编级试验。每学期每科成绩相加，除以 2，为学科学期成绩；各学科总成绩除以总学科数，为总学科学期成绩。成绩最后评定为甲、乙、丙、丁四等。丁等以上为及格，丁等为不及格。及格则毕业或升级，不及格者留级；两次留级仍不及格者，令其退学。

1933 年以后，学校根据教育部颁《中学规程》及《修正中学规程》，将学业成绩考查分为日常考查、临时试验、学期考试、毕业考试或毕业会考四种。临时试验每期每科至少举行二次以上。日常考查与临时试验成绩合计为平时成绩，日常考查占 2/3，临时试验占 1/3。平时成绩在学期成绩内占 3/5，学期考试成绩占 2/5，合计为学期成绩。各科学期成绩之平均，为学期成绩；第一、二两学期成绩之平均为学年成绩。第三学年第二学期免除学期考试，而以平时成绩作为学期成绩，但参加毕业会考的学生，仍须举行最后学期的毕业考试。学生各学年平均成绩与其毕业考试成绩，合并为毕业成绩。毕业成绩及格或经会考成绩及格者，准予毕业。

学校在具体执行过程中把学生成绩考核分为日常考查、临时测验、学期考试三个方面：日常考查是指课堂提问、课堂练习等，教师予以评价，用百分制方法记载成绩，本项占平时成绩的 2/3。临时测验是指独立作业、旬考、月考等，采取闭卷的方式考查，教师批阅后登记成绩，本项占平均成绩的 1/3。学期考试，是指学期末的考查。各科教师分别命题并制定标准答案，规定时限，全校统一编号，学生对号入座，闭卷考试。然后由教师批阅试卷，记载成绩。本项占学期成绩的 2/5（平时成绩占学期成绩的 3/5）。

1933 年以后的考试制度，比前一阶段更加完整，不但有平时考、学期考、毕业考，而且还有毕业会考。特别是毕业会考，四川省于 1934 年 7 月开始举行，直到 1940 年 7 月止，共举行 21 届，政府花费大量的人力物力，当作一件大事来抓。在四川省举行的历次会考中，重庆市立中学成绩均名列重庆市前茅。

第二节

重庆一中办学理念的红色追寻

一个有希望的民族不能没有英雄，一个有前途的国家不能没有先锋。他们走进历史，却让我们拥抱未来；他们失去生命，却让我们生生不息。英雄，是中华民族的脊梁。他们的事迹和精神，都是激励我们前行的强大力量。红岩英烈使历届重庆一中师生懂得了不忘初心、牢记使命的深刻内涵，红色精神永远值得铭记，让我们一起重温民族脊梁的英雄事迹，让信仰的力量和红色基因代代相传，扛起时代重任，开创更加美好的未来。

一、崇高的理想信念

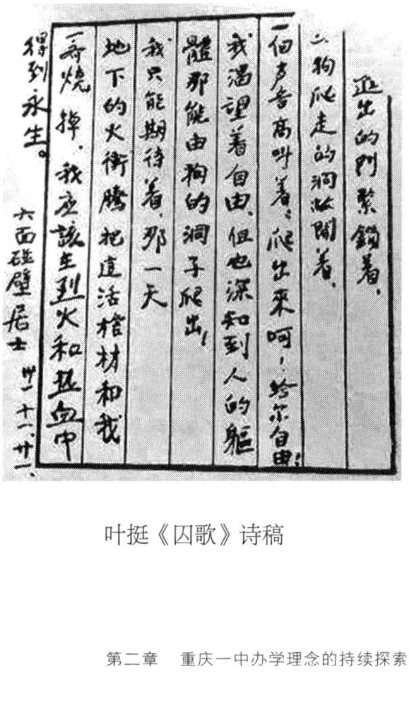
进出的門緊鎖着，
狗爬走的洞敞開着，
一個声音高叫着：爬出來呵！給爾自由！
我渴望着自由，但也深知到人的軀
體那能由狗的洞子爬出！
我只能期待着，那一天
地下的火衝騰，把這活棺材和我
一齊燒掉，我應該在烈火和热血中
得到永生。
六面碰壁居士　卅一、十一、廿一

叶挺《囚歌》诗稿

1942 年夏秋间，狱中的叶挺将军度过了一年半的囚徒生活，但意志依旧坚定。11 月 21 日深夜，叶挺在囚室面对昏黄的灯光，回顾自己的革命历程，联系眼前国民党高官厚禄的诱惑，不禁感慨激昂。他挥笔写下了《囚歌》，以表达自己傲雪青松般的意志和坚贞不屈、斗争到底的决心。

《囚歌》一诗浓缩着叶挺将军牢狱生涯的深切体验，是他对生命、自由和尊严的辩证关系的悲壮思考，每一句都具有厚重的分量。革命者所渴求的自由从来就不以屈尊为代价，更不会奴颜婢膝地去换得所谓的“自由”。士可杀不可辱，这早已是自古以来仁人志士们遵循的法则。自由诚可贵，然而，失去了尊严的自由，又怎能俯就？对于自由的信徒、革命的斗士，死亡并不可怕。他们明白，在被囚的那一刻，他们已与死亡比邻而居。郭沫若在《叶挺将军的诗》一文中曾如此评价：“他的诗是用生命和血写成的，他的诗就是他自己。”

众所周知，《囚歌》的作者是叶挺将军，然而与其共赋并传唱这首正气歌的还有一位烈士——胡作霖，一个虽不怎么高大但又特别壮实，机敏热情，喜欢唱歌的四川汉子。1949 年 11 月 27 日，当听到人民解放军向重庆进军的隆隆炮声时，这位身陷渣滓洞集中营的铁窗歌手一边指挥，一边领唱：“为人进出的门紧锁着，为狗爬走的洞敞开着……”难友们齐声合唱：“……我应该在烈火和热血中得到永生。”在悲壮的歌声中，胡作霖挺身面对飞射过来的子弹，又一次高唱《囚歌》。他的胸膛已经被子弹穿透，他的双手仍然紧紧抓住牢门，用自己的身体堵住敌人的枪口，掩护难友们从后窗突围……

胡作霖（1917—1949），四川开县临江镇（今重庆市开州区临江镇）人。1938 年冬，他在重庆读重属联中时，加入了中国共产党。1939 年 1 月 7 日，周恩来到重属联中作了关于坚持持久战的演讲，使他深受教育和鼓舞。1941 年暑期高中毕业后，他考入复旦大学新闻系学习。1945 年，胡作霖大学毕业，经胡子昂介绍到重庆《新民报》作外勤记者，采访社会新闻。他同时在重庆市立中学兼职担任语文教师，传播革命思想，深受师生爱戴。

胡作霖以“仁”字为笔名，在报上发表了《苦孩子》等文章，揭露国民党的反动路线，还参加了国际活动，曾受到周恩来副主席的亲切接见。1946 年，他还参加了党组织为重庆谈判代表王若飞、秦邦宪遇难举办的追悼会。同年蒋介石撕毁《双十协定》，悍然发动内战，重庆进步报界记者联名抗议其罪行，胡作霖就是签名者之一。

1948 年，国民党反动派大肆抓捕中共地下党员和进步人士。8 月 7 日，他在重庆新民报馆内被捕，被关进中美合作所集中营。在狱中，他为叶挺将军的《囚歌》谱曲，在狱中教唱，还教难友们唱自己作词和谱曲的《囚徒大合唱》，鼓舞难友们的革命斗志。1949 年 11 月 27 日，胡作霖在渣滓洞被国民党反动派杀害，时年 32 岁。

二、早期的进步宣传活动

（一）成立重庆市各中学校救国联合会

自重庆市立中学肇建以来，正值中华民族国难之时。日寇入侵，造成民众流离，国土沦陷。抗日救亡活动开始遍布中华神州大地。1935 年 12 月，汉奸殷汝耕制造冀东事变，成立伪冀防共自治政府，举国哗然，民情激愤，同声声讨。重庆市立中学积极响应，派学生代表参加抗日救亡的联络活动，并于 12 月 25 日在重庆大学内设立办事处，发起成立了重庆市各中学校救国联合会，开创了重庆中学师生投身抗日救亡运动的先河。从此重庆市立中学师生纷纷走出校园，踊跃参加各种救亡活动。

1936 春，学校撤换了大部分学校原聘教师，学生为此不服，掀起“择师”运动，反对市政府对于校长的任命，反对学校撤换教师，并且全力挽留潘昌猷校长。教育救国，启迪民智，成为重庆市立中学德、智、体、美四育办学主张外的重要诉求，并且付诸实践。学生们从进校开始就在注重学业的同时关注生活，培养“人”的个性。学校涌现出李承林等学生自主创办的宣传抗日救亡和进步革命文艺的壁报《市铎周刊》，牟晓晴等学生组织起以“锻炼身体，报效国家”为宗旨的“精劲小足球队”和旨在彰显抗日救亡精神的“救亡歌咏会”等一系列的抗日救亡群众组织，分发抗日传单，张贴救国标语，宣讲图存之道。

（二）周恩来引导师生前进

1938 年秋，国民党军委会政治部因武汉沦陷迁来重庆，进驻初级中学教学楼的底楼和二楼两间教室。12 月，国民党军委会政治部第三厅又进驻初级中学学生宿舍楼。军委会政治部童子军总会也驻在学生宿舍后面的房子里。当时任政治部副部长的周恩来、第三厅厅长的郭沫若等一大批爱国进步人士经常出入学校办公，周恩来以及三厅工作人员著名社会活动家胡愈之、《国歌》词作者田汉、著名剧作家洪深等著名人士与初级中学学生朝夕相处。周恩来曾在一次孙中山总理纪念周的例行集会上给全校师生作抗战演讲，使学生们知晓抗日动态，并勉励学生们为抗战而努力学习，争取抗战的最后胜利。学生们耳濡目染了伟人的革命风范，特殊的社会与时代背景铸就了重庆一中人豪迈雄壮的革命品质与英雄气概，优秀的革命传统和自由自觉思想由此形成并传承至今。

（三）独立自由精神的培养

尽管国土沦丧，战火纷飞，重庆市立中学始终不忘培育人才乃是国家之大计、教育之根本。重庆作为战时首都，大批高等院校和科研机构迁入，全国著名的专家学者云集山城。诸如平民教育家晏阳初、北大教授梁漱溟、职业教育家黄炎培、翻译第一版中文全译本《共产党宣言》的思想家陈望道、名家大师马寅初、心理学家潘菽等，曾经多次来校讲学、兼课、演讲，众多教育家、政治家、哲学家、科学家、艺术家为我们指明了教育的方向，引导学校发展。他们在重庆开展了多种形式的教育实验，如省立教育学院在沙坪坝、磁器口设立龙隐地方教育实验区，在重庆北碚歇马场创立了“中国乡村建设学院”，使重庆成为全国后方的文化中心，教育事业空前繁荣起来，这极大地促进了重庆市立中学的教育发展。

抗战时期的学校教师大都由中央大学教职员工担任，其中不乏当时知名的教授、学者，在他们渊博的才华学识和高尚的人格风范熏陶、感染下，大学的独立精神、自由思想的人文风气深入重庆市立中学，丰富和发展了重庆市立中学追求平等、民主、进步、真理的办学理念和精神传统。所以，在其后国民政府为强化对学校的控制，推行法西斯的训育制度时，遭到了师生们英勇而坚决的抵制。

1940 年，重庆市教育局在沙坪坝柏树林创办了重庆市立中学高中部，后来又将原重庆市立初级中学与之合并成为重庆市立中学，办学规模扩大，学校教育逐渐涵盖了中学教育的各个年级，成为当时重庆唯一的一所公办男完中。学校制定出完善的《重庆市立中学学则》，保障学校正常教育秩序和执行学校教育理念。

三、追求自由解放的斗争

（一）浓厚的民主氛围

国难弥深，风雨如晦。重庆市立中学的学生们在努力完成功课的同时，也有许多学生积极投身于抗日救亡的伟大运动，有的响应国家“一寸河山一寸血，十万青年十万军”的号召，远赴印度参加中国远征军，驱日寇于缅甸，扬军威于异域；有的为追求真理与进步，不惧国统区白色恐怖统治下的高压与血腥，毅然加入中国共产党和其领导下的各类进步组织，为民族独立和解放奔走呼号，殒身不恤。1938 年冬，学生吴戈、鲜文吟、李兴宇等相继奔赴延安，走上抗日救亡的第一线。

1946 年以后，市立一中就掀起了轰轰烈烈的学生运动，奋起同国民党反动派展开了英勇顽强的斗争，成为当时重庆学运的一支朝气蓬勃的骨干力量、一座红色堡垒和一面战斗旗帜。市立一中、市立二中广大师生在中国共产党领导下，自觉跟共产党走，成立了中共重庆地下党外围革命组织，如“重庆市立中学地下核心小组”“六一社”“新民主主义青年社”等，开展了“反集训”斗争、反“荣誉考试”斗争、“抗议美军暴行”斗争、“反饥饿、争生存”斗争、“尊师运动”和“护校斗争”……举行了反对国民党反动派的请愿、罢课、游行示威活动。学生社团如雨后春笋，异常活跃，民主气氛十分浓厚。1947 年春，大革命时期的中共地下党员刘弄潮以重庆林园的陆军大学少将教官的公开身份担任市立一中校长，积极传播革命思想。刘校长效仿北京大学原校长蔡元培先生“思想自由，兼容并包”的精神来办好市立一中，招聘了一大批毕业于北大、清华、北平师大、西南联大等名牌大学的进步老师出任市立一中教员，把“五四”时期倡导的“德先生”和“赛先生”请到市立一中来，还绝对保障了学生在校内的思想、言论、集会结社和探讨学问的自由。

刘弄潮，又名刘旷达、刘砦潮，四川新繁县人。中共党员，清华大学教授，中共党史学家，中共中央党史征集研究委员会委员。1923 年初，经中共早期领导人恽代英介绍，刘弄潮赴武昌参加革命工作，认识了李汉俊、李大钊、施洋和董必武等人。1925 年 1 月，经李大钊提议，刘弄潮由社会主义青年团转入中国共产党，并任吴玉章秘书。1927 年 1 月，刘弄潮被国民革命军总政治部后方留守主任孙炳文任命为黄埔军校政治教官，并受聘为中山大学文学系主任兼教务主任。1945 年抗战胜利后，在国民政府中央陆军大学任政治部主任的刘弄潮，在董必武、吴玉章的领导下开展工作，曾做川军策反工作，为中国革命和建设以及学校教育发展做出重大贡献。

（二）英勇的抗暴斗争

1949 年 4 月 1 日，南京学生六千余人上街游行，要求国民政府接受中共提出的八项和谈条件，却遭到国民政府当局的血腥镇压。消息传到重庆，各类学校纷纷响应支持南京学生的正义行为，校际彼此串联、相互支持。在市立一中地下新青社的组织推动下，市立一中各班学生推选代表迅速成立了以地下新青社员为核心的“四二一后援会”，组织全校同学积极准备参加重庆学生定在四月二十一日举行的大示威、大游行。

老校友汪大波《在敌人枪口下的斗争》中写道，“就在一九四九年四月二十日下午，市立一中被国民党的武装部队、宪兵、警察和地方自卫团重重包围了。敌人武装部队构筑的机枪阵地里，两挺重机枪，一挺歪把子机枪，呈品字形的排在校门口的对面，组成了封锁市一中校门的火力网，不准师生上街游行。国民党反动派如临大敌，用全副武装的军警来包围我们手无寸铁的学生。

“二十一日上午，游行队伍在升旗场上集合，学校的‘四·二一’校内游行开始了。我们的队伍高举着‘争生存，争温饱，反饥饿，反迫害’的横幅，高唱着《团结就是力量》，沿石梯向校门走去。这时，伪警备司令部派来的援兵赶到了，不但在市一中校门口增加了兵力，而且还在学校周围，三步一岗，五步一哨，增加了包围圈。

“就在四月二十一日这天，我解放大军胜利南渡长江。当天午夜，新华社长江前线发布了一条震撼世界的新闻：‘英勇的人民解放军二十一日已有大约三十万人渡过长江。渡江战斗于二十日午夜开始，地点在芜湖、安庆之间。国民党反动派经营了三个半月的长江防线，遇着人民解放军好似摧枯拉朽，军无斗志，纷纷溃退……。’

“二十二日傍晚，早有准备的军警宪特一拥而入学校，于是搜查开始了。一部分军警在宿舍里乱翻，远远地我们听见漱口缸被摔碎、面盆被掷出的声音。一部分便衣特务进入升旗场，对同学们进行搜查。紧接逮捕开始了，一群身穿雨衣，头戴雨帽的特务，匆忙地走进场子。他们按照学生花名册，逐班进行点名捕人。

“那个伪市府的代表宣读了一张由伪市长杨森签署解散学校的命令：‘市一中学生怙恶不悛。历期委派贤能校长，均无成效。为切实整顿学风，肃清乱源，着即解散。’念完之后，他张牙舞爪地吼叫：‘从今天起，对一中实行军事管制。全校师生员工不得自由行动，不得自由出入，不得有三人以上的集会，不得唱歌跳舞。违者一律按违背戒严令处理。校长文艺陶传讯追究，其余学生一律在校静候甄别审查。’创下了解散重庆中学之先列。[1]

“四月二十二日深夜，市一中的四十六名同学，还有校长文艺陶、语文女教师周梅修，共计四十八人，被特务一个个押上卡车。我们知道，黑暗的监狱在等待着大家。但是，我们也知道，光明的未来也在等待着大家。当我们从卡车内走

1　重庆青运史研究资料 1984 年第 3 期。

出来时，才知道是被抓到左营街伪警备司令部里。这时，夜半更深，电闪雷鸣，雨下得很大。早晨被抓的尹渝、谢祥振和市农校的一个同学，也和大家关在一起。四月二十二日这一天之内，疯狂的国民党反动派就从市一中抓捕了师生五十一名。

“市立一中被解散，五十一名师生被逮捕后，重庆市中学生争生存、争温饱联合会决定，号召全市学生举行抗议罢课三天。由于社会舆论对市立一中解散的抗议很强烈，国民政府当局又是一时逞凶乱抓，毫不掌握学生组织情况。在社会的压力，家长的追逼下，只好把学生分批释放。除校长文艺陶转押于白公馆至八月份才获释外，其余被捕同学大都在四月底和五月上旬被陆续释放。

“出狱的同学们，有的按照地下党的指示回校组织复校斗争，有的走向农村参加了当地地下党组织的工作，有的到了工厂，有的转移到其他地方，迎着血雨腥风，坚持奋斗不息，迎接黎明，迎接解放。这一段校史是对师生进行爱国主义教育的好教材，成为重庆一中永远难忘的光荣的集体记忆！”

四、光荣的“四·二一”精神

“取义成仁今日事，人间遍种自由花。”铁骨铮铮，烈火永生。为了新中国的诞生，李承林（中共党员、一中学生）、胡作霖（中共党员，叶挺《囚歌》曲作者、一中语文教师）、韦延鸿（中共党员、一中学生）、陈以文（中共党员、一中职员）、易仲康（一中学生）、聂晶（二中学生会主席）、黄细亚（中共党员、二中学生监事会主席）七名优秀师生，以为人民争自由的理念为精神坐标，立下为人民求解放的誓言，以信仰为旗，以真理为路，义无反顾，大义凛然，视死如归，舍生取义，牺牲在重庆白公馆、渣滓洞集中营，血洒歌乐山下，用鲜血染红了五星红旗。他们中最大的 32 岁，最小的仅 18 岁。中华人民共和国成立后，学生周峥在抗美援朝战斗中光荣牺牲，何世槐、黄玲、李小咪、杨雪峰为保卫国家财产，在与土匪、犯罪分子斗争中英勇牺牲。歌乐苍苍，嘉陵泱泱，英烈精神，永续传扬。为了缅怀他们，学校在校园专门修建了“烈士园”，这里记录了一所学校的往昔，记载着风雷激荡的光荣革命传统，也保留了无法忘却的记忆。我们在历史和今天之间架起桥梁，在先辈与青年之间建立纽带，作为德育基地，在这里讲初心讲梦想，讲传承讲奋斗，以示后人，教育来者。营造纪念、缅怀、崇尚、学习英烈的浓厚氛围，把文化自觉化为血脉中的基因，彰显出重庆一中追求光明、积极进取、顽强拼搏、敢当大任的学校精神。

“天地英雄气，千秋尚凛然。”重庆一中形成了光荣的“四·二一”精神：热爱祖国和人民，为振兴中华的崇高理想而奋斗的献身精神；不畏强暴，敢于斗争、善于斗争、百折不挠的战斗精神；不怕艰险、不惧困难、勇于吃苦耐劳的艰苦奋斗精神；相互关心、支持，顾全大局的团结精神；勤奋学习、努力钻研科学文化知识和革命理论的勇攀高峰精神；自觉服从党的领导，严守纪律的高度组织性精神。“四·二一”精神见证了人民解放的奋斗过程，它与红岩精神一脉相承。先驱者们抛头颅，洒热血，争民主，争自由，高举“四·二一”火炬，用年轻的生命铸就了红岩精神。

1985 年 10 月 14 日，邓颖超来到红岩村，留下了珍贵的题词“红岩精神，永放光芒”。[1] 榜样的力量永远激励着后来者攀登。光荣，必将传承；英雄，永不独行。师生们说，以英烈为灯，照亮前路。我们被前辈们这种坚守信仰、追求真理的精神所感动、激励。致敬先烈，就要守护好我们共同的精神家园。历史是最好的教科书，历史不能忘记，英烈永远值得尊重和纪念。学校于 1952 年把每年 4 月 21 日定为重庆一中校庆日。这是学校一笔宝贵的教育资源。

在90年的办学历程中，重庆一中逐渐形成了“明礼崇德、求知求真”的校训，“爱国爱校、尊师爱生，朴实勤奋，改革创新”的校风，“崇德、敬业、博学、严谨”的教风，“励志、笃学、乐群、力行”的学风。

1 《重庆晨报》2018 年 4 月 8 日第三版。

第三节

中华人民共和国成立后重庆一中办学理念的探索

教育，尤其是中小学基础教育关系千家万户。人民群众子女“有学上”，满足“上好学”的需求更是千百万百姓的渴望。促进教育公平，让更多百姓子女享受优质教育。多年来重庆一中始终坚守人民教育的办学宗旨，致力于培育未来的社会中坚。1931 年，重庆市立中学的创立就是为了缓解普通百姓子女上学困难。其教育的初心就是注重有教无类、因材施教，让寒门学子都能接受良好的教育，拥有更多上升通道，为社会培养有用的人才。

一、中华人民共和国成立时期的教育改革

下面是校友李惕碚在重庆一中的最后一篇作文。

青少年求学时期，我有 6 年在重庆一中，6 年在清华大学。两个母校对于我的人生道路都有重要的影响。对于从事的专业工作而言，大学的学习有更直接的重要性；而且十几年前，由于学科建设的需要，我又回到清华任教，在清华的时间要长得多。然而，对于人生志向的确立和起步，对于应对人生途中种种艰难曲折的准备，一中的教育却要重要得多，对于母校一中，我有更加特殊的感情。

六十多年前，12 岁的我从北碚朝阳小学毕业，离开父母乘长途汽车绕道青木关到两路口初中部住读时，一中才建校 20 年。在抗战烽火和建立新中国的历程中成长起来的年轻一中，师生们都有一股以天下兴亡为己任的劲头，热心时事，艰苦朴素，朝气勃勃。在两路口校区，每周老师带领我们从菜元坝河边背米上山，为伙食团储备下周的粮食；搬到沙坪坝新建中的校区后，师生们雨天艰难地穿行

于田坎上，滑倒后满身泥泞地爬起来，戏称穿了“华达呢”（黄子林老师在政治课上高度赞扬“华达呢”一说，体现了一中师生的“革命乐观主义”）。在我的心目中，一中的校领导和人文、科学与体美老师，是风格各异的教育家和学者群体。在一中，我们受到了宝贵的励志和品格的培养，还接受了一流的智识和素质的教育。

我们这一届是20世纪50年代初，在新中国开始大规模经济建设和向科学进军的热潮中走进一中的，50年代后期在“反右”的严酷政治风浪中离别母校。毕业前，语文老师王晓岑布置的最后一个作文题目是“别了，市一中”。回顾了在一中的成长过程后，我在这篇作文里总结道：“六年以来，我从来没有放松过对时事政治的学习和注意，我逐渐觉得，我的呼吸、我的欢乐、我的悲哀同我的国家、我们事业的呼吸、欢乐和悲哀一致了。为了这个，我要谢谢您，亲爱的母校：您给了我最重要的东西。我在您的怀抱里吸取了知识，在您的怀抱里产生了对科学的热爱。知识给了我力量。我决心把自己的一生献给祖国的科学事业。母校，您鼓励我、支持我的志愿，并且教育我要不怕困难、披荆斩棘地努力进取。”

对于我告别母校的作文，王晓岑老师在评语里中肯地指出了内容和写作方面的优缺点之后，还写道：“我对你各方面的学习都是满意的，特别是你的独立思考，你对问题的认识。但最后给你提一个希望，就是在写作方面还要多下一点功夫，这对你将来在科学方面的研究，是必不可少的。”

平日和王老师的接触不多，在我心目中，他是一位不苟言笑的耿直长者，对中国古文学有很高造诣的饱学之士。他在课堂教学中展现的学者风范，对文学对人事深入和独到的观察和评论，对于我后来的为学与为人都产生了深远的影响。大学阶段像王老师那样深刻地影响过我的老师几乎没有，而在一中这样的老师却不少，这是我对母校一中有特殊感情的又一个重要原因。

离别母校后，我们同我们的国家一起既经历过困苦和艰辛，也体味到民族复兴的喜悦与光荣。母校和老师的教育、爱护和期待始终伴随着我们，支持我们在曲折的人生旅程中，坚持正直为人，坚持责任、理想和对真理的追求。今天，对于多已离去的当年师长，我们满怀着对他们尊敬和怀念；对于母校，我们衷心地希望她永远年轻，永远是那个培养和爱护肩负天下兴亡的青年一代的朝气蓬勃的一中。同半个世纪前离别母校的时候一样，我们愿您更健康，更美丽。一中，请接受儿子的祝福吧。

（李惕碚，重庆一中高 57 级校友，毕业于清华大学工程物理系，现任中国科学院院士，重庆一中小科学家协会名誉会长，清华大学物理系教授，国家重点基础研究发展规划项目首席科学家。他是我国实验高能物理的开创者和学科带头人，导出了著名的“李—马”公式，并被广泛运用。）

（一）社会变革背景下的“学校向工农开门”

1949 年 11 月 30 日重庆解放，新中国的诞生为重庆一中的发展开辟了新天地。1950 年，经重庆市人民政府决定，市立一中与市立二中合并，改为重庆市立中学，1951 年 4 月 12 日，正式改名为重庆市第一中学校。

处于社会历史大变革背景下的重庆一中，因为在新民主主义革命时期的平民教育思想，成为重庆市中学的代表，自然也成为重庆市中学教育变革中的先行者和试验田。1951 年 10 月 1 日，中央人民政府公布《政务院关于改革学制的决定》。此次学制改革具有以下明显特点：一是突出了“教育为国家建设服务，学校向工农开门”的方针，全国各级学校都应该“大大地为工农及其子女开门”，保证他们享受教育的权利。二是体现了民族平等、男女平等的原则。从 1952 年起，学制改革开始在重庆一中逐步推行。

1952—1953 年，时任重庆市教育局副局长兼重庆一中校长的邓垦同志（邓小平胞弟）决心要办好这所重庆市排行第一的著名学校，他进一步明确了学校教育为工农子弟开放和立校为公、服务平民大众的办学方针。让新中国教育发展成果更好地惠及广大人民群众，让寒门子女都能接受公平有质量的教育。当时学校虽然校舍老旧破烂，但拥有一支教学水平较高的教师队伍，而且重庆市教育局还从川东师范调入一批教师充实重庆一中，这批教师大都是毕业于清华、北大等著名大学的骨干教师。

广大学习成绩优异但家庭经济困难的工农子弟终于有机会进入重庆一中接受正规而又高质量的中学教育了。对于他们，政府设有人民助学金和清贫补助费，供给伙食、书籍文具等，解决了学习生活上的困难。到 1954 年上半年，享受人民助学金和清贫补助费待遇的学生共有 737 名，占学校总人数 1887 人的 39%，工农子弟达到 688 人，占学校总人数的 36%。随着新中国男女平等原则的提出，重庆一中打破了只收男学生的成例，许多渴望求学的女生也终于能走进重庆一中接受教育了。

（二）学习模仿苏联教育经验

在苏联社会主义经验的思想指导下，学校掀起学习苏联教育的热潮，摒弃解放前中学教育基本上采用欧美式教育的模式。1953年寒假，西南军政委员会文教部聘请苏联教育专家普希金来渝讲学。重庆一中教师认真听取了普希金系统介绍的苏联教育理论、教育行政管理组织、教学原则和教学方法。学校各教研组在学习的基础上，消化普希金教授的讲学内容，同时认真学习凯洛夫教育学，进一步认识新中国学校教育的目的与任务，从而建立新的教育观念，改进教学方法，在学习与实践过程中以召开学校改进教学工作方法座谈会和广泛交流学习心得与教学经验的方式，全面推进学习苏联教育经验。

1953年底，苏联专家普希金再次来渝讲学，向全市中小学介绍了“红领巾教学法”。学校广大教师学习和探讨教学原则和方法的积极性空前高涨，改变了解放前课堂教学基本无规范的状况。学校教学质量得到空前提高，深受社会各界人士好评。1956年，中共教育工会重庆筹备委员会向全市教师介绍了重庆一中教师学习苏联的教育经验，参与介绍经验的教师和教研组有语文教师许安本的《教〈记念刘和珍君〉》，语文教师黎见明的《教“弱”的一些体会》，语文教研组的《我们的单元备课》，地理教师唐谦池的《如何指导学生进行对地形岩石、地下水的野外实习工作》，历史教研组的《我们是如何绘制历史图志的》，数学教师但功涵的《我在算术四则应用题教学中的体会》，物理教师周忠域的《我对球面镜教学的一些点滴体会》，化学教师杨大烈的《氨氧化成硝酸的实验的改进》等。学习苏联的课改教学活动，成绩是值得肯定的，它改变了解放前有的教师拿起粉笔就上课，上课吹一通，下课飘飘然，兴之所至，一本书随便讲三四周的情况。“红领巾教学法”较好地规范了教师们的教学行为，授课前必须有教案，上课时要忠实执行教案，课后检查教学效果，它还让教师在教研备课中充分发扬批评与自我批评的精神，改变了从前“一言堂”的情况。但教师在学习中也出现了照抄照搬、脱离实际的倾向。

附：重庆一中学习进度表

学习内容	学习时间	凯洛夫教育学参观资料介绍	备　注
第一讲：新中国学校教育的目的与任务	五周	第一编 第一、二章	结合中学暂行规程总则进行学习讨论
第二讲：学校教师工作内容及教育上的几个基本概念	三周		结合学校实际情况进行讨论
第三讲：教学原则	三周	第二编 第三、四、五、六、七章	结合教学实际进行讨论
第四讲：教学方法	三周		结合教学实际进行讨论
总　结	一周		

（三）建立科学的教学原则方法

学校教育工作开始走上正轨，也推进了重庆一中的教学改革：（1）开始遵照执行从苏联翻译的各科教学大纲，使用从苏联翻译过来的理科教材、文科教材；（2）建立了13个学科教研组，每组教师从2人到13人不等，制订了学科教学计划和检查原则，开展集体备课，互相听课，组织公开课、观摩课教学及检查老师教案和评议老师课堂教学效果；（3）教学采用“五个教学原则”即量力性原则、直观性原则、系统性原则、巩固性原则、循序渐进性原则，各个教研组大力开展教学科研改革，并且推广“五个教学环节”方法即组织教学、复习旧课、讲解新课、巩固新课、布置作业。在成绩考核上以“五级记分法”代替“百分制”。

20世纪50年代以来，学校教师的学术空气非常浓厚，这种研究教学、探讨问题的好风气把各科教学大大提高了一步，至今许多老教师对此还津津乐道。比如1956年的上半年，学校就总结了教学经验80篇，有不少教学经验还在全国性刊物上发表。如语文教学贯彻思想教育的经验发表在《人民教育》上。

1953年，重庆一中被重庆市人民政府命名为重庆市重点中学。此后，在党和政府的关怀下，在上级主管部门的领导下，全校教职员工意气风发，团结奋斗，学校注重求知求真、树人铸魂，认真贯彻党的教育方针，教育教学工作取得了优异成绩，为社会主义建设培养和造就了一批又一批的优秀人才。中科院院士宋振骐、李惕碚，工程院院士张炳炎、张光义、傅依备等都是学校20世纪50年代在这一大背景下培养出来的优秀学生。

二、改革开放时期重庆一中办学理念的探寻

（一）学校掀起教改热潮

1983 年 9 月，邓小平同志为北京景山学校题词——“教育要面向现代化，面向世界，面向未来”。“三个面向”为学校教育教学改革指明了方向，极大地坚定和鼓舞了全校教师教学改革的信心与决心。

从黎见明先生的语文“导读法”、唐恂季先生的化学“单元教学法”、黄慧灵先生的政治“读讲议看写”教学法等，教师们创造提出要处理协调好教学中的几对关系：智育与德育、体育的关系，“三育”并重，全面发展；掌握基础知识和发展认知能力的关系，使知识与能力两者比翼齐飞；间接经验和直接经验的关系，既要学好书本知识，又要注重社会实践，从而获得完全的知识；教与学的关系，把教师的主导作用和学生的主体作用“两个作用”都发挥好；各学科教学之间的关系，它们互相联系、互相制约，又互相促进、互相发展，不可偏废；课内与课外的关系，坚持课堂教学为主，课外活动为辅。

学校拟定出一套各学科教学“一堂好课的标准”。如政治组提出“讲清原理，联系实际，有的放矢，深入浅出”。语文组提出“狠抓双基，落实读写，以文见道，熏陶感染”。数学组提出“循序渐进，重点突破，精讲精练，培养能力”。物理组提出“实验引路，狠抓双基，启发思维，提高能力”。化学组提出“狠抓双基，上新补旧，争取主动，留有余地”等。有力地促进了学校的教学改革，提高了教学质量。

学校创设教改实验班，开展教改试点工作。从语文、数学教改试点发展到综合性、全学科、全员参与的教学改革，并进行了班级质量管理改革。鼓励教师大胆探索，勇于创新；既实事求是，又敢于进取。教学一改“灌”为“导”，课堂出现了新面貌，总结出了一批在重庆市、四川省有影响的新鲜经验，达到“教，是为了不需要教”的效果，使学生成为学习的主人。重庆一中的教改经验多次在重庆市、四川省、湖北省、新疆维吾尔自治区、北京市、上海市等地的教学改革会议上交流推广，并为大批学校和教师效仿，成为全国教学改革的一面旗帜。

1983 年，学校政治、语文、数学、外语、物理、化学 6 个学科参加四川省教学研讨会，总结了狠抓“双基”提高能力的教学经验 11 篇，在大会上交流。学校

鼓励教师成名成家成大师。校内经常开展公开课、观摩课、学术讲座活动。学校不仅在教师中练好内功，而且还为沙坪坝区、渝中区、江北区等地各科教师举办了教材培训会、专题讲座和报告会，为校外教师培训提高发挥了名校的辐射带动作用。

学校自20世纪50年代以来涌现出一大批先进模范教师，有出席全国文教群英会的向玉如；有受到邓小平同志接见的第五届全国人大代表、四川省模范班主任严惠珍；有首批特级教师唐恂季；有省市区人大代表、政协委员，有高考命题专家和指导委员等。一大批在重庆市、四川省乃至全国有名望的名师，如许安本、黎见明、吴泽济、张子杰、周忠诚、李伟才、唐恂季、余沛华、黄慧灵、唐志寰、陈遵德、周生祥、肖康庄、王德淳、贾季欧、徐渝生、胡熙时、周先乾、杨镜泉、涂明哲、肖经伦、蒋辅才、吴至青、严惠珍、王传奇、姜逸岚、滕志成……他们是闪烁在教育星空的明星。

（二）“导读法”教改先锋

关于“导读”，著名语言学家张志公先生是这样阐释的：“导读”与“导演”“导游”结构完全相同，都涉及了两个方面，一方面是“导”，一方面是“读”“演”或“游”。这两方面中，后者是主体，导读的主体自然是学生，教师“导”的目的就是让学生读得更好，最终脱离教师，自己去读。教师不能代替学生读，更不能只管自己“导”，而不顾学生的阅读实际；要看学生呈现出的思维走向，要因势利导。学生阅读一篇文章，在有限的时间内收获的大小，关键在于教师的“导”，它直接决定学生读的成效。

自20世纪80年代以来，“导读法”一直备受教育专家和全国各地语文教师的青睐。“导读派”以黎见明、钱梦龙、钟德赣为代表，而“导读”理论是黎见明和钱梦龙同时提出的。

黎见明（1920—1991）是全国著名的语文教育改革家，早年在西南联大受业于闻一多等名家。他学识渊博，治学严谨，尽管音哑病困，历经坎坷，但他仍然在重庆一中的语文教坛上辛勤耕耘了40个春秋。在教学中，他贯彻教育自由、教学自觉思想，潜心研究，倾力实践，以《读写新编》《语文导读》《语文导读与创造方法》《语文导读艺术》等著作，成为全国著名的语文流派之一，引领着一代又一代语文教师茁壮成长，对重庆市语文教育作出了卓越的贡献，同时也带动了学校各学科的教学改革，学校教学走上了全方位的学科导学之路。如今，导读教育思想之花已经开遍全国语文教坛，导读的理论与实践也得到了深化和发展。

语文导读理论继承了古代语文教学启发诱导的优良传统，汲取现代教学理论的精华，在语文教学的教学目标、教学关系、教学模式、教学方法等方面均有所发展和创新。导，指教师的指导、引导、因势利导，也就是发挥教师的主导作用；读，指学生的阅读实践，也就是充分体现学生的主体地位。“导”与“读”的统一，揭示了教学过程中师生彼此合作又互相制约的双边关系。

黎见明先生反思我国的中学语文教学，深感在教法上有三大教学弊端存在：“满堂灌”“满堂练”“满堂问”。这三种教学弊端在重庆一中的语文教学和其他学科教学中都不同程度地存在着。灌输式是主观主义教学的一种重要表现形式。“满堂灌”是封闭性的模式，而“满堂练”和“满堂问”却是封闭性的变式。满堂灌不顾学生是否能接受；满堂练不顾学生是否能够有效；满堂问不顾学生是否能够发挥。这些都严重地脱离了教学实际，否认了学生在学习中的主体地位，抹杀了学生的主动性和积极性，严重抑制了学生的自由个性发展。

黎见明先生敏锐地发现了在教学中堵塞学生创造性的种种障碍，诸如胆怯、懈怠、浅薄、片面、固执、犹豫、轻率、麻木八大弊病，要革除这些弊病，就必须培养创造精神。“导”是传统教育中极为宝贵的指导思想。语文教育家刘国正在《语文导读》的序言中写道：“推究起来，‘导’很有些来历。传说大禹治水的时候，就有‘导’和‘堙’之争，结果是‘导’取得成功。我国几千年的教育史上，也存在着‘导’和‘堙’两种不同的教育思想和方法，只是‘导’始终没有发扬张大，‘堙’却是颇占上风的。这里要加个注解，‘导’指启发诱导，发展学生的智力；‘堙’指一味灌输，闭塞学生的聪明。这两者之争，时或长消，至今依然存在。革‘堙’倡‘导’，依然是改革教育思想和方法的关键所在。在这个广阔的背景上看‘导读’，更容易理解它的意义。”

导读，要求对学生进行语言训练、思维训练和情感训练。通过语言训练，打好语言基础；通过思维训练，提高智力和创造力；通过思想教育的核心情感教育训练，培养理想和道德。“导读”的核心就是要“导”。教育家叶圣陶说：“导者，多方设法，使学生自求得之，卒底于不待教师授之谓也。”“自求得之”，形成自学力，这就是“导”的基本要求。通过“自求”，培养创造力，做到“求疑，求异，求活，求速”。

语文导读法强调给学生以充分的尊重，以学生素质发展为目的，符合先进的教育理念。在此基础上，“导读”还确立了“以学生发展为本”的教学思想。教师不仅要鼓励学生学习语文知识，教会学生学习方法，更重要的是通过一篇篇凝聚着作家灵感、激情和思想的文字，潜移默化地影响每一个学生的情感、情趣和情操，影响他们对世界的感受、思考及表达方式，逐步培养学生的独立精神与自信心，以至于最终沉淀为人的精神世界中最深层、最基本的东西——世界观、人生观和价值观。“导读”不仅是认知发展的过程，学会学习的过程，更是健全人格的形成过程，学会做人的过程，也就是说“导读”非常关注人的成长、发展及人生道路的选择。因为它遵循一个原则，即教育是培养人的一项系统工程。

黎先生是实践教育自由、教学自觉思想的典范。语文导读思想不仅引发了重庆市语文教学改革，而且在全国产生了巨大影响，形成了独树一帜的语文导读流派。语文学科已经形成了一个老中青相结合的导读教学群体，形成了“问导型”“读导型”“写导型”“讲导型”等基本课型，并派生出了“自学指导实验”“学法课”“单元目标教学”等教学模式实验，探索出了“牵线寻点导读法”“层层揭疑导读法”“误入正导法”“比较提问导读法”“逆向导思法”“提问导思法”“供材料导写法”等导读教学方法。重庆一中教学立足学生自由发展，有理论，有实践，呈现出一派生机勃勃的局面。

（三）“两个素质教育”思想的推进

早在20世纪80年代，学校就提出了“两个素质教育”的思想，即教职工全员素质教育与中学生全面素质教育，从教师和学生两个方面提出素质教育的理念。素质教育不仅是我们一切教育的出发点，更是发挥教育功能的落脚点。

重庆一中全体教职员工基于这样的认识，义无反顾地全面深入地推进素质教育，学校教改在促进学生全面自由发展方面取得巨大进步。为了使素质教育从理论上的必要性，转化为实践上的可能性和可操作性，学校从1993年承担了四川省级教改课题“城市中学生全面素质培养”的教改实验。该课题又被重庆市教委、市教科所纳入重庆市“九五”双百工程重点教改课题实施管理，就素质培养目标、实施途径和评价方法进行了有益的探索，对课程、教材、教法、学生管理实施全面改革，对全面打好基础，发挥个性特长的关系，对教师教学的评价和对学生评价如何趋向科学，对如何减轻学生过重课业负担，使学生生动、活泼、主动地学习进行了重点研究，加深了我们对素质教育在理论和实践上的认识。

全校教职工要树立都是教育工作者（教师）即研究者的思想。建设现代化的学校，要靠一批有远见卓识、无私奉献、坚韧不拔的骨干教师队伍，在政治思想、职业道德、业务技术、文化素养上都能符合现代社会的要求。学校在“八五”教师培训规划中，提出了教职工全员素质培养的目标，通过培训，实现从通常的教师、职员、工人到现代教育工作者的转变，从通常的教书者到优秀的启蒙教师和导师的转变，即“不做教书匠，要当教育家”，提高教育理论水平和教育科研能力。

在这样的指导思想之下，学校教改进入了前所未有的改革时期。重庆一中把握时代机遇，积极开展中学全面素质发展教育研究，坚持教育科研和教育改革，以科研树名校，以创新促发展，以改革增效益，全面提高教育质量。

1990 年，学校作为西南地区唯一的代表，加入了全国名校组织的教改研讨会。1991 年 10 月，承办了全国基础教育研讨会。来自全国各地区的名校——北京景山学校、北京八中、清华实验学校、天津南开中学、东北师大附中、华东师大二附中、上海控江中学、南京师大附中、华南师大附中、广州开发区实验学校、深圳中学、深圳实验学校、海南中学等聚集一堂，共同研讨基础教育改革的发展方向。通过研讨会，学校加强了与全国各地名校的联系和交往，扩大了在全国的课改影响。

（四）学生自主教育双向目标管理体系的建立

双向目标管理体系即中学生德育年段目标管理与学生自主目标管理的系统工程，是变应试教育为素质教育的重要探索，这是新的历史条件下国家对基础教育提出的要求，也是教育改革要解决的根本问题之一。为了搞好学生全面自由发展的素质教育，要解决的是如何使学生素质教育系统化、科学化、常规化。从 1988 年起，重庆一中开始试行“年级组与教研组并存，管理上以年级组为主”的管理体制。

学生自我目标管理的核心是提高学生的主体意识。教育的本质属性就在于促进青少年的全面健康发展，培养社会主义的建设者和接班人。在教育过程中，我们遵循的是青少年身心发展的特殊规律和人的发展的一般规律。研究学生是一个不断变化的永恒主题。社会主义市场经济将进一步促进受教育者个性的发展，学校德育要适应时代的要求，深入教育主体——学生的心灵深处，研究他们的内心世界。学生自我目标管理的过程是我们了解学生、研究学生的极好途径。进行学生自我目标管理有利于增强德育的针对性和实效性。学生的自我参与，发挥了主体作用，把单向灌输的教育方式变为了双向的交流和沟通。研究学生自我目标管理的过程也是我们更新教育思想的过程，其指导思想是确立体现学生主体地位的主体教育思想。而主体教育的成败和学生自我目标管理的核心是能否通过自我管理的方式来提高学生的主体意识，以使我们的学生在任何场合和活动中都能按照《中学生守则》和《中学生日常行为规范》的要求，做到“自制”“自律”“自省”“自信”，有强烈的爱国主义意识和公民意识，有正确的价值观念、法治观念和良好的行为习惯。学生自我目标管理体现在学习过程、社会实践行为训练和课外活动各方面。学校在完成“年级学生干部管理系统在实现年段目标中进行自我管理”的阶段实验基础上，根据学校德育年段目标，着手制订学生个人目标管理的实施方案和学校对学生制订个人目标的指导要点。通过学校年段目标管理与学生自我目标管理相统一的“双向目标管理”实验，达到《中共中央关于加强和改进学校德育工作的若干意见》所要求的，“培养学生自我教育、自我管理、自我服务、自我约束能力”的目标。

初中阶段学生素质培养年段目标

<table>
<tr><th colspan="2" rowspan="2">内 容</th><th colspan="3">年 级</th></tr>
<tr><th>初一</th><th>初二</th><th>初三</th></tr>
<tr><td colspan="2">德育</td><td>培养学生良好的行为习惯，做合格的中学生</td><td>培养学生爱班级、爱学校的思想感情，培养学生自觉遵守校规校纪的习惯</td><td>培养学生心中有集体、有他人的思想感情，树立立志成才思想</td></tr>
<tr><td rowspan="4">智育</td><td>思维能力</td><td>提高思维品质</td><td>培养逻辑思维</td><td>培养创造性思维</td></tr>
<tr><td>学习能力</td><td>记忆能力、判断能力、会表达</td><td>想象能力、概括能力、动手能力</td><td>综合能力、迁移能力、实验能力</td></tr>
<tr><td>学习行为</td><td>掌握中学学习方法、作业规范，字迹端正，课前预习、课后复习</td><td>养成良好的自学习惯，上课积极思维，课后归纳整理</td><td>养成勤奋学习的习惯，上课善于观察质疑，课后主动扩展知识</td></tr>
<tr><td>劳动技能</td><td>自理能力</td><td>美化环境能力</td><td>从事职业必要的技术</td></tr>
<tr><td colspan="2">美育</td><td>接受美的熏陶</td><td>鉴赏艺术美、自然美</td><td>鉴赏社会美</td></tr>
<tr><td colspan="2">体育</td><td>中学体育锻炼标准、体育基本素质训练</td><td>中学体育锻炼标准、体育卫生知识</td><td>中学体育锻炼标准、体育保健知识</td></tr>
</table>

高中阶段学生素质培养年段目标

内 容	年 级		
	高一	高二	高三
思想教育	传统教育（热爱祖国）	国情教育（热爱党、热爱人民）	理想教育（坚信社会主义、共产主义）
道德品行教育	遵守中学生日常行为规范	养成文明礼仪行为	培养社会主义公民道德
团体影响教育	形成良好集体风气	培养个人品质	正确处理个人集体关系
个性心理教育	自信（树立正确的人生观）	自立（严格的自我教育）	自强（培养意志品格）
学习能力的培养	具有接受信息的能力（会听）	具有分析信息的能力（质疑）	具有综合信息的能力（举一反三）
学习行为的形成	养成良好的学习习惯	形成科学的学习方法	培养创造思维能力
体育	养成锻炼习惯	培养体育素质	培养拼搏精神
美育	感知美的能力	鉴赏美的能力	创造美的能力
劳动教育	劳动品质教育	社会实践教育	立足国情、艰苦奋斗教育
社会活动能力教育	能单独完成某项工作	能组织同学完成某项工作	能独立设计并组织实施某项工作

双向目标管理体系的作用在于它具有鲜明的教育导向性。马克思说："人的本质不是单个人所固有的抽象物。在其现实性上，它是一切社会关系的总和。"中学生作为社会人，处于各种社会关系之中，来自社会各方面的因素对他的思想行为素质都会产生不同的影响：有短期的、长期的；校内、校外的，课内、课外的；正面的、反面的；理论的、实践的；德、智、体、美等诸方面的；教师、家长、同伴的……对学生的影响是多维度、多层次的，因而，学生的素质培养也应该是多维度、多层次的。

在多年的探索中，我们认识到：①素质教育具有整体性，既有正面教育的总体控制，又有学科教育的渗透交叉。②素质教育具有社会性，体现出教育社会化、社会教育化的鲜明特征，融社会、学校、家庭教育为一体。③素质教育具有层次性，各年级学生生理、心理特点不同，素质教育也应有不同层次的年段要求。④素质教育具有浓烈的个性色彩，培养发掘学生的良好个性是它的根本目标。⑤素质教育具有连续性，因为学生的素质培养是一个日积月累养成的教育过程。

在科学地对学生进行素质培养的过程中，学校按照学生的成长规律，制定切实可行的年段素质培养基本要求，是学生素质培养的首要任务。在制定基本要求时要做到如下几点：

（1）定性。素质教育是学生的全面自由发展，它融思想道德、学习、身体、个性心理等多方面素质培养为一体。

（2）定向。即对学生的素质发展方向要有规划、有控制，既有总体目标，又有阶段目标，从而使学生素质教育在教师的导向下，始终沿着正确的轨道向前发展。

（3）有序。即按定向的目标，按学生素质发展的阶段过程编排素质培养序列，使素质教育形成一个台阶式有序过程，使学生素质循序渐进地发展。

（4）有格。即按照基本要求序列，提出学生素质验收标准，使教师导有格可依，学生学有格可循，考核者评有格可据。

学校制定素质教育的基本要求是改变过去有要求无落实、有行为无度量的方式，改变过去凭印象定好坏的做法，制定了与基本要求相适应的一系列评价标准，使评价标准科学化。

（1）评价标准的综合性。按基本要求确定评价量标的赋分标准及权重，既注意重点素质培养，又注意全面发展；既注意单项考核，又注意综合评价，使学生的素质发展得到全面认定。

（2）评价标准的互补性。制定评价标准时，既注意学生日常行为评价标准，又注意社会性标准，看到自己的个性特点，逐步形成自身的世界观，确定未来的发展方向。

通过学校年段目标管理与学生自我目标管理相统一的“双向目标管理”实验，把素质教育落实到年段教育中，并对此进行的一系列探索，推动了学校教育改革的进行。20 世纪 90 年代，重庆一中在教育自由、教学自觉的思想指导下，教育教学成绩优异，在整个西南地区首屈一指。

（五）缤纷多彩的课堂教学改革

1. 理科文科的课程教学改革

语文导读法体现了创新教学的思想，它引起的变革不仅体现在语文这一学科，而且辐射到其他学科。重庆一中以“导读”为龙头，在各学科全面实施了教学改革。各学科把语文导读思想运用于本学科教学之中，并结合实际，不断研究、实践、创新，形成了“导学”“导创”的教学新模式，共同培养学生自学能力，发展学生的创新能力，实现学生的可持续发展。

理科教学改革抓实验、重实践，着力开拓学生的创造力，体现五个并举：知识传授与自然辩证法并举；计算能力培养与思维训练并举；理性知识与实验操作并举；课堂教学与课外活动并举；辅导中差生与培养优生并举。如物理特级教师徐渝生在高89级、高92级进行的物理“综合导学法”实验就是一例。“导学”和“导创”是对“导读”的发展。“导学”是在教师引导下的学生自主学习，“导创”是在教师引导下的学生创新学习。在教学中，强调教师的主导作用和学生的主体地位，强调培养学生的自学能力，使其形成终身学习的能力。同时强调培养学生的创造意识和创新才能，成为具有发展性品质的人才。

文科教学改革抓四结合，即智能培养与思想教育结合、智能培养的近景性和远景性结合、智能培养与电化教学结合、智能培养与课外活动结合。语文组教师王德淳、周先乾根据“导读法”进行教改实验。黄慧灵老师提出的政治课“六字教学法”，即“读、讲、议、看、写、用”，用以改革理论脱离实际的注入式教学，使学生动脑、动手、动口的时间增多，而教师教学更为生动、活泼。张群力老师创造的“中心学习法”获四川省基础教育科研成果一等奖，《思想政治课优化教学的理论和方法》获重庆市首届基础教育科研成果一等奖。

2. 现代化教育手段的课改

从1991年起，学校承担了国家教委“八五”重点课题《电化教育促进中小学教学优化》的子课题《电化教育促进中学课堂结构优化》的教改实验。并于1995年10月经中央电教馆批准，由九人组成的专家组对课题进行了验收评审。课题组提出的电化教学课堂基本模式，即“发现探索型”“导引迁移型”“情景再现型”三种变式，符合现代教学论、信息论原理，能充分运用电化教学媒体、现代教学手段的优势，发挥其主动性、直观性的特点，优化了课堂教学结构，取得了最佳教学效果，因而实验是成功的。这项科研不仅取得了课改的成功，而且锻炼和培养了一批中青年教师，提高了他们的理论水平、科研意识，以及运用现代教育技术、科学方法进行实验的能力。2000年，全国现代教育技术实验学校评估审查会在学校召开，对重庆一中在这一领域作出的不懈探索和优异成绩给予充分肯定，并向市内外推广。

3. 中学生主体教育理论与实践探索

1998—2001年，学校开展了重庆市“九五”重点课题《实施主体教育促进学生创新能力发展》课题研究，该课题以滕志成为组长，涂明哲、谭顺福为副组长，邹先乾、饶家澍、胡熙时、徐渝生、张群力、杨祖旺、邓恩元为主要研究人员。主体教育重视学生的个性发展，因此，学生在学习生活、社会实践、科技创造等方面显现了无穷的智慧和创造才能，学生的自我价值得到充分的体现，学生的人际交往、组织能力、动手能力得到提高，实现了帮助学生自律、自立、自觉、自强的育人目标。该课题研究获重庆市“九五”课题研究一等奖。

4. 从第一课堂走向第二课堂

学校应为学生个性的全面自由发展创造条件，那么就必须提倡素质教育，而素质教育和应试教育有哪些不同呢？素质教育强调学生有个性地发展，个性发展是学生自身发展的最终体现。应试教育因过于强调统一的标准和筛选被淘汰，不可能认真地去关心不同学生的个性发展，长此以往，逐渐形成了肯定共同性而否定差异性的价值倾向。对在共同性竞争中处于不利地位的学生则不得不放松甚至放弃教育。而在素质教育中每位学生都受到同样的重视，学生不同的特点都得到了尊重。重庆一中在改革第一课堂的同时又重视开辟第二课堂，在课程设置、教学形式、评价方式等各个方面为学生个性的发展创造条件。

学校树立新的课程体系观念。实现学校教育教学体系现代化，课程设置是核心，课程体系是学校育人的主体工程，是直接影响和培育学生的基本要素。人的素质结构反映在课程结构中，课程水平决定培养出来的人的素质水平。因此，实现教育现代化，必须以课程为突破口，树立新的课程观念。学校自 1991 年起在高 94 级全面实施课程改革，变原来单一的必修课为必修课、选修课、活动课、实践课几大板块，打破了多年来单一的必修课格局，开设既多样又富有弹性的选修课，开设各种内容的与社会生活紧密联系的活动课、实践课，提供可供受教育者进行比较和选择的多种教育模式，充分发展受教育者的兴趣特长。通过三年实践，在教师中初步树立了学校的一切教育活动都是课程的观念，树立学科课程和社会课程相结合、必修课和选修课相结合、选修课程分层次的观念。改革实践证明，该年级学生无论是参与社会实践活动的能力、学科竞赛的成绩、高考成绩，都呈现出优异状态。

2000 年 5 月，由北京清华附中、北大附中、重庆一中、重庆南开中学四所中学参加的中央电视台青少中心“芝麻开门”六一节目组栏目，学校学生杨云舒、陈文兰利用一节 5 号电池、一只玩具用微型电 195 动机在 20 分钟内成功地拉动一辆“长安之星”面包车145厘米，将异想天开变成了现实，荣获中央电视台2000年“六一”特别节目组织奖，成为重庆一中科技教育的典范，在社会上产生广泛影响。

在这一时期，重庆一中第二课堂的社团活动蓬勃开展，从学校实际出发，因地制宜、因材施教，丰富了校园文化生活，开阔了学生视野，培养和发展了学生的兴趣特长。学校的社团活动由培优、竞赛、科技、文艺、体育五大类构成：第一培优类，建立数学、物理、化学、计算机奥林匹克竞赛组，不少学生成绩优异，获全国、省市一等奖，进入国家冬令营；第二科技类，建立“小科学家协会”“环境科学学会”和无线电测向小组、航模小组、车模小组等；第三文艺类，成立“四月风”文学社、心雨心檐文学社、布谷鸟学生合唱团、凤凰舞蹈团、田园管乐团、春晓民乐团、瀚墨书画社、白雪话剧社等；第四边缘科学类，有计算机小组等；第五体育类，包括篮球队、足球队、排球队、羽毛球队、乒乓球队、田径队等。在社团活动管理上，有领导分管并做到“七落实”，即指导教师、活动时间、场地、计划、教材、经费器材、评比表彰等落实。由于长期坚持课内外结合，校园文化生气勃勃，培养和发展了学生的自由个性，一大批人才脱颖而出，在国际、全国和省市的各类大赛中取得优异成绩。

在充满变革的20世纪90年代，学校教师不再满足做知识的传递者，开始向知识的创造者转变，在紧张、繁重的教学之余，老师们开始自觉总结，反思自我教学，积极开展学术研究，全面深化素质教育，从一个更高的自觉角度来审视学校的教育教学活动，学校每学年度学术年会开始出现，编辑出版了《重庆一中教改经验论文集》。各学科《学法》研究相继出版。1995年出版发行的《重庆一中教改经验集》《这道风景线——重庆一中教育教学科研论文集》《重庆一中各学科特点介绍》三本专著，全面展现了重庆一中在素质教育大旗之下取得的课改成绩和经验。

在教育自由自觉思想影响下的重庆一中，教育不再是一个被动的短暂的消极接受过程，而是一个主动的终身的积极发展过程，学校的教学改革既重视书本知识的积累，更重视现实生活能力的发展；既重视接受性的学习，更重视独立的、创造性性格的养成。先进而开放的办学思想，踏实而勤勉的耕耘，使重庆一中在20世纪90年代成为西南地区较知名的中学。

三、新世纪重庆一中办学理念的探求

（一）发展性教育思想和办学理念的形成

20 世纪 90 年代可谓中国教育改革风起云涌的时期，十年间先后召开了两次全国教育工作会，国家也出台了《中共中央国务院关于深化教育改革全面推进素质教育的决定》。理念是灰色的，而实践之树常青。经由实践升华理论，再通过理论指导实践，学校“发展性教育思想”和“学校的一切为学生的发展而存在”的办学理念逐渐丰满起来，并经受了实践的检验成为教育综合改革花园中惊艳的一朵自由自觉的鲜花。

“发展性教育”首先是基于对教育功能定位的思考，即教育究竟要培养什么样的人。它还针对当下基础教育的问题——过多地强调了为高一级升学教育打基础的功能，特别是以单纯考试为目的的应试教育，使基础教育沦为升学的通道和工具，降低了教育人本化的价值。重庆一中实践“发展性教育”就是把人的发展视为教育的基本维度，由此在学校提倡和推行素质教育、发展教育、终身教育，克服应试教育、完成性教育和一次性教育的弊端。

（二）发展性教育思想和办学理念的内涵

发展性教育思想旨在吸收各种先进的教育思想成果，遵循现代教育发展规律，以学生发展为本，促使学生形成自主性的思想。发展性教育就是指以培养具有发展性品质的人才为目标，旨在促进人的全面、自由、自觉、和谐发展的教育。教育的基本作用就是保证人人享有为充分发挥自己的才能和尽可能牢牢掌握自己的命运而需要的思想、判断、感情和想象方面的自由。发展性教育努力把学生和教师从灌输、束缚、钳制、禁锢、奴役、摧残和践踏中解放出来，在探索和启蒙、平等对话和自由交流中获得身心的全面发展。教育即解放，这是发展性教育的使命[1]。发展性教育观的基本内涵体现在四个方面。第一方面是发展。即学生的身心、个性都得到积极、和谐、有人性的进步。第二方面是自主。即学生获得自学、自理、自治、自立的能力，形成一种人生的自觉、自尊、自爱的态度，具有强烈的主动性、主体性的主人翁意识和使命感，养成健康的自我意识结构，发展健全人格。第三方面是创新。即学生具有强烈的求新、创新精神。第四方面是提升。即学校

1 鲁善坤 . 人的发展——教育的基本维度［M］. 北京：教育科学出版社，2005.

与学生同步一体地发展。发展性教育观不仅是一种指向成为高素质的人的发展，也不只是智力或情感上的发展，而是人的全面发展，是一个真正的人的形成过程，一个旨在培养全人的教育宗旨[1]。

"学校的一切为学生的发展而存在"的办学理念以具体生动、充满个性的"人"为基本逻辑出发点，回到了学校教育发展的最本质的问题上。我们认为，学校不仅是为了给经济社会提供人才，不是把人当作经济工具，而是作为发展的目的加以对待的。学校教育不仅能够促进人的自主性、自觉性、创新精神、实践能力和社会责任等发展性品质的充分发展和完善，还能够发展人的体力、脑力、健全的心理和人格、健康的情绪、坚强的意志品质、独特的创新能力等。学校教育的各个组成部分均有助于人的全面自由发展，它能尽早地为每个人提供"生活通行证"，使其能够更好地了解自己、理解他人，调动人的各种潜能，从而参与集体事业和社会生活。由于发展的目的是使人作为人而不是作为生产手段得到充分发展，因此，学校教育在基础教育阶段应该包括可能接受其他各级教育所需的全部知识。学校的存在还要从终身教育的角度为每个人提供自由塑造自己的生活和参与社会发展的手段，它包括了从人的全面自由发展角度看必不可少的一整套知识和技能。

我们认为，办学理念的品质包括自由品质和自觉品质，这两种品质构成了人的发展的最基本的要素。重庆一中在办学中，首先尊重学生学习的主动性、创造性，增强他们发展的积极性、自觉性，让学生在中学教育阶段后，能够具有更强的主动学习、思考和创新的能力，形成自尊、自立、自信、自强为核心的自主发展品质。重庆一中在办学中，历来注重培养学生的创造能力，从各种高层次人才的培养，到针对每个学生的个性发展的教学方式、学习方式的改革，都将培养创新能力放在首位。重庆一中通过全方位的培养手段，最大限度地促进学生思维品质、心理品质、道德情操等创造品质的提升。在办学中，重庆一中为学生的主体性发展提供良好的气氛和条件，更重要的是承认教育认识的社会性，将主体间的社会交往纳入认识活动过程，让自由自觉成为学生认识中的一个重要内容，体现了师生间、学生间平等、民主、自由的人际关系。

（三）"两改、两导"研究的学校系统课改

在办学理念指导下，重庆一中开展了《中学教育"两改、两导"课题研究》，即"高中课堂教学改革"实验、"初中教育整体改革"实验、"青年教师分段培

1　鲁善坤．让每一个学生发展得更好［M］．重庆：重庆出版社，2007.

养指导”和“学生自我教育指导”。课题的内容如下：

（1）“高中课堂教学改革”重点研究如何转变传统的班级教学观念，按照“因材施教”的原则，改革课堂教学的组织形式，探索建立课堂教学新模式的路子。

（2）“初中教学整体改革”是按教育的要求，以认真总结、全面规划、单项落实、专题深入、整体提高的方式进行。

（3）“中青年教师培养指导”主要研究指导教师提高素质的途径和如何根据教师成长规律的普遍性和特殊性进行分阶段、分层次培养的步骤和方法。

（4）“学生自我教育指导”以培养学生的自我管理、自我控制、自我学习、自我服务、自我实现的能力，研究如何通过指导学生进行自我教育来提高学生的主体意识。

“两改、两导”四个子课题的研究，带动了一大批教师参与教改，全面推动了学校的科研、教研工作，使学校的教学质量上了新的台阶。高中课堂学科分层教学改革在重庆市尚属首次，对改革学校僵化的班级授课制度，实行因材施教的理念意义重大，且实验得出的结论和数据是科学可靠的。初中教育整体改革在重庆一中进行了十年不断的研究，摸索出了一套整体优化的教育方法，对培养13~15岁年龄段青少年的学校教育提供了好的经验。重庆一中教学质量一直名列全市前茅，这和坚持不懈地开展科学的教学研究分不开。学校把青年教师的培养纳入课题进行研究，并从中找出青年教师成长的规律，总结了学校培养青年教师取得良好效果的方法，其做法值得长期坚持。

（四）分层次教学课改

学校还开展了分层次教学课改，进一步使学生全面自由自觉发展落地生根。班级授课制使学生个体潜能得不到充分的开发，为使全体学生得到充分发展，实现教育的公平，学校借鉴了美国布鲁姆的“掌握学习理论”和苏联教育家巴班斯基的“教学最优化”思想，在以往课堂改革的基础上，进行了为期三年的“分层教学、分类指导的实验与研究”。

教师在充分研究学生特点的基础上，将学习状况相近的学生归类为同一层次，在班级团体教学和分班教学中，依据教学大纲的要求，从各类学生的实际出发，确定不同层次的要求，进行不同层次的教学，给予不同层次的辅导，组织不同层次的检测，使各类学生在学习中人人有兴趣，个个有所得，在各自的“最近发展区”

得到最大限度的发展。重庆一中课改实施分层教学的五个基本环节是：学生分层、教学目标分层、施教分层、测试分层、评价分层。分层教学是以体验成功来正面引导学生，改变过去那种以一份教案、一张试卷、一种学习方式、一个标准面对全体学生的做法。分层教学体现了对学生差异发展的追求，不仅体现了以人为本，也体现了个性教育；分层教学实现了因材施教的教育思想，体现了人性化的自由教育理念，提供了新人才观的自觉理念。但分层教育也存在一些问题，如分层敏感问题；教师角色的转换问题；分层教学的组织协调问题；理想化的分层与教育成本的核算矛盾；成功型的评价理念与传统评价的构建冲突；分层教学本来是解决学生个体差异性，体现公平性，而学校借此划分重点班和普通班，使用优秀教师上重点班，一般教师上普通班，这无疑也会带来许多教育问题。这也促使我们对课堂教学作出进一步的探索。

第四节

新时代重庆一中办学理念的追求

教育是提高人民综合素质、促进人的全面自由发展、创造美好生活的重要途径，是民族振兴、社会进步的重要基石。素质教育是教育的核心。我们要坚定实施科教兴国战略，始终把教育摆在优先发展的战略位置，不断扩大投入，努力发展全民教育、终身教育，建设学习型社会，努力让每个孩子享有受教育的机会，让人民群众享有更好更公平的教育，获得发展自身、奉献社会、造福人民的能力。重庆一中的教育实践表明，学校在每一个历史阶段的重大发展，都离不开自己办学理念的引导，思想先导成为我们前进的动力。只有回应时代的呼唤，认真研究解决教育面临的问题，才能真正把握发展脉络，推动教育理论创新，与时代变革同进步。

一、“尊重自由，激发自觉”办学理念的缘起

（一）办学中对“人”的深入思考

时代是思想之母，实践是理论之源。新的伟大时代，必然催生新理念。一个办学理念，不是简单想象出来的，也不是随意借鉴来的。办学理念，必然是一个学校根植于自己的办学传统、服务于学校人才培养的宗旨，依据教育科学规律提出的观念和思想。

一代又一代人的使命。相比于以往全部“人的哲学”，马克思主义一个根本的不同就在于，它从来都不是从“想象出来的人”出发，不是从超历史的人性出发，

而是从生产力和生产关系的现实矛盾出发，以“实际活动的人”作为落脚点。马克思为人的解放提供了思想的火种，从根本上解放了人类的精神。人的解放、自由和全面发展，不仅反映了那个时代的精神，还塑造和引导了新的时代精神；这不仅是“时代精神的精华”的哲学，更是“文明的活的灵魂”的科学。德国诗人海涅说过：“思想走在行动之前，就像闪电走在雷鸣之前一样。”解放思想是思想解放的前提，思想解放是解放思想的结果。“国势之强由于人，人才之成出于学。”我们回顾建校以来的历史，学校始终紧贴时代脉搏，依据当时教育发展的最新思潮与研究成果，实时调整自己的办学目标。但是我们始终不变关注的中心：一是学生（青少年）的个性成长与个体发展；其二是生活（社会）与教育的关系。其核心是人的全面自由自觉发展。习近平总书记在北京大学师生座谈会上的重要讲话中明确指出：“培养社会主义建设者和接班人，是我们党的教育方针，是我国各级各类学校的共同使命。”完成这一共同使命，我们就要紧紧围绕解决好为谁培养人、培养什么样的人、怎样培养人这个问题核心。新时代是奋斗出来的。广大青少年既是追梦者，也是圆梦人，是国家的希望、民族的未来，只有一代又一代的青年学子，把自己的理想同祖国的前途、把自己的人生同民族的命运紧密联系在一起，扎根人民，奉献国家，才能保证中华民族伟大复兴中国梦和自己理想的最终实现。这就是社会主义中学的培养任务。

面对教育体制存在的制约学生发展的弊端，在重新思考中学教育功能的基础上，为应对知识经济社会对人才的需求，我们在总结提炼重庆一中办学思想和经验的基础上，创新提出了“尊重自由，激发自觉”办学理念。这一理念的提出既有教育本身的内在追求，也有教育外部社会发展的需求，以先进教育理论为指导，是符合人的本质属性、发展规律和学校校情的新理念。

（二）对时代呼唤的教育需求

教育的改革和发展离不开它所处的时代背景。当今社会是一个知识经济社会，知识经济社会不同于传统工业农业社会，它不断呼唤自由自觉人才的培养。我们清晰地看到，透过知识经济时代洞开的门扉，一种以促进人的自由、自觉发展为宗旨，适应新的经济形势的教育向我们走来。中学教育作为知识创新、传播和应用的主要基地，是培养创新精神、实践能力和社会责任感人才的重要摇篮。

面对世界飞速发展的挑战，20 世纪 90 年代后期国家开始实施全面素质教育。

但是，长期以来，在旧教育观的指导下形成的重知识灌输、轻技能训练，重考试、轻发展，重高分、轻素质，重智育、轻德育等反常现象，严重影响了学生的动手能力、学习能力和创造能力的养成，抑制了创新精神和实践能力，学生成为不自由、不自觉的人。好的教育必须要促进人的全面自由自觉发展。而在大多数情况下，人们从教育中所看到的都是被肢解成众多学科的知识王国。学生作为完整的生命个体，并不能从中获得充分的、自由的、全面的、自觉的发展，也不可能从中获得21世纪生存幸福必不可少的知识、能力和才智。

学校的办学理念从理论的更新到实践的全面实施，必然要面对和正视这些长期积累的问题，需解开长期束缚着学生的自觉力的各种桎梏。目前不少学校仍然把升学率作为唯一的评价标准，高考率、重点率、升学率成为竞相追逐的目标，这种教育生态只把学生看作一个认知体而不是完整的生命体，把学校生活看作学习过程的重要构成而非学生生命历程的重要构成。学校成了社会对个人进行鉴别和选拔的筛选器，每个人都被迫通过这样一个机制来证明自己的能力，去实现自己的人生追求和梦想。因此，新办学理念必须成为一种体现现代社会公平的必然选择。

（三）对中学教育功能的深刻反思

重庆一中在考虑自身办学理念的时候，在对当前教育现实理解的基础上，对中学教育进行了理性的思考。市场经济对教育提出了严峻的挑战，必然会对中学教育的教育观念、人才标准、教育体制、教育内容与教育方式等方面带来一系列的影响。我们不得不重新反思其目标观、质量观、师生观、教学观、人才观、效益观、评价观等。

中学教育是实现社会主义现代化的基础工程，它不仅是经济发展的基础，而且是社会全面进步的基础。中学教育是基础教育、大众教育、精英教育，学校要为每一个学生提供适合其发展的资源，要使每一个学生都得到自由自觉的发展，而不是仅仅成为部分或个别学生的发展。中学生其身心处于生成生长发展之中，其他方面素质还未定型；因此好的教育会引导其向好的方向发展，而坏的教育可能引导其向坏堕落。可见中学教育有着方向性的指导价值，新办学理念的功能就是引导学生朝真善美的自由自觉方向发展。

尊重自由，这是在教育源泉问题上的主张。教育尊重师生，就是把师生作为发展的力量，充分尊重师生主体地位，充分尊重他们所表达的意愿、所创造的经验、所拥有的权利、所发挥的作用，充分尊重师生们首创精神。自觉拜群众为师，向能者求教、向智者问策，不断从师生中汲取智慧和力量。激发自觉，这是对教育目的问题的回答。教育为了师生，就是把增进教育民生、提高师生生活水平和质量、促进人的全面发展作为根本出发点和落脚点，就是把实现好、维护好、发展好最广大师生根本利益作为教育的根本目的。

二、“尊重自由，激发自觉”办学理念的意义

（一）把人视为学校教育的主体和对象

新办学理念所蕴含的教育理念和教育思想，包括对现代教育价值的看法，以及教师观、学生观和人才观，是统一全校师生的核心理念，其本质就是以人为本和立德树人。在这种观念的引领下，全校教职员工应树立和坚持以学生为本的教育理念，从学生自身发展需要出发，从国家社会发展需要出发，重视学生的自主地位，尊重学生的价值，认真研究和遵循学生的成长规律，尤其是学习和身心的特点，不但要注重学生学习素质的培养，还要注重学生丰富个性和完整人格的培养，帮助学生更深刻地理解人生的意义，促进学生全面自由自觉地发展。同时，以人为本和立德树人，也是以教师为本，即尊重教师的劳动和创造，重视教师的发展和需要，充分发挥教师的主体精神，调动他们的主动性、积极性和创造性，为国家培养合格人才。

（二）重新估量了学校的价值和功能

当前，在中国共产党领导下，在科学理论的指引下，教育事业的“中国画卷”精彩纷呈，前景光明。马克思提出的“每个人自由而全面发展”等美好愿景，正在中华大地一步步变为现实。人民群众期盼有更好的教育，使更高质量、更高水平的教育普遍地惠及全体人民。新时代决定着学校的发展必须改革，重庆一中在这样的时代背景和教育状态中，必须创新，必须在科学的理念指引下，实现学校办学质量的提高和办学水平的提升。根据“成就自觉者”的教育目标，学校的功能主要是为学生开发和提供最优秀的教育资源，以发展和完善学生的个性特长。学生既是学校培养的对象，又是学校服务的对象。现代学校教育已不再局限在学

校空间内部的教育，现代学校教育要保持开放的姿态，利用校外的人力、物质、文化等存在为学生的发展开发和提供优秀的教育资源。

（三）把教育与人的幸福、尊严、需要、发展有机地联系起来

学校作为教育的重要场所，无论是对学生的发展、教育的推进，还是对民族的振兴都起着举足轻重的作用。党的十八大以来，学校教育综合改革进入关键期，在实现中国梦的同时实现重庆一中人的教育梦。学校以“培养好老师，成就好学生，创办好学校，发展好教育”为办学理想，不断践行“成就自觉者”的教育总目标。学校在总结提炼多年办学经验的基础上，创新性地提出了新办学理念。我们的办学理念以现代人的精神塑造人，以全面的广阔视野培养人。在办学实践中，我们把这一办学理念融入学校的各项工作中，找到了多种实施教育的有效途径，取得了显著的成果。这些，现在已成为重庆一中教师的共识和教学行为准则，同时也是学校办学的出发点和归宿，成为引领学校发展的核心价值观。

（四）是坚持以人为中心的发展思想的生动体现

马克思和恩格斯在《共产党宣言》中强调：过去的一切运动都是少数人的，或者为少数人谋利益的运动。无产阶级的运动是绝大多数人的，为绝大多数人谋利益的独立的运动。马克思伟大的灵魂在于“为人类工作”，“人的解放”是马克思主义的核心主题。马克思主义的根本初心是“为绝大多数人谋利益”。习近平总书记强调“马克思主义博大精深，归根到底就是一句话，为人类求解放”。马克思为人类指明了从必然王国向自由王国飞跃的途径，为人民指明了实现自由和解放的道路。从根本上解放了人类的精神，他展望“人和自然界之间、人和人之间的矛盾的真正解决”的共产主义，将实现每个人自由而全面发展是一切人的自由发展的条件，作为无产阶级运动的最终目的。致力于“人的解放和自由全面发展”，以人民为中心的理念，为中国人民谋幸福，为中华民族谋复兴的初心和使命，体现着中国共产党人的追求，蕴藏着马克思主义的根脉，昭示着社会主义的本质。不忘这一份初心，才能不忘我们为什么而出发。在教育中，我们不曾忘记，也没有停止前行。

（五）是解决新时代社会主要矛盾的教育诉求

每个时代都有主要矛盾，都有需要解决的根本任务，这个主要矛盾和根本任务就是那个时代的主题。事物的内部矛盾是事物发展的根本动力，只有正确处理

主要矛盾和次要矛盾、矛盾的主要方面和次要方面，才能更好地推动事物的发展。因此，我们必须认识到，主要矛盾解决不好，其他矛盾也就无法根本解决。当前，我国社会的主要矛盾已经转化为人民日益增长的美好生活需要和不平衡不充分的发展之间的矛盾，中国特色社会主义进入了新时代。但是，我国社会的主要矛盾的变化，没有改变我们对我国社会主义所处历史阶段的判断，我国仍处于并将长期处于社会主义初级阶段的基本国情没有变，中国是世界最大发展中国家的国际地位没有变。中国是教育大国但还不是教育强国。党的十九大把坚持以人民为中心的发展思想作为习近平新时代中国特色社会主义思想的基本方略之一。习近平总书记强调："人民对美好生活的向往，就是我们的奋斗目标。"人民美好生活需要日益广泛，不仅对物质生活提出了更高要求，而且在文化、教育、民主、法治、公平、正义、安全、环境等方面的要求日益增长。不断满足人民日益增长的对教育美好生活需要，成为学校的根本任务。抓住了社会主要矛盾，也就抓住了教育工作中心、抓住了学校工作重点、抓住了教学工作关键。解决新时代社会主要矛盾，必须贯彻新办学理念。我们围绕新办学理念开展各项工作，大力提升发展质量和水平，更好地推动人的全面发展、学校全面进步。

实践无止境，理论创新也永无止境；发展无止境，对真理的认识也永无止境。实现梦想，点亮未来。随着时代的发展，国家风云跌宕，峥嵘变迁，演绎着民族崛起的时代交响曲；重庆日新月异，沧桑巨变，谱写出创新变革的恢宏华章，重庆一中文脉渊源，薪火相传，托起了万千学子的成才梦想。新办学理念以爱国主义为灵魂，以文化教育为核心，以民族大义为追求，体现了学校为国为民、崇文尚教、生生不息的文化精神。这是我们学校教育教学的集中表述，是对学校核心价值观的浓缩，也是学校与家国天下紧密联系的产物。它根植于深厚的中华优秀传统文化、革命文化和社会主义先进文化，从历史深处中走来，经历了时间的大浪淘沙，经过了实践的检验，拥有丰富的教育内涵。"……学校应以学生的自由与自觉而存在，重视学生的主体地位，遵循学生的成长规律，以现代人自由的精神塑造人，以广阔的视野培养人。让学校成为自觉者的乐园，实现'各美其美、美人之美、美美与共'的学校'和而不同'的教育至境，培养大写的人。这，就是我们的教育理想。"随着时代的发展，学校办学理念历久弥新，不断升华演进，师生们秉持这些理念精神，在国家革命、建设和改革的各个时期和各条战线上勤奋工作，无私奉献，为祖国创造了辉煌业绩，也为学校教育作出了最鲜活的阐释。

第三章

"尊重自由，激发自觉"办学理念的理性思考

第一节

“尊重自由，激发自觉”办学理念的具体阐述

一、尊重自由

自由教育是由亚里士多德总结的古希腊教育传统。它是指对自由公民所施行的，强调通过自由技艺的学习进行非功利的思辨和求知，从而免除无知愚昧，获得各种能力全面完美的发展，以及身心和谐自由状态的教育。

马克思在《1844年经济学哲学手稿》中指出：“一个种的全部特性、种的类特性就在于生命活动的性质，而人的类特性恰恰就是自由的自觉的活动。”自由是人的本质，人的自由发展是教育的目的，更是教育的途径。根据马克思的观点，人的自由是人的活动的一种自主状态。从教育意义上理解的自由，首先明确学生是“自由人”，即学生在社会地位、社会权利、社会关系上拥有自主的活动状态，而非不平等的非自主的活动状态。这就要求学校的氛围是民主的，师生关系是平等的。

强调学生拥有根据自己内在本性要求去支配自身存在和发展的个性自由，这主要指学生自己本性（初心）的要求成为其活动的目的和塑造自身的存在、发展自身的需要和能力的真正准则，即学生的自由成长是其自身的内在需要而非外在强迫。学生有权利确立自己的人生目标或者学习目标，确定自己达成人生目标或者学习目标的方式。自由成长与必要的教育并不矛盾，好的教育正是帮助学生学会自主发展的外因。

学校需民主，学生需自由，已经成为教育界的共识。在现实生活中，由于积

重难返的教师绝对权威、应试教育等观念问题，学校运转中依然民主缺位，教育行为中依然自由受限，人际关系中仍然平等受阻，这些都是学校客观存在的现象。

有学者认为："所谓自由教育，是指不拘成说旧见，以探索求新为务的教育，其要义在于发扬理性的批判精神。"在纽曼那里又称为"自由教育"，也有人直译为"自由人教育"，重在对学生人格层面的品性熏陶，此当与"精神成人"概念颇为接近，故谓其是对大学生"精神成才"的近代设计。自由成长是学生在民主、宽松、和谐、向上的环境中，智慧得到启迪，潜能得到激发，身心趋于成熟，主动发现自我，逐渐自主、自律，实现自我发展的过程。教育的意义就在于把人的自由本质引申出来去从事创造，去打破已有的生成，迈向更高的未成。[1]

教育有且只有一个功能，就是帮助人获得自由，获得学习的自由、思想的自由、行动的自由，从个人的本能中解放出来，从他人的奴役中解放出来，成为一个真正自由的人。而这种自由一方面是一种能力，是我们去思考、判断、行动的能力；同时也是一种权力，意味着我们可以选择自己学什么、做什么，什么可以做、什么不去做以及如何做。所以，无论是作为权力还是作为能力的自由，都只有在教学的过程中被体验到、实践到，才能真正掌握。

教育自由是通过免除人为的（不合理的）干预，为学生提供平等、充分的条件，创造最大的个人精神成长的空间，使个人享有最大程度的自我创造。保护和尊重个人自由的教育将为每个在教育中生活的个体免除不合理的干预、强制，为他们创造多样的机会和丰富的情境，通过他们的选择能力和选择活动，在教育生活中运用各种力量和资源，实现精神的自主发展。自由成长，就是学生在民主、宽松、和谐、向上的环境中，智慧得到启迪，潜能得到激发，身心趋于成熟，主动发现自我，逐渐自主、自律，实现自我发展的过程。自由成长有如下特征：健康舒展的身心、快乐幸福的体验、独特张扬的个性、开放活跃的思维、自主学习的能力、互动合作的意识、探索创新的精神等。自由成长的核心价值在于，它是智慧的发展、和谐的发展，它是面向未来的。

人是自由的，教育的任务首先在于唤醒人的自由意识；另一方面，也是更重要的是，教育要引导人们去创造。因为人的自由本质只是提供了发展的可能，如果没有后天的创造，人的自由本质就无法得到体现和验证。所以教育的意义就在

1　邹正 . 追寻学生自由成长的教育之路［J］. 江苏教育研究：理论，2015（Z1）：13-17.

于把人的自由本质引申出来去从事创造，去打破已有的生成，迈向更高的未成。

当教育的目的不再是培养做题拿高分的“机器”，我们的教育才能回归本真，实现对“人”的培养，才能把学生培养成自由发展、具有自我个性的人，才能充分激发孩子们的创新能力。一切从学生自身发展需要出发，重视学生的主体地位，遵循学生的成长规律，以现代人自由的精神塑造人，以自觉的广阔视野培养人。让进入校园的学生“能飞的飞，能跑的跑，能走的走，不能走的推上一把”。

在本书中，自由是一种在教育中的精神，它是在尊重人的追求自由这一自然属性的基础上，充分尊重教育体系中主体（包括教育者、受教育者、教育场所和教育过程）的自由，在学习过程中培养自由的意识、自由的能力和自由的品格，以达到培养具有自由品格的人的目的。

“尊重自由”就是坚持把教育人、引导人、鼓舞人与尊重人、理解人、关心人结合起来，从“为人”的角度，倡导把人的健康、人格的完善、人的素养发展，看成是社会进步的一种标志。

二、激发自觉

自觉性是指个体自觉自愿地执行或追求整体长远目标任务的程度。在工作学习乃至个人生活上的积极认知、热心、热情、投入，是相应人员具有相应自觉性的表现；而在工作学习乃至个人生活上的消极认知、冷淡、厌倦、懒散、逃避应付，则是相应人员不具有相应自觉性的表现。就其产生过程来讲，个体的自觉性是在信念的基础上，由个体责任与权利义务意识引发所形成的自我效能感与利己心理的对立统一体。

德国著名教育学家斯普朗格说：“教育的最终目的不是传授已有的东西，而是要把人的创造力量诱导出来，将生命感、价值感唤醒。”传授知识的过程是手段，是载体，真正的教育是把人内心深处那种积极的建设力量诱导出来。马克思说：“教育绝非单纯的文化传递，教育之为教育，正是在于它是一种人格心灵的唤醒。因此说教育的核心所在就是唤醒。”所以，我们谈教育的价值应该是唤醒人性的自觉。

我们为什么要强调自觉？因为在学生成长和发展中存在种种的不自觉。在许多方面往往依赖外力的促进，而不是内在动力主导和自主推进。不可否认，学生的成长需要外在的促进，但问题是学生往往过于依赖于外在的促进，依赖于管束，在很多时候、很多事情上处于一种“被”成长和“被”发展的状态。这种被动的自觉往往使学生的成长受到制约，真正的自觉才是学生成长和发展的动力之源。

形成学生的自觉，首先在于要尊重学生，要真正激发并促使学生维持自觉。长期以来，由于教育体制、传统文化和教师素质等因素的影响，学生所得到的尊重是不充分和不全面的，现代教育应是“尊重的教育”，现代师生关系应是民主的师生关系，教师在教育中应充分尊重学生的个性与人格，要使学生有羞恶之心，并在此基础上培养其自尊，只有自尊才能自重和自主，才能确立学生的主体性，才能激发学生的自觉性。

教育是促进人的发展的事业。人的发展必须是发自内心的，要发展而不是被发展，才有生命力。没有自觉的外在表象都是经不住时间检验的，这就需要加强对学生的自觉性教育，把我们的教育精力和教育智慧投向对学生的自觉意识的激发和自觉能力的培养上。我们不能仅仅停留在把学生管住，更要研究如何把学生管好。学生自觉性提高了，就是我们管好了。

我们强调唤醒学生的自觉，作为教育工作者也需要唤醒自身的自觉。只有唤醒我们本身的自觉才有可能唤醒学生的自觉。为此，我们应该提高对教育价值思考的自觉，提高彰显优秀师德的自觉，提高个人专业发展的自觉，以教师的行为影响学生。启迪学生自觉还要源于对学生的关爱，这种关爱应该是建立在对国家负责、对民族素质提升这个理念基础之上的对学生成长的关爱。

让自觉成为学校文化的品质，不可能一蹴而就，而是具有系统性和持久性。学校方方面面都要把自觉文化建设纳入工作视野中，在课堂教学上、教育活动中，用我们的教育智慧去研究和实践如何培养学生自觉品质，并在引导教育学生的过程中提高自身的自觉性程度。

教育是在尊重人的自然属性基础上，通过人格培养与知识传授等一系列教育行为，促使人的内在自觉生长，形成持久的内驱力，进而使人的内在潜能发展出来。

自觉的一个重要标志是主体意识的形成，教育通过促进人的社会化赋予人主体意识。只有具有主体意识，个体才能将社会要求转化为自身发展的需要，从而自觉推动自身发展水平的提高。根据动力来源的不同，动机可分为外部动机与内部动机，外部动机由外部刺激引发，而内部动机则是基于对活动本身的兴趣。人的一切行动都需要一定的动机来推动，外部动机并非没有价值，例如用一定的强迫手段纠正学生的不良习惯是早期教育惯常的做法，这不是问题，但如果学生始终不认同这一做法，这才是一个问题。问题的关键在于教育者需要将外部动机转化为内部动机，将教育者的正确要求转化为学生自我发展的需要，这才是教育。显而易见，与外部动机相比，内部动机与人的自我意识密切相关，它无疑更重要、更有价值，也更具有教育学意义。

人的自觉意识和主体意识是一个逐渐确立的过程，学生发展的自主性较低，需要来自家长和教师的激励，激发学生的外部动机并维持一定的动机水平，学生才能获得发展，对学生来说，推动其发展的主要是外部动机。随着发展水平的提高，学生逐渐形成自我意识，其活动已经不再是简单的“刺激—反应”模式，而逐渐有了主体意识的参与，对来自外部的激励，学生开始进行反思，逐渐具有批判性。因此，内部动机的激发和维持与主体意识的形成是一个互为因果的过程。一方面，个体经过学校教育和自身的社会活动与交往，不断形成自我意识，这是内部动机激发的前提；另一方面，教育通过不断激发、培养学生正确的内部动机，也推动着学生自我意识的形成，逐渐确立其自觉性。[1]

三、尊重自由和激发自觉的内在联系

教育是在尊重人的自然属性的基础上，通过知识传授与道德培养等一系列教育行为，使人的内在潜能被激发，进而形成人的一种内在自觉。唯有自觉者能够充分发挥自己生命的力量，唯有自觉者能够充分享受自己生命的美妙。尊重自由是成就自觉的前提。构建一个成就自觉者的“场”，让自觉者在“场”中自由生长其个性，这是学校的意义与价值所在。

“办学理念的最高境界，是发展成为一种育人文化。”梁晓声描述的“文化”具有四个表征，即植根于内心的修养、无须提醒的自觉、以约束为前提的自由、为别人着想的善良。尊重自由，激发自觉，就是要挖掘学生植根于内心的修养，尊重学生发展的自由，进而激发学生无须提醒的自觉，最终形成为他人着想的善良。尊重自由和激发自觉，这二者之间的关系是怎样的呢？

1　潘永兴．教育中的激励：一种教育自觉的理念［N］．光明日报，2010-04-09.

（一）既是目标，又是途径

自由和自觉，既是教育的目标，也是教育的途径。自由是人与生俱来的“做法律所许可的一切事情的权利”，“自由应是一个能使自己变得更好的机会”。自觉是指人的灵性的唤醒，即自我潜能的复苏、自我能力的认知、自我价值的觉醒。自由是自觉的前提与条件，而自觉既是对自由的自我限制，同时又是自由得以实现的方式。有了自由与自觉，人才有人之为人的意义，人才是创造的人。

（二）层级推进，螺旋上升

尊重自由和激发自觉是一个层层推进的过程。尊重自由，可以激发学校、学生、老师甚至家长的活力，激发学生自我成长的动力和创造力，在自由的环境中，经过学校的系统教育，更容易形成学生发展的自觉。在达到一定的文化自觉之后，学校、教师、学生等教育元素具有了更加广阔的发展空间和更加深远的能力素养，又能够进一步提升自由的质量。这二者相互促进，进而形成螺旋上升的态势，实现学校的不断突破和提高。

（三）相辅相成，生生不息

尊重自由和激发自觉不是独立、彼此割裂的两种教育观念，而是一个相辅相成的体系，共同作用于教育的各个环节和各个元素中，成为一个文化场，产生生生不息的教育力量。

人的灵魂生长得益于一次又一次的教育机缘，倘若一所学校的教育机缘单一，不能形成一个良好的文化生态场，则难以成就更多的自觉者，从而扼杀很多学生的天性。同样，过于僵化和束缚的方式，也不利于师资队伍整体的发展。如果以单一纯粹的教学成绩作为衡量教师发展的标准，就限制了教师的发展。一所好学校好比大地，大地为每一株草、每一朵花，也为所有的鸟兽虫鱼提供生长的机缘，厚德载物，所以大地葳蕤，学校也当如此。

每一名学生都是一棵长满可能的树，当教育者千方百计地设计好一个个实践活动，成就自觉者也就成为自然而然的事情。多年来，我们把办学理念融合于教育实践中，致力于多元而丰富的文化生态场的构建。

第二节

“尊重自由，激发自觉”办学理念的体系建构

一、“尊重自由，激发自觉”的基本精神

（一）多元与个性

在社会科学中，多元是指不同种族、民族、宗教或社会群体在一个共同文明体或共同社会的框架下，持续并自主地参与及发展自有传统文化或利益；个性是指个别性、个人性，就是一个人在思想、性格、品质、意志、情感、态度等方面不同于其他人的特质，这个特质表现于外就是他的言语方式、行为方式和情感方式等。重庆一中的教育工作者认为，多元和个性是辩证统一、不可分割的。在学校教育理念里，学生个性是指在不妨害他人正常发展的情形下，根据自身条件发展的志趣爱好、行为习惯等；而多元则要求，不仅自己发展得好，也得允许别人健康发展。

马克思教育观的基本理念是“全人教育”。教育是人类所特有的现象，它通过人类社会特有的产物——语言和文字来进行。马克思认为，教育从生产劳动中分离出来后，担负起独立的社会职能，成为专门传递社会生活经验和培养人的活动，最终目的是使人社会化。马克思在评价18世纪法国唯物主义者以及康德、费尔巴哈的幸福论观点时指出，“废除作为人民幻想的幸福的宗教，也就是要求实现人民的现实的幸福”。马克思主义者认为良心是由人的知识和全部生活方式来决定的。在实践方面，马克思、恩格斯主张争取为工人及其他劳动人民子女开办国民学校，

并提出要以社会教育代替家庭教育等理念。在这种理解中，尊重每个学生的个性发展，正是题中应有之义。

在具体的实践中，重庆一中的教育工作者结合学校实际，结合国家“立德树人”的教育目标，认为“合格的建设者、可靠的接班人”，是国家需要的人才。在这个基础上，允许学生多元化的个性发展，为祖国培养不同类型的人才，正是时代赋予教育工作者的责任与使命。

（二）自由与平台

无论是中国人长叹“生年不满百，常怀千岁忧”“天地者万物之逆旅，光阴者百代之过客”，还是外国人所感伤的“生命充满劳绩”“生而不自由”，但都向往“乘天地之正，御六气之辩”，渴望“诗意地栖居”。作为生物的个体，每个人向往无拘无束的生活，这是生命的本能。在中外关于自由的著述中，相关的表达多达200余种。从政治学的角度来讲，自由是指“人类可以自我支配，凭借自由意志而行动，并为自身的行为负责”；从法律的角度来讲，自由是“由宪法或根本法所保障的一种权利或自由权，能够确保人民免于遭受某一专制政权的奴役、监禁或控制，或是确保人民能获得解放”。但我们不应该忘记，“自由有权做一切无害于他人的任何事情”，无害他人是自由的前提。

在重庆一中的教育工作者看来，学生有发展自己个性志趣的自由，但并不是为所欲为，而是在尊重他人的基础上发展自己。学生可以自由选择健康有益的爱好，自由支配自己的时间，结合自身状况自由投入相应的精力，不功利化地发展自由，同时以不伤害他人为前提。

任何个人的发展都离不开时代、社会、家庭等物质和精神的支持。重庆一中的教育工作者为保障学生的个性发展、多元共存、自由发展，提供广阔的平台。这个平台包括基本的办学经费、活动经费支持，包括专用场地、专任教师，也包括营造自由的文化氛围、宽松的舆论环境。

（三）共生与自觉

重庆一中将高中学生的培养发展概括为“原生—共生—优生”模式，主要借鉴了生态主义教学观。生态主义教学观是人们为了实现可持续发展和创建生态文明社会的需要，而将生态学思想、理念、原理、原则与方法融入现代全民性教育的生态学过程。教育生态学这一科学术语是美国哥伦比亚师范学院院长劳伦斯·克雷明（Lawrence Creming）1976 年在《公共教育》（*Public Education*）一书中最早提出来的，并在此书中进行了详细的论述（劳伦斯·克雷明《公共教育》）。重庆一中在培养教育学生的过程中，发现学生在高中三年中，在不同的学习阶段会出现不同层次的变化。其中高一入校，每个孩子都尽可能地表现了自己的个性，而我们恰恰也鼓励和肯定正常、健康的个性表达与发展；高二期间，经过学校教育与师生、生生磨合，同学之间形成良性的共生关系，并且这种共生关系彼此促进，“蓬生麻中，不扶自直”，都朝理想人格发展；到了高三，学校教育的出口，学生濒于成年，心智成熟，并且每个学生都有了更多的可能性，即将从中学走向更高远的平台，那么以最好的精神样态、最佳的身体状态、最优秀的学习成绩、良好的人际关系、融洽的师生交往等走向大学，我们把这种情形叫作优生。优生是受教育的结果，是理想的教育形态。学生在校的日常形态我们认为更多的是共生形态。

自觉是汉语中较早形成的一个复词，《孔子家语·致思》曾言：“吾有三失，晚不自觉。”其基本意思和今天接近，即自己觉察、醒悟。《东观汉记·李通传》也曾言：“出门顾见车，方自觉，乃止。”更是有自我警醒、自我检视约束的含义。在哲学上，自觉往往指内在自我发现、外在创新的自我解放意识。总的来说，自觉是人类在自然进化中通过内外矛盾关系发展而来的基本属性，是人的基本人格。人类自觉本质的维护与发展是自由的真实实现。人的内在生命本身具有意识本体与物质本体的矛盾，其构成人的内在本质，其基本属性就是有意识的维护、发展自我本体，自觉是创造自我的基本规律。重庆一中在教育实践中，看重人作为生物个体的自我维护、自我发展的诉求，从某种意义上讲，这也是生物体的一种自由。在共生的理念下，重庆一中致力于提供一种更高的平台，激发学生的自觉。

二、“尊重自由，激发自觉”的基本原则

（一）主体性与全员性

在哲学上，主体指对客体有认识和实践能力的人；在教育学上，我们更多地用主体指称具有独立习得能力的学生个体。毫无疑问，人是世界的中心，人的这

种地位决定了在人与万物的关系中，人是作为主体而存在的。哲学作为探寻人的存在根据的学问，自然要从人作为主体的性质出发，来认识人与世界的关系。所以，主体和主体性的问题是哲学研究的最核心的问题之一。通常意义上，主体性是指人在实践过程中表现出来的能力、作用、地位，即人的自主、主动、能动、自由、有目的地活动的地位和特性。在教育实践活动中，主体性往往指学生具有更核心的地位去习得某种知识或技能。在重庆一中“尊重自由，激发自觉”的教育理念中，学生居于主体地位，在学习的过程中要发挥其主体性作用。

全员性是借用管理学的术语。现代管理学认为，在现代企业和经济发展中，人才是一种无法估量的资本，一种能给企业带来巨大效益的资本。企业只有依靠人才智力因素的创新与变革，依靠科技进步，进行有计划的人才资源开发，把人的智慧能力作为一种巨大的资源进行挖掘和利用，才能达到科技进步和经济腾飞（弗雷德里克·温斯洛·泰勒《科学管理原理》）。而人力资源是一个企业持续发展的核心竞争力根本，小成功靠自己，大成功靠团队，要想有一个高绩效、高素质的团队，就要有一套完善的人力资源体系。在教育的过程中，全员性首先指称全员参与。学校教育是整体的概念，“尊重自由，激发自觉”也是面对全体学生，具有普适性的理念。在教育实践过程中，全员性看重整体学生的发展与进步，马克思的“全人教育”观，核心内容也是所有人的教育，是全民教育、终身教育。所以，全员性也看重每一个学生的发展，不让一个学生掉队，让每一个学生得到更好的发展。

（二）系统性与细节化

重庆一中“尊重自由，激发自觉”办学理念的形成，是基于建校 90 年来的教育实践，是重庆一中教育智慧的结晶，是 90 年来重庆一中教育经验的集大成。总的来说，重庆一中在党的教育方针的正确指引下，按照国家既定的教育方针，有目的有计划有组织地对受教育者的心智发展进行教化培育，以现有的经验、学识启蒙人，为其解释各种现象、问题或行为，以增长能力经验，其根本是以人的一种相对成熟或理性的思维来认知对待，让事物得以接近其最根本的存在，受教育者身在其中，慢慢地形成对一种事物由感官触摸而到以认知理解的状态，形成了一种相对完善或理性的自我意识思维。这一教育过程是由课程体系（包括国家必修课程、国家选修课程、学校自主开设的校本课程等）、学习主体（重庆一中所有的受教育者）、教育者（包括教师群体、管理群体、后勤服务群体等）、教育资料（物质的教材及教辅、学校环境，无形的学习氛围、教师的工作样态、学校的精神感召等）等组成的，涵盖了教育者、学习者、教育影响三要素，是一个长期的、包括多方面的系统工程。

“九层之台，起于累土。”重庆一中“尊重自由，激发自觉”办学理念，涵盖了教育的诸多方面，形成了特有的教育风格。这种理念由种种丰富的细节构成。就教育的三要素而言，重庆一中特别看重教育影响，即教育活动中教育者作用于学习者的全部信息，既包括了信息的内容，也包括了信息选择、传递和反馈的形式，是形式和内容的统一。从内容上说，主要就是教育内容、教育材料或教科书；从形式上说，主要就是教育手段、教育方法、教育组织形式等。重庆一中作为重庆市重点中学、全国著名中学，担负着教育公平的责任，因此无论怎样的学习者，重庆一中都一视同仁。在学习者固定的情形下，为了保证正确的教育影响，完成党和人民的重托，重庆一中加强了对教育者的选拔和培养，如从名校选聘教师、对新进教师系统教育培养、提供教师成长的平台、授予业绩突出的教育者以荣誉等。

（三）个性化，人本化

重庆一中倡导的“尊重自由，激发自觉”办学理念，是基于对学习者为主体的观照。在上文中，我们已经论及，“个性是指个别性、个人性，就是一个人在思想、性格、品质、意志、情感、态度等方面不同于其他人的特质，这个特质表现于外就是他的言语方式、行为方式和情感方式等”。所谓个性化教育，则是基于这种个性的人才培养方式。重庆一中的个性化教育理念倡导以人为本、因材施教，与素质教育相辅相成的科学教育观念，除此以外，还要融入升学考试、学科竞赛、生涯规划等各项计划、备考等的教育、引导、培养，其主旨在于培养学生的自主学习能力、应试能力、获取知识的能力等。我们在实践中发现，每个学生个性不同，他们成长所需要的教育引导也各不相同，而真正适合个性发展的个性化教育，才是真正能助力学习者发展的因素。

人本化的核心是“人”，在激烈的社会变动和精神动荡之中，心理学的人本主义流派特别关注了一些问题，如人的潜能、成长等。人本主义心理学的基本观点是，人作为一个生物体不是简单地由外界力量或是无意识冲动所控制的，而是受他们自己的价值观和选择性所支配的。心理学家马斯洛称这场人本主义运动为第三势力，而他自己就是这场运动的发起者。重庆一中在教育实践中发现，对学生个性化的培养和人本化并不冲突。在中学教育中，人本化肯定是尊重学生，理解学生，把学生放在相应的生理、心理年纪，放在具体的政治、经济、社会、文化等环境中来看待，结合学习者的思想、性格、品质、意志、情感、态度等方面来培养。那么，这种“订单式”的培养虽然对教育者有很高的要求，但这才是真正的人本化。

第三节

“尊重自由，激发自觉”办学理念的实施目标

一、重新审视学校的元素

随着核心素养的广泛提及，“知识核心时代”已逐渐走向“核心素养时代”，学校的任务不只是“灌输”知识，而是给未来发展提供核心素养。

尊重自由，激发自觉的教育旨归，其本质就是呼应教育回归本质，回归于对人的核心素养的关注。一所理想的学校，应该具有“各美其美，美人之美，美美与共，天下大同”的境界和格局。

（一）作为教育角色：职能转变

角色一词源于戏剧，原指舞台上演员所扮演的人物，后延展至指代生活中人们所发挥的作用。美国社会学家米德将这个概念引入社会心理学，用以分析个体在不同情境中应有的行为方式。在重庆一中，学校不仅是一个“教与学”的场所，更是一个“自由的域”。当我们把“自由和自觉”的辩证关系落实到学校教育时，教师、学生、家长的角色职能均发生了变化。

1. 教师角色

教学环境日新月异，教育理念与时俱进，课程生态观逐步确立，这些都需要教师转变观念，更新角色。

从角色职能看，教师应“尊重学生自由”，从过去的知识传授者、教材的控制者、成绩的评判者，转变为现在的知识的引导者、设计者以及学生心灵的影响

者、激励者和鼓舞者。在教学方式方法上，要求教师最大限度地“激发学生自觉”，创建适合发挥学生主观能动性、自主性的学习环境，建立以学生为主的学习方法，培养学生自主学习的能力，改变传统的学生角色。

2. 学生角色

从学生的角度来讲，学生应该培养自己独立自主的学习能力。

在传统教育模式中，教师处于主动和支配地位。在教学活动中，教师把学生当成承载知识的容器，学生只是聆听的对象，而不是知识的积极获得者。学生在整个教与学的过程中，始终处于从属地位，缺乏主动意识。师生在角色定位上形成了教师是知识的唯一拥有者，而学生则等待被灌输的局面。在这样的学习方式下，学生得到的知识无论从质上还是量上都有很大的局限性，学生完全处于被动，并且放弃了作为一个主体者的思考、探索的权利。

而在新时代的语境中，从外部环境看，信息社会资源传递与共享机制的形成，为教育提供了一个强大的信息资源库，学生可以利用公共信息库来建构自己的知识体系；从内部环境看，在重庆一中“尊重自由，激发自觉”办学理念下，学生的地位发生了本质的改变，学生开始被关注、被尊重，由聆听者转变为思考者，由被动接受者转变为主动的获取者。

因此，以师生关系论，学习新知识已成为教师和学生共同探求新知识的过程，双方都是课程的探索者、开发者和主体。教师必须树立起人本意识，教学上要努力激发学生的学习和道德情感，要对学生高度信任，适度宽容，建立起新型的师生关系。同时，学生也不再是被动的知识的接受者，被动地学习、记笔记、完成作业，而是积极地参与到课堂活动中，通过师生间的信息交流，实现师生互动、相互沟通、相互影响和相互补充，达成共识、共享和共同发展、共同提高的目的，显示师生平等的民主性。

3. 家长角色

学校教育即狭义的教育，是“由专职人员和专门机构承担的，有目的、有系统、有组织地影响入学者身心发展为直接目标的社会活动”。在这一动态过程中，主要存在着四方主体：家长、学生、作为独立实体的学校（包括教师）以及国家或政府社会。从家长的视角来考察，这一种社会关系体系中存在三种关系：家长与子女，家长与学校，家长与社会。家长在这三种关系中分别扮演着不同的角色、不同的定位，但这些角色定位和行为模式，又都是指向子女学校教育的。

目前，总体而言，我国家长角色比较单一，很多时候家长角色行为是遵守法律、服从政策、配合学校、接受安排等，既对学校教育活动的参与程度不足，责任不到位，又很少考虑自己在子女学校教育中的权利。权利和义务相对失衡。探究其原因，既有表层的对家长角色期待的定位原因，也有深层的文化影响和经济制约。

所以在“尊重自由，激发自觉”的视域下，我们倡导家长明确权责，成为孩子教育的共同学习者、家校教育的合作伙伴，这是具有积极现实意义的。

家庭和学校作为个体经历的两个最重要的成长环境，家长和教师作为对孩子成长影响最大的人，各尽其责，扮演应扮演的角色，且双方的责任和角色共同统一于一个“以人为本，让孩子幸福成长”为终极指向的追求中，优质的教育才得以展开并最终实现其目的。

（二）作为教育范畴：范围扩大

自由形态下的学校元素突破了传统的教师、学生、家长以及三者关系的范畴，而将教育范畴投向了更广阔的视野。我们不再局限于“人”，而是通过挖掘学校90年办学的历史积淀，研究校园显性物质文化元素（校园历史、校园环境、校园活动等）与学校内涵发展之间的内在联系，强调校园显性物质文化元素在学校内涵发展中的重要地位和重要作用，探索一条通过加强校园文化建设来促进学校全面可协调发展的路子。

1. 校园历史元素

重庆一中是重庆市最早的市立现代中学，是一所有着光荣革命传统的学校。抗战时期，国民党中央军事委员会政治部就设在重庆一中，时任政治部主任周恩来就在学校办公。在此期间，将《共产党宣言》第一个翻译进中国的陈望道、国歌作词者田汉、中国人口学家马寅初、中国乡村教育创始人晏阳初、中国心理学之父马芷等长期在学校与师生同吃同住，这一批中国仁人志士为重庆一中后来的发展奠定了无比坚实的基础。中华人民共和国成立后，邓小平的弟弟邓垦担任重庆一中校长。90年来，重庆一中始终肩负着对地方、对国家民族教育的情怀与担当。

2. 校园环境元素

人影响着环境，环境也在塑造人，适宜的环境能够唤醒个体在所属群体中的归属感，从而接受正在从事的事业或者职业。基于此，学校要充分发挥校园各处空间的作用，精心打造环境，渲染育人气氛，营造人文校园，助推师生的教育自觉养成。

重庆一中校园的六大文化主线建构起了六位一体的特色环境文化系统，可充分发挥其中的文化育人要素：

以项家书院为标志建筑，构建家和万事兴的“院”文化，文化元素有：尊重，关爱协调，包容，和谐，教学相长，知书达礼；

以四二一广场、体育场为标志建筑，以大型广场文化活动为载体，构建凝聚精气神的“场”文化，代表师生的气魄和大气；

以图书馆、科技馆、实践馆、生物馆、体育馆五馆为标志建筑，构建科学引领未来的“馆”文化，代表师生对历史的尊重和对未来的追求与憧憬；

以红领巾林、花草盆景等为标志，构建敬畏生命的“树”文化，代表师生立足、奉献、发展学校；

以广场水流造景、迎霞湖等为标志，构建智慧和品德的“水”文化，代表师生的智慧和创新；

以闻鸡起舞、凿壁借光、班级文化标志等各种雕塑为标志，构建传承中华优秀传统文化的“塑”文化，代表精神的激励和传递。

校园活动元素：多种形式的校园活动，形成有效德育网络，形成德育合力。如开展“科技节”，实现科学精神和人文精神的统一；利用好家校合作，实现学校教育与家庭教育的统一；充分挖掘社会力量，实现学校力量与社会力量的统一；“走出去”和“引进来”的经验交流，实现科学理论与社会实践的统一等。

（三）作为教育活动：自我彰显

传统教育活动，多数表现为教师“权威结构”，教材“中心结构”和课堂“单向输出”。某种程度下，“强迫、压制、灌输”确实能够提供某些知识积累，甚至一些特定的理智能力的训练，但是这违背了杜威的教育经验理论，并且可能形成一种没有自我、没有获得感的理智特征，无法实现“自由、自觉”的未来生长。因此，重庆一中的教育工作者认为，在“尊重自由，激发自觉”的视域下，活动应该有“自我教育”的能力。

1. 课堂

作为常态情境的日常教学，传统课堂以“单向输出”为主，学生多处于“被动接受”的教学模式。而在重庆一中“尊重自由，激发自觉”的视域下，课堂更像是一个教育生态系统，“人—教育—环境”各要素之间交互作用，课堂内容涉及教师和学生的状态、课堂行为、课堂环境、课堂评估等，各个元素从不同方面呈现生态“关联”的内涵。

例如，利用课堂创设的情境，发掘师生、生生多维互动的因素，描述学生的互动过程；运用社会认知理论认知课堂生命，探究社会和心理的相互作用、社会和认知的联系；通过课堂活动，评析课堂教学中学习活动结构、学生社会认知理解和学生参与的情况；利用课堂情境，探讨课堂情感和复杂性之间的关系。这些研究大都以课堂为语境，以课堂教学行为与活动为内容，以关联思维为指导，采用活动笔记、讨论、教学日志、教师书面评论、问卷调查等定量和定性手段，探讨课堂教学整体、互动、多维、联系、复杂的生态关系，充分尊重教师、学生在教育环境中的自由，极大激发其自主性，从而实现“自由课堂”“指向探究的课堂”。

2. 课程

重庆一中在处理好国家课程、地方课程与校本课程，必修课程与选修课程，显性课程与隐形课程三对课程关系的基础上，梳理和构建了以“基础课程、拓展课程、特色课程”三类课程为内容的重庆一中课程体系，已建立高中数学、物理、英语、政治、体育 5 个重庆市学科课程创新基地，“地球的呼唤”等 12 门重庆市精品选修课程，其他 12 类 200 余门校本选修课程，1000 余个选修课课题，20 余种校本教材，28 个校外课程资源基地。

在这个过程中，教师、学生均实现角色转换，教师主动摒弃与学生的隔离，以自由平等姿态与学生一起讨论，教师自觉不自觉地由书本知识的复制者，转变为学生创新能力的培养者，由知识给予者变为方法传授者。而学生，学习方式的变化加速了知识转化为能力的过程，激发了智慧发展，最终成为自觉学习的探索者。

3. 培训

关于教师专业发展，《国家中长期教育改革和发展规划纲要（2010—2020）》明确提出要“完善培养培训体系，做好培养培训规划，优化队伍结构，提高教师专业水平和教学能力”。

传统中小学教师培训存在这样的现象：更多思考的是如何确定培训目标和计

划、组织策划和培训管理等问题，在培训过程中更多考虑的是计划执行、完成的情况，对培训对象的实际需求和接受效果却不甚了了。培训成为行政目标，受训成为一种管理约束，教师始终是被动的。

重庆一中一方面坚持常态化的校本培训，如名师献课、专家讲座、各类研修、继续教育等，在类型上有了解型、掌握型、理解应用型、教学研讨型，因时因地，因人制宜，做到“参差多态”。另一方面采取聚焦准确、特色鲜明的“定制培训”，如北大暑期教师进修培训班等。“引进来”和“走出去”相结合，让教师在培训中获得，激发“内驱力”，让教师以积极心态接受培训，让培训成为教师自我成长的需要。

4. 评价

评价的根本目的在于促进发展。传统教育评价更注重学生的品德认定，而重庆一中采取的发展性德育评价，是以发展人为目的，注重人的主体觉醒和主体发展过程的德育。相应地，我们的评价在目标上也集中在发展智力、培养能力、塑造心灵、雕琢情感、提高素养上，较之过去更具有导向性和激励性。具体表现为：

构建多元化的评价主体：将学生本体、学生群体、课程教师、学生家长和社会元素纳入评价主体系统中来，形成学生自评、互评，教师评价，家长评价和社会评价多维结合的评价模式。

多样性的评价方法：改变传统单一纸笔测试的评价方法。可采用其他方式，例如：撰文考查、社会生活问卷调查、职业发展规划书、社会实践感想、社区服务图文资料等。

综合性的评价内容：这不仅要考核学生的语言智能，更要体现学生的多元智能、整体智能，同时注重阶段性。例如：形成性评价和阶段性评价相结合。强调评价结果的反馈，尤其注重被评价者对评价结果的认同，对原有评价策略有效性分析后的修正改进，使其在有效甚至高效上臻于完善，也使本评价系统具有流动性和可持续性。

二、建立多元、多维、多向的选择性平台

美国实用主义哲学家杜威反对传统的“课堂中心”“教材中心”“教师中心”的“三中心教学论”，认为应该把教学回归学生，回归到一种自由的状态。陆道

坤先生从近现代教育史的角度，认为在“教育输入”视野不断扩大的背景下，“教育自觉”的系统化趋势逐渐明显，呈现出“教育思想自觉—教育输入自觉—教育制度自觉—教育实践自觉”的立体发展态势。落实到具体而微的学校层面，是要建立多元、多维、多向的选择平台。

（一）内容多元

教育内容涵盖学生本体、学生群体、课程教师、学生家长和社会元素。

重庆一中在开足国家规定课程的同时，实现教学内容的多元化。学校坚持活动课程、综合课程、实践课程、潜在课程（隐性课程）和研究性课程等并行发展；利用各具特色的必修课和选修课，为学生提供优质教育；通过研究性学习课，让学生大胆质疑，探究未知领域，培养创新精神和创造才能。学校还与一些单位、街道、社区建立了协作关系，建立有效的社会实践基地，让学生集中吃住，在身体力行中体验生活。学校还选择了一些烈士陵园、纪念馆、展览馆、博物馆、公司集团等单位，供学生进行调查研究、参观访问，让学生多层次、全方位、多角度地观察社会、了解社会。此外，学校重视学生的分层教学和分类指导，让进入重庆一中的学生“能飞的飞，能跑的跑，不能跑的推上一把”，让每一个学生发挥个性特长，得到更好的发展。“为学生的发展而教”已成为重庆一中教师的共识和教学行为准则，同时也是学校办学的出发点和归宿。

在考查目标上，不仅考查学生应试能力，也应涵盖多元智能、整体智能，更应把每一个学生能享受成功及美满的人生，过上适合自身特点的美满的生活作为旨要。

加德纳认为，智力的基本性质是多元的——不是一种能力而是一组能力，其基本结构也是多元的——各种能力不是以整合的形式存在而是以相对独立的形式存在。而现代社会是需要各种人才的时代，这就要求教育必须促进每个人各种智力的全面发展，让个性得到充分的发展和完善。

另外，部分生涯教育工作者提倡对传统教育的部分内容进行摒弃。即既要注重人们社会化过程中的一般知识和一般技能的传授与培养，同时又注意到每一个社会化的个体之间的差异性，注重个体个性特征的发展，依据每个人的兴趣、心理特质、身体特质而进行特殊知识与特殊能力的传授。如许永熹（台湾）认为，生涯教育或称生涯辅导、生计辅导等应使个体在各阶段都过得适应与满足，并达成自我与社会实现。李金碧认为，生涯教育包含个人一生全部的活动历程，最终结果旨在让每一个人能享受成功及美满的人生，过上适合自身特点的美满的生活。

（二）层级多维

重庆一中对不同的学生“因材施教”，对不同能力层级的学生提供不同的教育选择；关注同一学生不同阶段的发展。

舒泊在他的生涯理论体系中提到，人的每个年龄阶段都与生涯发展有着密切的关系，生涯发展随着年龄增长而各有特定的生涯发展任务，个体在每个生涯历程中达到社会期望的标准，完成生涯各个发展阶段的发展任务是衡量阶段内个体生涯成熟的标准。舒泊将人的生涯发展分为成长、探索、建立、维持、衰退五个阶段。中学生处于生涯发展阶段的探索阶段（15~24 岁），发展任务在于通过学校生活和社会实践，对自我能力及角色、职业进行探索，最终形成正确的自我概念、合理的自我规划，实现自主性发展。基于此，根据不同发展阶段制订不同的学习目标和方法，是尊重个人生命自由、自觉发展的体现。

（三）目标多向

以发展人为目的，注重人的主体觉醒和主体发展过程。

在目标上不持等级为唯一目的，而以发展智力、培养能力、塑造心灵、雕琢情感、提高素养等要素综合考虑，在评价上也以师生的生命活动和学生成长需求作为考量依据。

三、构建学校自由自觉的文化生态场

学校致力于多元而丰富的文化生态场的构建，让自觉者在“场”中自由生长其个性，这是学校的意义与价值所在。文化生态场的建构包括如下几个方面：

1. 纵向支柱：课程与制度

制度激励人，课程提升人。开发更多的课程，帮助学生发现自我，成就自觉，鼓励学生自行开发课程；反思学校已有的制度，修改甚至淘汰不利于成就自觉者的部分，创建有利于成就自觉者的新制度。

2. 横向落点：活动与细节

设计有效的教育活动：在横向面上覆盖体育、文化、艺术、科技等多个方面，在纵深面上与高校合作开展科研活动，参与高级赛事提升见识能力。重视活动的每一个细节，激发自觉的每一场机缘，教育过程中的每一个学生。

3. 全面辐射：学校—家庭—社会

教育是一个生态系统，不仅体现在学校内部，还体现在与外部环境的关系中。教育应该以学校为立足点，充分发挥学校—家庭—社会三者间的交互影响，将“自由、自觉”理念推广到更大层面。

四、放手、变革、创新

教育需放手是由当前教育语境决定的。我国当前的社会主要矛盾转化为“人民日益增长的美好生活需要和不平衡不充分的发展之间的矛盾”，教育领域同样存在人民日益增长的对教育的美好需要和不平衡不充分的发展之间的矛盾。具体表现为：对教育的要求从“有学上”到“上好学”，从“有数量”到“有质量”，学生从“要我学”到“我要学”。教育变革才能适应上述基本矛盾的转换与现实需求。

“教育是一种特殊的认识过程和交往过程”，只有在尊重每个学生自由的基础上，通过社会、学校、教师和家庭的协调一致与共同努力，才能激发每个人自觉发挥主观能动性，喜欢学习、自主学习，真正成为学习的主体、教育的主体，顺应新时代的教育需求。

党的十九大报告指出：“建设教育强国是中华民族伟大复兴的基础工程，必须把教育事业放在优先位置，深化教育改革，加快教育现代化，办好人民满意的教育。”同时报告还强调了把科技创新放到重要位置，强调人才的重要性。因此，人类的历史实践活动从必然、自发到自由、自觉的发展是一个永无止境的过程，也是一个不断创新的过程。

第四节

“尊重自由，激发自觉”办学理念的人文价值

一、理论价值

（一）从人的本质看尊重教育的功能和属性

马克思认为，人的本质属性是人在其活动过程中表现出来的与其他动物不同的特征。这种特征主要指人在同自然、社会和自身三者的关系中，作为自然存在物、社会存在物和能动的存在物所表现出的自然属性、社会属性和实践属性。所有教育最终要归结于“人”这一基本核心，因此教育者首先要研究人的本质属性。在教育思考和实践中，我们认为，自由是人的基本属性。只有充分尊重人的自由属性，并顺应生命发展的内在规律，才能抓住教育的本质。在此基础上，重庆一中提出了“尊重自由”的思考。

教育发展的历史表明，人类的教育活动是从“神化”教育转向“物化”教育，进而走向“人化”教育的过程。与此相一致，教育理念的发展也体现为从“崇拜的教育”转向“占有的教育”，进而选择“尊重的教育”的逻辑。教育的本义是引导和自主建构的统一，尊重学生人格人性，不仅是真正教育的条件，而且是教育本身的内在规定性。“尊重的教育”，突出了教与学两个主体性，对教师与学生都给予了关怀，这就正回应了教育的本义。

尊重教育高扬了以人为本的价值理想，以人为本的基本内涵就是人类社会的任何活动都要以满足人的生存和发展为目的。它强调人是自然、社会、自身的主体，

人是价值形态中的最高主体。尊重教育把以人为本作为自己的立论基础，把提升、扩展人的生命意义和生命价值作为教育活动的出发点和归宿。从本源上看，教育是一种基于人、通过人又为了人的一种社会活动。

具体地说，在当代社会里，不是学校决定了学生的存在，而是学生的自我选择决定了学校的存在；是教师的勤奋努力工作赋予了学校教育质量和社会声望，学校方得以扩大和发展。从这个意义上说，学校要实现提升人的生命意义和生命价值的目的，一个重要前提是必须尊重人的生命意义和价值，尊重学生和教师的主体性和能动性。对人的生命意义和生命价值的尊重的基本要求是：消解一切对人的生命意义和生命价值的遮蔽，切实地彰显和发扬每一个人的主体性和能动性，切实地体认每一个学生和教师的价值对于学校的全部存在所具有的“本源性”和前提意义。

（二）新时代教育的大视角

从历史上看，一所学校的教育理念是在长期发展中浓缩出来的带有发展指向性的整体教育观。我们的办学理念是“尊重自由，激发自觉”。让每一个学生发挥个性特长，得到更好的发展。这就必须有一个与之相匹配的教育理念。新时代下，尊重教育理念是反映重庆一中的教育精神和价值取向，反映一所学校积淀的文化底蕴，反映学校的历史特征、学科特色和追求。它以一种文化氛围、一种精神力量、一种价值期望、一种理性目标的形式陶冶学校的教师和学生。尊重教育之所以强调把人放在学校发展的第一位，强调对人的尊重，是因为在教育现实中，很多教育者常常把教育活动只看成一个知识传授过程，把学生看成一个“多教多得、少教少得、不教不得”的机械个体，或把学生蒸馏成简单的接受知识的容器，而没有把学生看成一个有血有肉、有感性渴求、有人格尊严、有自我选择需要、有心理焦虑的生命个体。

尊重教育是民主文明进步社会的选择，我国传统文化中蕴含着深厚的人文精神，但是，仔细分析就会发现，我国的人文精神与西方的人文精神有着很大的不同。我国尽管也强调人的价值和作用，但是主要是以讨论人与人之间的关系为内容，探讨人与人之间的伦理纲常，在人世中生活人们应遵守的行为模式，如何为人处事才能使人们和谐地相处，涉及个体自身的很少，有所涉及也是以个人的修身养性为主，激励人奋发向上，积极入世，去实现自己的价值，为社会做贡献。关于人自身的内部需要，则鲜有涉及，至“存天理，灭人欲”的思想产生，从人的生命需要的角度去考虑人的人文精神就彻底被湮没了。

一个民主的、开放的社会则必须和必然会产生和需要尊重的思想相联系。民主给了人们独立实现自己价值的机会，首先每个人都是平等的，都可以表达自己的需要和对社会的期望，并有机会通过努力实现自己的理想，满足自己的需求，这就使人们形成独立人格。个体的独立必然要求他人尊重自己的独特性，因此，互尊、互惠的人际关系就可以自然而然地形成。另一方面，开放的社会有着多元的文化和价值观。以往的大一统体制下的一元文化强调雷同和统一，多元文化则是差异、个性、自由、创新占据主流。在多元文化背景下，尊重就显得尤为重要，这不仅是个人文明修养的标志，也是社会发展品位的标志。

尊重教育就是要将这种人文精神的核心——尊重作为切入点，坚持从人的发展角度来理解教育的本质与功能，并依据教育在多大程度上满足人的生存和发展的需要对其进行价值判断的。尊重教育是贯注了时代精神，充满了新的价值理想的教育理念，它对人的终极关怀将成就教育的崇高。而且，尊重教育理念深入人心，渗入人的思想，融入人的头脑，当它变成每一个教育者的自觉行为时，它所灌注的精神和影响社会的价值才能真正地表现出来，这需要我们教育工作者的共同努力。

（三）教育理论的新阐释

教育不是牺牲，而是享受；教育不是重复，而是创造。我们面对与关注的是一个个鲜活的生命，是人的心灵，是宇宙万物最神圣最神秘最具活力的对象。“尊重自由，激发自觉”这一理念其内涵有四个方面：一是尊重教育规律，指教师在教育教学中按教育规律而不是按个人主观愿望去实施每一项教育活动。二是尊重人才成长规律，指善于发现人才，创造条件重点培养，使更多的学生早日成才。三是尊重教育对象的身心发展特点和规律。四是尊重学生的人格人性，指创造和谐的教育环境，消除师生对立，尊重学生的个性发展以及他们的独立性、选择性和创造性。

（四）引领学校教育的新发展

尊重含有敬重、遵从、重视之意，尊重的内涵包括平等、价值、人格、修养等。尊重是教育的重要原则，也是教育的起点和终点。“尊重自由，激发自觉”

具有十分广阔的教育空间。这种教育空间主要体现在：有利于学生成人，有利于学生成才，有利于形成良好的学校氛围。当今教育潮流是多样化和多元化的，但最具有代表性的、最受人关注的、最具有发展前途的是主体性教育思潮。这一教育思潮强调“尊重学生的主体性、尊重学生的差异性、尊重学生的丰富性和独特性、尊重学生的学习权”等。这一思潮正在引导着人们反思传统教育，构建新型教育模式，努力向实现真正的教育迈进。而真正的教育是建立在尊重与信任的基础上的，是建立在宽容与爱心的理解上的，是存在于师生心灵间平等的交流之中的。真正的教育会像阳光一样终身关怀着每一个学生的人生。“尊重教育”理念，正反映了时代教育潮流的要求，顺应了时代教育发展，代表了教育发展的方向。而具有时代特征、时代气息的思想，总是最先被人感受到，最能引起人们的兴趣和关注。

二、实践价值

（一）建构可行策略路线体系

“尊重自由，激发自觉”办学理念包含了从目标、手段到路径的完整可行策略路线。人之为人“自由自觉”不可或缺。教育回归人的本性需要培养“自由自觉”之人，通过对自由的追求唤起自觉，又通过自觉形成对自由的持续坚定的追求。自由自觉是教育培养的元目标。“尊重、激发”既是培养“自由自觉”之人的手段，又是教育的第二层次的目标，围绕“尊重自由，激发自觉”建立了学校、平台、文化环境、方式多层次立体的目标体系。以目标体系为核心，从学生、教师、学校层面构建实施路径。学校层面：建立人性化、民主化、现代化的管理制度，构建多元化、个性化的课程、课堂、课题，完善“尊重自由，激发自觉”的校园文化；教师层面：构建立德、求真、个性的教师发展体系；学生层面：构建要尊重、会选择、能创新、敢追求的学生成长体系。

（二）破解当前教育若干难题

教育是民族振兴和社会进步的基石。教育关系到个人的未来、国家的前途。我国教育发展的总体水平已进入世界前列，但是在基础教育等方面问题依然存在，主要表现为在具体的教育实践中教育目标过分功利化倾向。所谓功利化就是把教育目标仅看作培养为经济服务的工具，而不是把它看成造就有文化、有知识的人，进而提高整个民族的素质。教育目标的异化带来了教育主体弱化的倾向。在具体实践中，体现为教育各主体不能充分发挥自己的独立性、自主性、自觉性、能动性等，并常常在不合理的外力干扰和压迫下，使各自活动显得被动、被迫，主体特性被扭曲、压抑。也可以说，教育不能满足主体的内在需求，不能体现主体的独持个性，教育各主体也不具备履行职责的基本权利、基本能力，不能发挥优势特长，不能充分完整地展现自我，而是处于一种分裂、异化状态；此外，教育各主体还缺乏行动的激情、热情，且做事不能尽力尽为，生命活动缺乏活力与精彩。

在大多数课堂上，教学变成了师生共同完成事前规定的教学程序。很多学生经常不能兴趣盎然地学习，不能自觉主动地学习，不能自由自在、全身心、投入地学习，更不能轻松快乐地享受学习，而是常常机械化、格式化、程序化学习。

经过多年的教学之后，不少教师把教学当成一种谋生手段，而不是一种责任和信仰，他们最大的心愿就是学生不要闯祸，能够配合自己平安完成教学任务。教师的任务就是按部就班地推进教学进程、教学阶段、教学环节、教学程序，完成非生命载体知识的复制和转移。教师生活成了无休止的备课、上课、复习、考试，没完没了地批改作业、试卷，进行着日复一日、年复一年的机械、重复的劳作。在这样的过程中，程序化的课程教学关系代替了丰富的师生关系，师生之间沦为灌输与接受、演员与观众、管教与服从、占有与利用的关系。在这样的教学中，师生间缺乏亲密交往、深度沟通，而且，教师也不能充分自由地表达自己的观点，流露自己的感情。这使得教师的工作严重缺乏主动性和创造性，教师成了现成知识传递者，而不是与学生形成一种“双向结构”的“交往实践”活动，在这种教学中，常常造成教师职业倦怠，使教师的教学活动缺乏激情与活力，缺乏想象力与创造力。

基础教育实践中主体缺失问题引起了重庆一中人的思考。“尊重自由，激发自觉”的教育理念是重庆一中人在教育实践中给出的深刻回答。“自由、自觉”的主体不只是学生也有教师。学校通过对自由的“尊重”，赋予教师和学生更大的权利、更多的选择、更丰富的生活体验，以期主体的回归，破除程式化、机械化的教与学的过程，建立起师生间的深度沟通，密切师生关系，激发学生学习的主动性和教师教学的创造性。自觉是主体意识的觉醒，通过人性化、民主化、现代化的管理，多元化、个性化的课程、课堂、课题的建设，丰富多彩校园文化的建设激发起主体的自觉性，从而形成教育主体发展的内生动力，使教育真正回归人的本质，而不再异化为工具。

（三）深化学校各项综合改革

当下教师在学校教育教学和管理中的主体地位以及学生在学习中的主体地位没有得到完全落实，教师被动地教、学生被动地学的现象依然普遍存在，导致整个教育系统缺乏内在活力。

1. 在观念层面

学校中的教育者能深刻领会尊重教育的思想内涵，能够从形而下的角度，设身处地从自身的社会生活、交往、办事、群体位置、同事关系中去领略尊重的必要与必需。从形而上的角度充分认识尊重之于一个民主、开放、文明、法制以及以人为本的社会中的意义和价值，从而把握其精神实质，去指导自己的教育行为。

2. 在课程层面

提高教学质量，使学生获得最好的发展是对学生的最大尊重。为此，教师要认真对待每一节课，认真地备课、上课。每节课都有明确的目的，有严密的组织，有科学的设计。对学生的问题能以辩证的鼓励的思维方式去应对，从而使教学过程变成一个充满信息含量和学生积极思维的高质高效的过程。对学生学习时间的浪费实质是对学生前途和生命的损害。就课程而言，单单看重考试科目远远不够。三年只围着几门考试科目转的学校是对教育的亵渎，是没有情怀、理想的，是彻头彻尾的功利主义。一个学生一旦成为自觉者，应对考试自会用心尽力；相反，未曾自觉，仅凭管制与压迫，即便最后有个好分数，也是以人的异化为代价的。

开发更多的课程，是帮助更多的学生发现自我、成就自觉有效的路径。重庆一中课程资源丰富，师生都可以参与到课程开发中。每一位教师可以根据自己的专长与喜好开发系列课程。如重庆一中的周鹊虹老师的“茶道”课程就吸引了许多师生参与聆听，成为颇有影响力的精品课程。重庆一中的数学、物理、英语、政治等学科都是重庆市高中课程创新基地，开发了一系列的相关课程。

同时，我们也鼓励学生自行开发课程。按照重庆一中的社团建设制度，学生可以自行申报社团建设，其中条件及任务之一是所申请的社团须有自己系统的课程资源。比如街舞队有街舞的培训课程，影视班有影视欣赏课程。且不说课程的实施是成就自觉者的机缘，研发课程的过程就是一个很好的发现自我、增长能力的过程。当师生沉浸在课程研发与践行的过程中，生命的生长、自我的教育便蕴含其中。

3. 在制度层面

有人说："存在就是合理"，但是我们说那要看以往的存在是否符合教育教学的规律，符合学生的身心发展规律，是否有利于学生的学习、生活、成长和个性的发展。尊重学生的制度、规章或纪律在于能使学生的合理需求得到满足，发展达到最大化。激活并唤醒学生去发现自我、成就自觉是我们最先思考的问题，重庆一中从两个方面下功夫：一是反思学校已有的制度，修改甚至淘汰不利于成就自觉者的部分；二是创建有利于成就自觉者的新制度。如以往的三好学生评选制度就有不合情理的地方。因为评来评去，分数成了唯一标准，最终"三好学生"的称号只落在少数成绩好的学生身上。尤其是高三"奖优"制度，一年"奖优"下来，最终把年级前几十名学生奖得"审美疲劳"了，而其他学生，无论如何努力，却没有得到认可与激励。优秀的学生固然需要激励，但其他学生更需要唤醒。因此，我们修改了评优制度，增加了进步奖等更多的奖项，让更多有亮点的学生都被发现、被鼓励。当我们的奖项可以为学生能做好某一道题或书写规范而颁发的时候，一个年级的生气与活力就被激发起来了。

又如，每年运动会时，各个班级都要消费大量的矿泉水。矿泉水的来源渠道却不一样，多数是班费自购，而有的班级的矿泉水却是在校外拉赞助得来的。这其实是一次成就自觉者的教育机缘，于是学校制定新制度，凡从校外赞助得到矿泉水的班级，团体总分能获得加分。一项小制度的创建，就可以激发学生们的热情、创造力与执行力。找培训学校、公司、超市、家长单位等，学生们各显神通，一次很好的社会活动锻炼就这样简单而有效地完成了。

4. 在管理层面

学校的一切管理部门都要确立以学生为本，以教师为本的观念，要把提供一流的服务作为管理部门的重要使命和评价标准。为此，要在新理念的指导下转变工作作风，眼睛向下，处理好主次关系。在活动层面，要给学生创造锻炼、发展的机会。尊重学生就是尊重他们的自我选择，如干部轮流制；还有课程体系中的选修课的设置与教学模式的应用，如分层次教学等。总之，"尊重自由，激发自觉"的教育是贯注了时代精神，充满了新的价值理想的教育理念，它对人的终极关怀将成就教育的崇高。当教育理念深入人的心灵，渗入人的思想，融入人的头脑，变成每一个教育者的自觉行为时，它所灌注的精神和影响社会的价值才能真正表现出来，这需要我们的共同努力。

（四）推动素质教育全面实施

“尊重自由，激发自觉”的教育也是一个民主、平等、开放的社会当前和未来发展的必然要求。中国封建社会的典型特点是专制，反映到教育上就是灌输加棍棒教育。这一历史传统至今仍有影响。我们希望通过树立“尊重自由，激发自觉”的理念，把人的创造力量诱导出来，将生命感、价值感唤醒。

从实践上看，“尊重自由，激发自觉”的理念不仅具有激励人的功能，也具有教育人、塑造人、规范人、指导人的作用。从哲学上看，我们应该使学生在一个相互尊重、自我激发的氛围中生动、活泼、愉快地发展。尊重教育是现代教育的主流思想和主张，也是素质教育思想的重要内容。

素质教育是我国教育改革和发展的长远方针，是我国各级各类教育追求的共同理想，素质教育是对教育本质的返璞归真，是对人的教育的重新回归，因此，尊重每个生命体的个性、独特性、创造性和发展潜能便成为素质教育的核心，立德树人，切实激发学生自觉学习的动力，提高教学质量，办好人民满意的教育是当下基础教育领域不变的追求。

第四章

“尊重自由，激发自觉”办学理念下的学校建设实践

马克思说，人是自由自觉的“类的存在物”。基于马克思关于人的本质认识的论断，重庆一中确定将“尊重自由，激发自觉”作为新时代学校立德树人的特色教育理念。一方面尊重了师生自由自觉的类本性，另一方面也通过建设现代化学校的举措，让学校充满自由的精神，激发了师生精彩纷呈的生命自觉建设。马克思认为，自觉是人区别于动物本能的标志，是人对自身行为或行动的预见和期望，自觉即达到自由的状态，是“个人的独创的和自由的发展”，自觉的最高境界是自由。

在现代社会，真正的自由精神意味着三件事：对法律的敬重、对必然的认识和对权利的维护。

法律是自由的保障。重庆一中依法办学彰显了教育教学活动中的自由精神，推动了学校师生生命自觉的法治建设。尊重自由是基于对人的本质认识，对学校教育规律必然性的理解与把握，凸显了重庆一中对教育教学规律的自觉遵循。尊重师生、保护师生的正当权利不受侵犯并为他们正确地行使自己的权利创造充分条件，正是重庆一中创办更加自由的学校的不懈追求。

重庆一中“尊重自由，激发自觉”的教育实践就从这三个维度入手：学校依法依规办学，实施现代化的科学、民主的管理制度；对课堂、课题、课程的建设充分体现了“对教育规律必然的认识”，师生自觉遵循教育教学规律，发展成为学校自由的文化理念；学校践行文化管理，建构生态文化校园，为师生自觉地行使自己的权利、发展自我生命的高度与厚度，创造更有利的条件。

第一节

以自觉为前提的自由——重庆一中管理现代化建设

尊重自由，依法办学，一定需要规章制度的约束，需要校风校纪的引领——自由是以约束为前提的自由。但如果管理只是冷冰冰的文字、口号，抑或是僵硬的表情、机械的动作，管理就会缺少人情味，学校也会缺少灵动与活力。

对学校管理而言，有温度的制度会传递温暖，会在学校形成一种自觉的良性循环。人际交往中，温情、友情、尊重、关怀等能够拉近彼此的关系，加深相互之间的感情，从而感受到由此带来的温暖、快乐和幸福。在学校管理中，这样的“温度效应”同样能够达到管理者所期望的效果。校长让教师感受到“温度”，他们就会对学校产生感情，就会以一种幸福的态度面对工作、对待学生；同样，老师让学生感受到“温度”，学生就会喜欢老师、走近老师，从而喜欢老师的课堂，喜欢学校。从学校整体来说，这种温度的传递就会在校园里形成一种自觉的良性循环，促进学校朝着教师喜欢、学生喜欢、家长认可的目标发展。

一、建立有温度的规章制度

（一）用尊重铺垫教育底色

“尊重，教育的基石。”在教育实践中，有些学校会有偏误，即只尊重学生，而忘了尊重教师。实际上，教师是教育的主导，只有尊重教师，我们的教育才可能真正健康发展。重庆一中在日常管理中处处以尊重教师为第一要素，确立了“尊重、理解、包容”的管理理念，“只有尊重教师，才能获得教师的信服与认同，管理才能取得效果”。把“尊重”作为基本要求，让教师在尊重中唤醒主体意识，激发工作热情，感受幸福快乐，得到充分发展。

尊重，就是要为每一个个体提供安全的空间，让每一个个体的价值得到尊敬和实现。从外在的校园环境到学校的每一项活动，这样的价值追求都在体现，如每年9月的教师节表彰，评选“优秀教师”、元旦节教师文艺汇演、“四二一”校庆教师趣味运动会等，老师们通过各种方式表达对重庆一中、教育教学的热爱，对师德的承诺和对卓越的追求；因为得到尊重，他们感受到满满的团队温暖和自身价值得到彰显的喜悦。

重庆一中的校园环境，也处处体现着尊重学生的理念，如充满孩子智慧的“温馨小语”，班牌、班徽等随处可见，项家书院里的读物由师生到重庆各大书城挑选而来，充满童趣的楼层标识，为孩子们设计的雕塑、木椅、石盆……每个板块、每项设施都出自学生视角。楼道、教室里，孩子们的美术、书法作品装裱上墙，不但美化了校园，更为他们提供了丰富的展示空间。重庆一中还让学生会、团委的孩子们参与学校的管理工作，维护学校的秩序，为学校的发展贡献他们的智慧和才干。

尊重，提升了教师职业生涯的幸福感，也提升了学生校园生活的快乐感。重庆一中所有管理行为所彰显的尊重，让学校的规章制度逐渐“软化”为师生的自觉行动。

（二）给规章制度加温

即便是制度，也要在理解的基础上进行约束，轻“管”重“理”，重在梳理、引导，让文化成为一种自觉和自强，才能真正激发教师的内心需求。

在学校各项规章制度已经基本建立的基础上，重庆一中还进一步地塑造、养成优秀的教师文化。例如组织学校教师代表们集思广益，共同制定了《重庆一中教师职业素养与行为规范》，涵盖了如何对待个人与集体、得失与名利、师德师风、科研成果与教学质量等多方面的内容，意在进一步打造重庆一中特色的教师文化。诸如此类，使制度成为学校与教师经过协商达成一致甚至妥协的一种契约，让教师形成对制度的理解与认同，最终成为自愿自觉的行为。

管理的本质是尊重和沟通，只靠规则和禁令带不来和谐。为了加强制度的执行力，学校各处室设立了多种和教师们沟通的桥梁和方法。例如，重庆一中跟教师举行座谈会、读书会、沙龙会、视频会，泡茶闲聊，在愉悦的氛围中坦诚交流，将学校教育教学、教师管理中的理念通过故事讲述出来，让大家在轻松中内化反思。在看似“闲适”学校行为之中，我们或是调整教师教育教学中的偏差，或是让工作上的沟通更为顺畅，或是教师因得到赞赏而获得新动力。这样以带着温度的感情为起点的理解，使重庆一中的管理制度更具温情和执行力。

（三）信任让教育走向自觉

学校管理需要让学校所有人的行为趋向自觉，才能形成和谐有序的内部环境。而师生的行为趋向自觉，需要师生对学校有“主人翁”情感，把学校当作自己的“家”一样来爱护和对待。这就需要学校的管理制度能够凸显师生们的主体性，激发他们的主动性和创造性。

重庆一中尊重师生、信任师生，为师生生命自觉的发展创造尽可能多的条件。学校努力打造各种学习交流、锻炼展示的舞台，促进师生的发展。例如“请进来、送出去”的策略，每年把初三、高三年级的教师送到清华大学、北京大学去进修学习，组织初三年级的优秀学生到市外、国外去进行研学旅行；学校还积极承办各种全国性或省级市的学术活动，邀请众多知名专家到校举办讲座，与北京师范大学、重庆大学、西南大学、四川美术学院等高校建立了稳固的合作关系，如与重庆大学图书馆签约，让重庆一中师生可以使用重庆大学的图书资源；与北师大国际写作中心一起邀请苏童、毕飞宇、欧阳江河等十多位文学大师到重庆一中，与师生一起开展文学活动，畅谈阅读与写作……这些学校行为都意在为师生提供更多的学习发展的机会，实现师生思想和智慧的共生与成长。

重庆一中还通过完善场地设施，提供活动经费，为老师量身订阅专业报刊，购买自选书籍，推行“重庆一中图书漂流卡”，让教师们建立起读书交流、好书推荐、专家引领、评价激励制度，积极开展读书沙龙、书香讲坛、书香博客等活动，并自觉地不定期推送优秀的微信文章。这种由信任产生的自觉行为，已经内化为重庆一中浓郁的书香校园的氛围。

二、创新民主化办学的路径

重庆一中对教育民主化的追求可谓历史悠久，自 1931 年创办伊始，学校就在追求新民主主义革命的自由，在烈士的鲜血中、在 90 年的教学实践中，重庆一中形成了独特的民主办学的思路，促进了学校的全面进步，赢得了社会、家长、政府的普遍认可，成为一所享誉中华的名校。

（一）构建民主化的学校管理机制

管理机制是反映学校内部机构设置及其相互关系的一种制度体系，它决定着学校内部机构的合理设置与和谐运作。学校管理的民主是教育民主化的一个重要表现。

1. 营造民主、和谐、规范的管理环境

学校教育和管理都是做人的工作，一切依靠人，一切通过人，一切为了人，要充分尊重和发扬人的主体精神。作为一所公办学校，重庆一中校长拥有一定的办学自主权，但校长的权力不是绝对的。在重庆一中，党委会是决策机构，学校管理与发展的重大问题均由党委会讨论、研究决定。校长每年述职，接受上级教育主管部门和教职工的监督；每年组织教职工对全体管理干部进行考核，考核结果与干部的聘任直接挂钩。同时，学校在建校初始就成立了工会，还建立了教职工代表大会制度，每年召开教职工代表大会。通过工会和教职工代表大会促进教职工对学校管理的民主参与和监督。

2. 建立使信息畅通的决策、执行和反馈通道

为了实现学校管理的高效率，学校建立了快速决策、快速反馈的三级运行制度，实行教师队伍的扁平化管理并实行部分职位的兼职制，如教务处与教科处、行政办公室与后勤办公室的同级兼职，甚至分管校长的向下兼职，直管年级和分校区，缩减了环节，减少了决策执行过程中在层次与环节上的信息衰减现象，增进了部门之间的沟通协调，上情下达，下情上达，部门和谐，实现了学校信息畅通和管理运作的高时效。

3. 形成优胜劣汰、激励先进的用人机制

学校从校长到普通职工都实行全员聘任制。灵活开放的用人机制使学校能够不断优化教职工和管理队伍。重庆一中自建校以来，每年保持一定比例的人员流动。随着学校办学规模的逐步扩大，优秀人才不断加盟，学校在自身发展的同时，每年还培养了一批年轻的教学骨干，他们在国家级、省市级的竞赛平台上为学校赢得了诸多的荣誉。

4. 学校常规管理制度的不断优化

重庆一中自 1931 年创建以来，为强化依法治校的力度，在管理行为的实践中设计并通过了 50 多项规章，这些制度分成 3 类：

（1）制约人行为的制度，如干部廉洁自律的规定、教职工行为规范、校务公开、财务审计制度等。

（2）工作运行制度，如学校决策议事制度、岗位职责制度和教育教学管理制度等。

（3）评价导向制度，由求“平均”发展到求“公正”，由求“数量”发展到求“质量”。

根据国家不断发展提升的教育态势与相应政策法规的变化，依托重庆一中的实际校情，学校不断调整与修正教育教学、学生管理、年级组和教研组工作等诸多方面的管理制度，在新时代的教育思想、目标管理、制度建设、教学研究等方面都提出更明确、更科学的管理要求，如近五年来，学校已经两次修订了《重庆一中关于加强校本教研活动的若干规定》，进一步鼓励科研创新，鼓励发表核心期刊论文，建立“学术引领，科研立校”的教学改革思路，促使学校教育教学工作与时俱进，能更健康、灵活而高效地运行。

在管理过程中，学校一方面要求全体师生自觉地把遵守规章制度作为自己内在的需要，同时又要求他们能动地以自身实践不断丰富和完善学校规章制度的内涵。

管理的核心是尊重，制度的核心是愿景，重庆一中管理制度的制定和修订为学校自由自觉、高速的发展规划了赛道，保驾护航，让学校工作“从心所欲而不逾矩”。

（二）探索民主化的教学方式

“尊重自由，激发自觉”，体现在教学方式上就是民主化学习。这是一种自由的选择性学习，其主要内容是指个体自觉确定学习目标、制订学习计划、选择学习方法、调控学习过程、评价学习结果的过程和能力。教育的目标是人，所以学校应该让教育中的每一个人都能发展自己的创造潜能。重庆一中根据民主化学习的特点和要求，在推进教师教学改革方面进行了以下探索：

1. 尊重学生的学习需要，实施民主化课堂教学

重庆一中教育民主化理念对课堂教学提出了 3 个要求：

（1）教师要全面理解教材的内容，深入挖掘教材内涵。

（2）教师要关注学生的学习过程，还要关注学生的学习情感和情绪体验，采用“平等对话”的方式，积极引导学生在原有知识和经验的基础上进行学习，鼓励学生提出问题、分析问题、自己设法解决问题，让学生的个性在课堂上充分彰显。

（3）要在具体的学习情境中鼓励和引导学生使用适当的学习策略，指导学生根据学习中遇到的障碍进行自我调节，创造性地运用“六个为主”的教学策略。

2. 给学生自主选择的权利，实施分层次教学

学校引导教师在课堂教学中充分考虑学生的个性差异，尽可能满足不同学生对学科学习的要求，并在有条件的学科中尝试分班层次化教学。如在高一年级，以学生原有基础及各方面的能力为依据，在全年级划分不同的班级，让学生根据自身的学业基础和潜力，选择不同层次的学习教学班，按班分层教学。为了避免分层次教学的负面效应，通过一段时间的努力，随着学生学习水平和能力的提高，可以重新选择，再组班，实行“滚动制”。在更多的学科中，重庆一中实施行政班班内分层次优化教学，即教师针对不同接受能力、不同思维方式的学生分层次设计教学、布置作业、检验评价。对少数基础确实差的学生，鼓励教师给予学生课后辅导，教学中强调小步走、勤反馈。这种分层次教学既保护了学生的自尊心和自信心，又激发和维持了学生稳定的学习动机，激活了学生的学习兴趣，帮助学生获得成功感和满足感。

3. 开发个性化校本课程，实现师生共同成长

重庆一中开发了 200 余门供学生自主选择的校本课程。学校根据育人特色，建构了“阅读与人文”“科技与创新”“运动与健康”的内容板块，构建了课程体系。在形态上又包括：

（1）基础类课程，如学科课程、寒暑假作业课程等，主要是夯实学生的基础。

（2）拓展类课程，以强化学科素质，满足学生不同层次、不同爱好和发展需要为目的的课程，如社团课程和奥赛课程等。

（3）特色类课程，如 STEAM 课程、国际写作中心课程、生涯课程等。

这些课程，学生可以依据自身的知识结构和能力基础以及兴趣进行自主选择。

4. 开放学习资源和学习场所，为学生提供自主学习的空间

重庆一中努力为师生提供多种获取学习资源的渠道，学校在项家书院专门安排了学生的自习室，为学生配备了各种书籍和报刊；学校图书馆、阅览室向全体学生开放，并延长开放时间，在节假日专门安排工作人员值班，为学生提供借阅服务；课余时间向学生开放实验室，提供实验原料、器材和指导。另外，学校全天候向学生开放网络教室，网络教室除连通因特网外，还配备了大量的学习软件，学生可以根据需要自主选择使用。在这样的条件下，学生不仅获取了知识，更形成了较强的自觉学习能力。

（三）建设民主化学校文化

学校文化是学校的灵魂，重庆一中努力营造一个具有浓厚民主气息和丰富文化内涵的学习、生活环境，让师生在校园里能够体验并习得先进的思想观念、良好的行为习惯和高雅的文化素养，从而产生一种向心力和凝聚力。

1. 构建倾注情感、关注生命的学校氛围

重庆一中基于“尊重自由，激发自觉”办学理念，提出“平等对待每个学生，尊重每个学生人格”的育人宗旨，倡导尊重教育，以“培育大写的人”为目标。如为了帮助教师更好地走进学生的心灵世界，学校组织教师成立了心理咨询室和心理咨询热线，组织教师参加“生涯教育”课程的学习，从个体需要和社会要求研究学生的成长需要，把握他们的发展方向。

2. 构建积极向上、高雅的学校行为文化

为了创设内容丰富、积极向上的校园文化，重庆一中一方面十分注重引进外来信息源，每学期都要邀请一些教育专家和学者来校举行有关教育、文化、法制、时政等方面的专题报告；学校有计划地对全校教师进行全员培训，三年一个周期，每年暑假送教师到清华大学、北京大学、华东师范大学等高校参加高素质培训学习。另一方面，学校积极构建内部丰富多彩的涵养性灵的教育生态场。如开展实施科技周、艺术周、体育周、读书会、英语角、宣传橱窗、工会活动、青年志愿者活动等文化项目建设，这些活动极大地丰富了校园文化。又如行政人员的着装要求，学生的校服统一规范，这些良好的行为和活动文化为学校积淀了一种发展的优势，进而使重庆一中产生了良好的教育效应和社会效应。

这些年来，重庆一中在对教育民主化的尝试中深切地体会到：民主是一种追求。

我们对教育民主化的尝试只是一个过程，还有很大的发展空间。重要的是，我们要抓住机遇，在良好的国家发展态势中进一步培育学校的竞争力，努力形成有利于学校健康发展的运行机制和内部管理制度，进一步建设具有自身特点的学校文化，建设高素质教师队伍，扩大学校在国内、国际的影响力和辐射力。

三、人性化管理服务师生

人性化管理的核心是发扬民主，让师生感受到自己的主人翁地位，从而激发其对工作、学习、学校的热情，使其更好地为个人、学校、国家发展贡献应有的力量。

（一）营造人性化的教育服务管理模式

学校的教育服务包括教学服务和后勤服务。重庆一中教学服务的人性化理念源自“学校的一切为师生的发展而存在”，基于“尊重自由，激发自觉”的师生发展需求，开展实施人性化、民主化的教学服务活动，使师生对学校产生强烈的认同感，如图书馆、项家书院里有适合青少年学生口味的图书，宽大崭新的体育场馆能满足各类学生不同的体育锻炼和课外活动的需要；学校开办有各种适合学生特长发展的兴趣班，提供诸多的供学生展示才艺的各种平台，如文艺表演、体育比赛、墙报评比、技能比赛、演讲辩论比赛、特长展示柜等；还有促进学生与外界进行信息交流的诸多机会，如春秋游、社会实践、研学旅行等。

重庆一中人性化的后勤服务则使师生有家一般的归属感。学校各项设施和环境的布置除了要满足师生生活、学习的需要外，还要满足师生心理、情感的需要。学校后勤服务改革遵循“让专业的人做专业的事”的理念，促进后勤服务的人性化，实现“后勤真正为教学服务”。后勤的人性化服务往往体现在许多细节上，如宿舍墙壁上为学生装有安全的电源插座、网孔插座；饭卡微信充值界面的友好易操作、网络报修程序的即刻响应，只为方便学生的日常生活；食堂精心准备各种应景、应季的美味饭菜，还为生病的学生提供特别爱心餐；医务室为学生准备便宜甚至免费药品；校园林荫繁多，在多个角落为学生设置可以小憩和谈心的座椅，让学生放松身心；后勤部门将处理突发性事件如火灾、疫情的能力践行在常规的巡查管理规范中，时刻确保学生的生命财产安全。

学校教学服务、后勤服务的人性化管理可以对学生的行为习惯的养成、个性的成长起到潜移默化的作用，很大程度上减少了教师对学生管理的难度，使学生毫无负担地将精力投入到自主式学习中。

（二）最大可能削减刚性管理，最大限度增强柔性管理

重庆一中营造制度化管理与人性化管理相结合的良好氛围。人性化管理是情、理、法并重的管理，而不是放任管理。重庆一中管理制度追求公正、合理、规范，执行公开公正、严格平等，努力营造师生充分信任的文化管理环境。

为加强学校管理制度的执行力，重庆一中校领导及各级干部会充分地与师生进行沟通、交流，所谓“管理是心灵的艺术”，通过双方的沟通互动来培养师生们自主管理的意识，自觉养成良好的学习和工作习惯。例如，重庆一中学生处对违纪学生执行校规前，都会深入了解学生违纪情况，动之以情、晓之以理地进行情感教育，对不同类型的错误采用不同的处理方式，允许学生犯错误，鼓励学生主动纠正错误，让学生在“试错、修正”中不断自我学习，改正缺点，提高自我的道德水平。

重庆一中的管理制度在执行时还会体现出灵活性，具体问题具体分析，例如每学年的教师人事安排工作，教务处会充分考虑教师个人的家庭、身体等方面的特殊性，积极协商，做出最优化的选择。

（三）转变领导角色，充分体现服务功能

人性化管理理念主张领导角色应从“官本位”向“服务本位”转变。重庆一中的管理团队实行扁平化管理，以身作则，既是“身居一线”的教学能手，又是“运筹帷幄”的管理好手。一方面，为学生的学习提供学识上的“真知灼见”，为学生的幸福成长奠基；另一方面，为教师们做出表率，为教师们的工作和发展服务，为学校的快速发展尽自己的一份心力。

重庆一中的管理团队就是通过这样的双重角色，率先垂范，努力为师生创设一个宽松愉快的工作和学习环境，以促进师生的发展和学校的进步来体现自身价值。

总之，人性化管理已经成为重庆一中管理理论和管理思想的主旋律，重庆一中的管理团队会通过自己进一步的努力和更多的付出，带领重庆一中创造更多的辉煌！

第二节

自主改革，自觉发展
——重庆一中“课程、课堂、课题”建设

“尊重自由，激发自觉”是学校改革发展的指导思想，引领学校的教育教学改革。我们认为学生是具有发展潜能的自由个体；教师是激发学生自觉意识的领航者；教学是学生发展的文化生态系统。只有从根本上改变传统的教育教学观才能真正实现教育的深层变革，也才能将重庆一中课程改革落到实处。

每个学生都是以个体的方式独立存在的，是一个个自由的生命体。教育首先要承认并尊重学生作为生命个体的生命特征，比如生命的多样性、发展性、创造性、自主性等因素都应该在教育者心中得到应有的认识和尊重，并将对这些特征的认识转化到教育教学各个环节中，加以科学的实施。重庆一中在践行“尊重自由，激发自觉”教育观时，紧扣三大工作基点：课程、课堂、课题，以课程改革为重心，着力于打造有生命力、文化力的课堂，通过课题引领，建设开放、多元、优质的课程体系，并通过丰富多彩的、序列化的课外活动，实现成就自觉者的教育目标。

一、课程改革试验田

我国新课程标准倡导中国学生发展核心素养，以科学性、时代性和民族性为基本原则，以培养“全面发展的人”为核心，分为文化基础、自主发展、社会参与三个方面，综合表现为人文底蕴、科学精神、学会学习、健康生活、责任担当、

实践创新六大素养。

为适应新时代教育要求，重庆一中创新性地以文化基础、自主发展、社会参与三个方面来发展学生核心素养为课程设置的素养起点；以基础类、拓展类、特色类三类课程为课程设置的拓展内容；以全面发展、分层发展、个性发展三层发展为课程设置的培训目标；以尊重自由、激发自觉、发展自我三维目标为课程设置的育人目标，见下图。

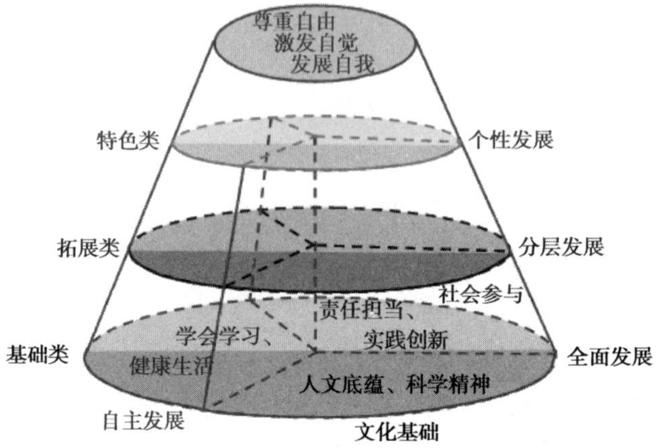

重庆市第一中学校课程结构创新模型图

（一）重庆一中“提升自觉力”德育课程

1.“提升自觉力”德育课程的概念及原则

自觉力是指人能够主动地支配自己的行动去服从于活动目标（价值标准）的能力。简言之，自觉力就是一个人凡事自觉（自我意识、理解和发现）的能力。

“提升自觉力”德育课程是以科学发展观为指导，以学生的生命自由发展为目标，以人与自然、人与社会、人与他人、人的内心和谐发展为核心，以序列化主题教育实践活动为载体，整合一切可以促进学生自觉成长的教育资源与要素，通过学生自主教育，获得最优化发展，形成学校德育工作体系长效机制的一种德育模式。

实施该德育课程应坚持两个原则。第一，追求发展性。即坚持“科学发展观”，从根本上改变传统德育的一些做法，加强德育工作的针对性、自主性、引领性和实效性。第二，强调整合式。即要求在德育内容、德育过程、德育结果和实施途径上，重视学生自身自觉发展与外在相关因素的相互依存联系，强调与相关德育资源、德育要素等多方面因素的整合，变传统德育的单一性为融合性和合作性，从而达到德育工作和学校全面发展的共赢策略。

2. 重庆一中“提升自觉力”德育课程

共计 22 门，如下节选 10 门课程：

课程名称	发展的主要核心素养		课程内容简介
研学旅行课程	人文底蕴	人文积淀	本课程分为市内研学、国内研学和国际研学三种形式。重庆市有丰富的研学课程资源，如红色革命遗迹、历史文化名胜、科技教育、自然和野外活动体验等。我国幅员辽阔、山河壮美、历史悠久，文化博大精深，可以作为丰富的国内研学的课程资源。国际研学以主题的方式进行研学，可分为历史文化类、科技教育类、自然风光类，引导学生了解世界历史、文化、科技、环保等方面的内容。
		人文情怀	
		审美情趣	
	责任担当	国家认同	
		国际理解	
阳光艺术课程	人文底蕴	人文积淀	本课程综合了音乐、美术、戏剧、舞蹈以及影视、书法等艺术形式和表现手段，对学生的生活、情感、文化素养和科学认识等产生直接与间接的影响。艺术课程对学生的人格成长、情感陶冶以及智能的提高等，具有重要价值。艺术课程不仅是培养学生的艺术能力，同时还培养学生的整合创新、开拓贯通和跨域转换的多种能力，促进人的全面发展。
		审美情趣	
	健康生活	健全人格	
		自我管理	
阳光体育课程	科学精神	勇于探究	本课程是以身体练习为主要手段，以学习体育与健康知识、技能和方法为主要内容，以增进学生健康、培养学生终身体育意识和能力为主要目标。本课程包括体育课、课间操、运动会以及各种形式的课外体育锻炼活动。
	学会学习	勤于反思	
	健康生活	珍爱生命	
演讲口才课程	科学精神	理性思维	本课程是对演讲、口才、交际等基本理论的概述，以实践教学为重点，以学生听、读、说、评、练为核心，提高学生的演讲水平，培养学生的心理素质，锻炼学生的口才，塑造学生自身的公关形象，以应对现代社会生活、工作中的交际、求职、应聘与自我推销。
		批判质疑	
	责任担当	社会责任	
	实践创新	问题解决	
心理健康课程	健康生活	珍爱生命	本课程以心理健康管理为主线，内容分为学习、人格、生活和职业四个方面，包含学会学习；做好人际交往的教育；学会与其他人沟通的技巧；学会调节情绪。本课程采用课堂教学与课外导修结合的方式，使每个学生有机会通过行为训练增进健康。
		健全人格	
		自我管理	
	实践创新	技术运用	

续表

课程名称	发展的主要核心素养		课程内容简介
榜样表彰课程	学会学习	乐学善学	本课程通过在学生及家长中寻找榜样，树立模范、典型，发挥示范作用，形成良好的榜样氛围，使学生对正确的行为准则、道德规范易于理解、效法，传播正能量。设置奖项有：最有文化的教室、最美丽的寝室、习惯之星、责任之星、读书之星、教子有方好家长……
	健康生活	自我管理	
	责任担当	社会责任	
	实践创新	劳动意识	
生涯规划课程	科学精神	理性思维	本课程借助理论对个人职业生涯的主客观条件进行测试、分析、总结研究，对学生的兴趣、爱好、能力、特长、经历及不足等各方面进行综合分析与权衡，结合时代特点，根据个人的职业倾向，确定其最佳的职业奋斗目标，并为实现这一奋斗目标做出行之有效的安排。
	学会学习	信息意识	
	健康生活	自我管理	
	实践创新	劳动意识	
科技活动课程	科学精神	理性思维	本课程通过“科技小设想、科技小论文、科技小制作、科技小发明”活动，引领学生充分体验科技活动的过程，感受活动带来的快乐，提高动手动脑能力，逐步引领学生接近科学、走进科学，培养和提高学生的科学素养、创新精神和实践能力。
		批判质疑	
		勇于探究	
	实践创新	问题解决	
		技术运用	
读书养心课程	人文底蕴	人文积淀	本课程结合德育目标，进行主题阅读，从多种报纸、名著中精选出既能扣住教育目标，又具极强感染力、可读性强、能深深吸引学生的优秀作品，进行阅读推荐、兴趣选读及师生共读，并进行相应的亲子阅读及实践活动，在真切的德育活动情境中对学生进行文化传承、品质培养、意志锤炼，最终形成了别具特色的学校课程。
		人文情怀	
		审美情趣	
	学会学习	信息意识	
	健康生活	健全人格	
班级文化建设课程	人文底蕴	人文底蕴	本课程从实践的层面积极探索班级文化建设，构建新型的班级管理模式，以“班级文化大赛”和班级常规管理评比为抓手，形成生动、活泼、富有人文气息的班级文化氛围，把教育思想渗透于整个文化环境，充分发挥班级文化的育人功能，使学生在良好的班级文化氛围中健康成长。

附：重庆一中“提升自觉力”德育课程实施框架图

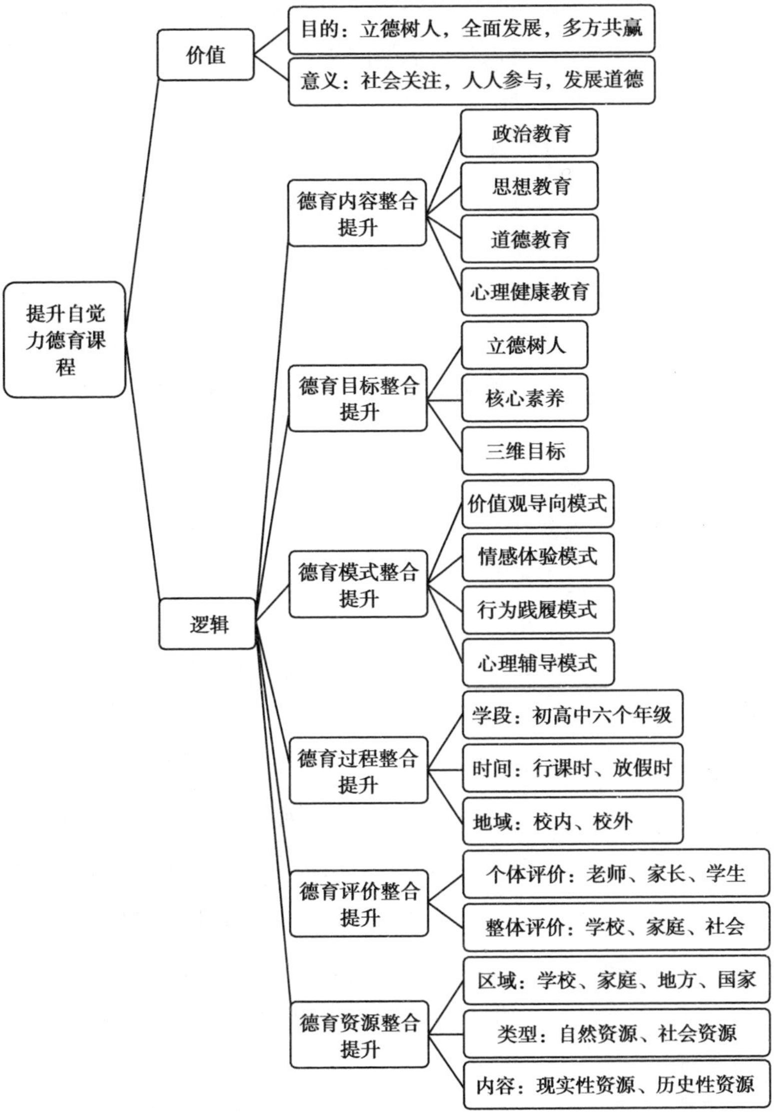

（二）重庆一中多元校本课程

当前，新课程改革已经进行纵深阶段，重庆一中以“尊重自由，激发自觉”办学理念为指导，旨在促进每一个学生全面、健康、可持续发展，而校本选修课程的开发和实施，提供更多可供学生选择的学习领域，是促进学生发展最有效的途径之一。

1. 以提升教师课程开发能力为先导

学校分批次组织骨干教师到江苏、上海、浙江、山东等课改先行实验区进行了实地考察，了解了很多学校课程开发方面的经验，返校做相关交流。在每个学年暑假即开展校本选修课课程开发的专业培训，在课程实施过程中，学校还通过各种方式加强课程的管理，完善教师课程的整体开发能力。通过多年的培训和管理，重庆一中大部分教师都具备了较完备、规范的课程开发能力，为学校实施课程改革提供了最重要的资源。

2. 以完善学生自主选课平台为基础

重庆一中通过软件开发，自主研发了选课与排课系统。选课系统为学生提供网上选课的平台。通过这个平台，学生可以利用网络进行实时选课培训和指导，并实现全年级学生高效、准确地进行选课操作，为后继的排课、课程管理、学分管理等提供有效数据。排课系统则为教学管理部门设计、编排大量不同的课程提供了方便与可能。

3. 以建设课程专用功能教室为支撑

为配合新课程的实施，学校投入资金近千万元，在重庆率先建设了高标准的通用技术课程专用教室、数理化数字实验室和新课程活动中心等课程专用功能教师，包括美术、陶艺、文学、语言、历史、地理、政治、心理咨询、缝纫、烹饪、汽车模拟、茶艺等；再加上之前有的生物园、天文台、机器人教室、广播站、舞蹈室、音乐室等专用活动场所，为学生的学习、活动提供了十分丰富的场地，为新课程的开展搭建了非常好的平台。

4. 以丰富课程选题模块内容为重心

重庆一中制订了《重庆一中校本课程开发方案》，建立和完善了校本课程体系。学校现已开发校本课程 200 多门，并出版了 30 多本校本教材。我们总结并逐步完善了综合实践活动常态化课程结构，创设了创新的“三・三模式”：三大课题即人与自然、人与社会、人与自我三大课题；三种课堂即班级小课堂、学校中课堂、社会大课堂；三个平台即讲台、展台、舞台三部分。其中，重庆一中探究性科技活动课程始于 20 世纪 50 年代，具有悠久的传统。教育部相关部门将重庆一中科技“四小活动”模式研究性学习四大模式之一在全国推广。

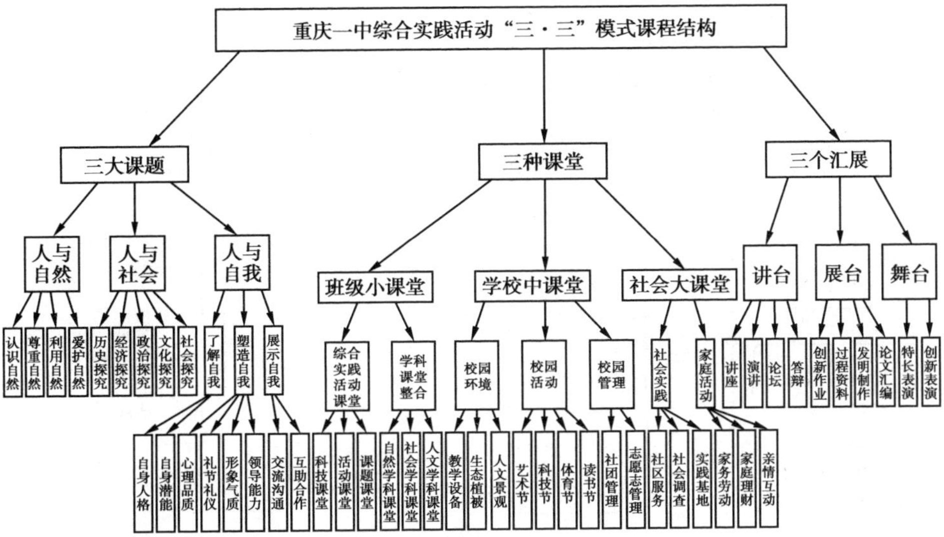

5. 以强化课程走班管理制度为保障

重庆一中校本选修课程实行走班制，让学生能够自主选择自己感兴趣的学习领域和特色课程。课程内容纳入课表安排，每周二下午确保两个课时，学生分班进入课程活动中心；学校制定了完善的走班管理制度，确保每个学生在确定的场所进行学习，确保了学习的效果和课程的有序运行。

6. 以创新课程评价方式方法为突破

我们认为，校本课程评价方式应该从过去以传授知识为主的课程评价功能，转向人的发展。校本课程评价方式应让评价为学生的发展服务，而不是学生的发展为评价服务，必须采取多元化、多样化、综合化的评价策略。

重庆一中校本选修课程最有特色的是展示性评价。我们在实施过程中，通过师生合作、自主探究等方式，为学生搭建自我发现、自我展示的平台，真正体现学生的主体价值。教学阶段结束后，学校或年级也将开展多种形式的展示活动，促进了学生综合素质的发展，有力地推动了学校的素质教育。

附：

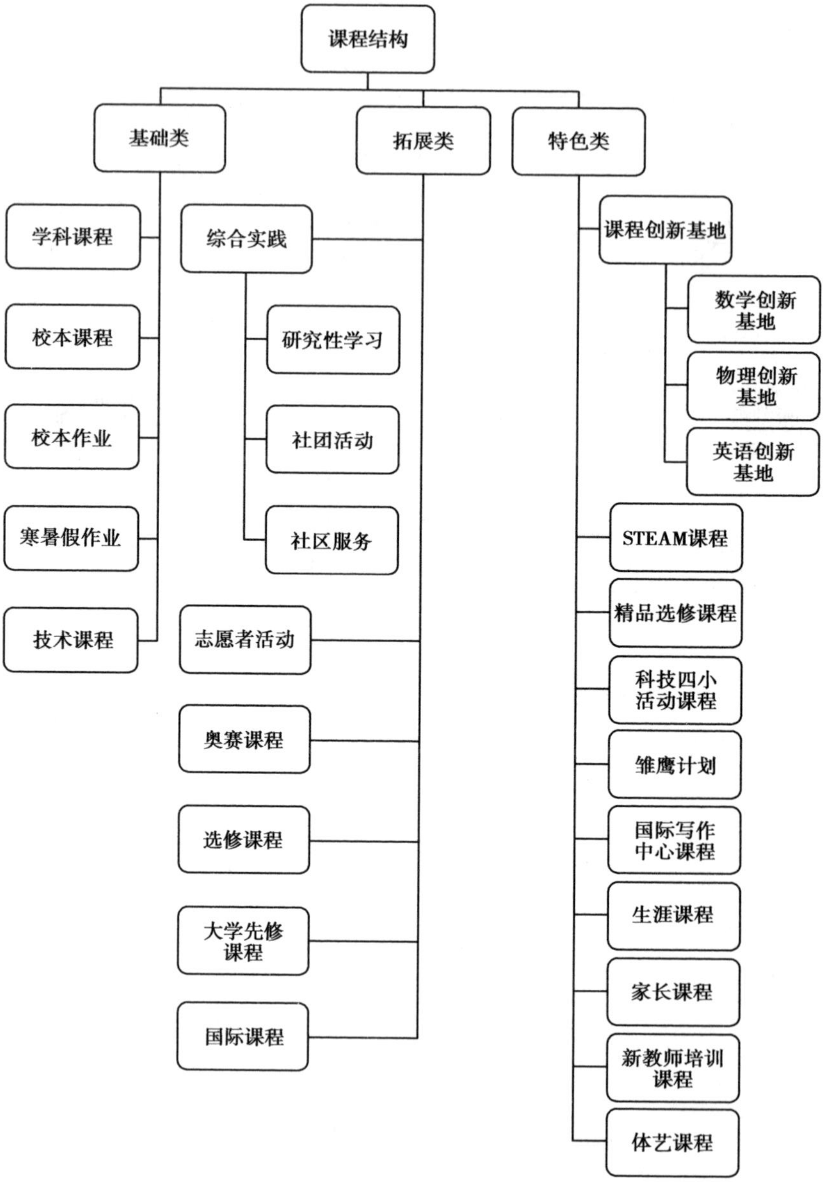
课程结构
基础类
拓展类
特色类
学科课程
校本课程
校本作业
寒暑假作业
技术课程
综合实践
研究性学习
社团活动
社区服务
志愿者活动
奥赛课程
选修课程
大学先修课程
国际课程
课程创新基地
数学创新基地
物理创新基地
英语创新基地
STEAM课程
精品选修课程
科技四小活动课程
雏鹰计划
国际写作中心课程
生涯课程
家长课程
新教师培训课程
体艺课程

（三）重庆一中多样化家长课程

在深入实施课程改革的过程中，重庆一中锐意进取，积极探索，在课程改革已经取得一系列突破性进展的基础上，着眼于学生的全面发展和教育资源的整合优化，近年来着力系统地开发建设家长课程，家长课程作为一项课改创新尝试，产生了良好的效果和巨大的社会反响。《中国教育报》、《重庆晨报》、《重庆商报》、重庆电视台、华龙网等知名媒体纷纷追踪报道，向全国教育界推介这令学生“心仪”的“家长课程”。家长选修课成为我市课程改革的一个新亮点。

1. 实施：系统性构思—常规性开设—课程化建构

重庆一中家长课程并非只是简单的家长进课堂的临时活动，而是经过了精心组织，进行了系统化建构的较为完善的课程体系，主要体现在以下几个方面：

（1）系统性构思

父母是孩子的第一位老师，父母的一言一行对孩子的影响是最大的，家长教育的成功与否，直接影响孩子的未来。但是家长教育和学校教育是两种不同的教育。学校教育主要侧重于学习知识和培养能力，而家长教育主要是对孩子的人格和品质进行塑造。有些父母虽然文化程度不高，但对子女的教育却很成功；而有些家长虽然学历很高，但对子女的教育却并不成功。家长教育是否成功的关键在于教育的方法是否得当，而不是在于教会孩子多少文化知识。

家长选修课程是指学生在学校里，可以按照一定规则自由地选择学习的课程种类，并且由家长担任教师进行授课的课程。家长课程是致力于“个性发展”的课程，突出基础性、新颖性、实用性和独创性的结合。家长课程也不是学校必修课程的附庸或陪衬。家长课程有标准的要求，不是随意的、散漫的学习，而是有共同标准的评估保证的学习。我们在家长选修课开设之前，经过了较长时间的筹备，让各个班的学生家长自行申报课程，共收到了200多个主题新颖、设计精良的家长课程课题，部分学生还组成了“学生助教团”。但并非所有课程都可以进入课堂达到我们的标准：第一，家长提供的课程内容要新颖丰富，是学生在学校接触不到的，要和学校自身开设课程形成差异互补的；第二，必须要有趣味性，学生要感到新奇；第三，家长的口才要好，曾经有过讲课经历的优先。经过反复筛选，最终选出了22门课程作为第一期家长选修课程。

（2）常规化开设

学校在课程选题和授课教师（家长）确定后，统一排出课表，为学生开放了选课平台。学校规定每门课程最多只有 60 个名额，满额后便不能再选择。家长课程实行“学生选课走班上课制”，每周一、周四下午，其中一节选修课由家长授课。每位家长教师上两个课时，每课时 40 分钟。

（3）课程化建构

学校按照“三·三课程结构”，充分体现“人与自然”“人与社会”“人与自我”的组合建构。这种建构体现在对课程的归类和整合上。首期 22 门课程有“小课桌，大奥妙——课桌的目视化管理”“快乐有极限、危险无边缘”“花朵上的艺术”“变形记之塑造自我”“印象建筑”“孝感天地”等，其内容涵盖艺术、礼仪、交通、孝道、建筑设计等，已经形成了初步的内容模块。同时，将家长课程纳入学校课程体系，率先建构以“家长课程、社会课程、教师课程、学生课程、国际课程”为分支的创新课程模式。

2. 成效：有效地推动了课程改革的深入发展

（1）创新课程形式

重庆一中的教育以适合学生需求为中心，让家长与学生在学校的讲台上，面对面地学习和交流，改变了传统的教学形式，打造家校课堂，让学生更加愉悦地接受知识、参与实践。来自不同工作岗位的家长老师，拥有不同的专业知识、兴趣、爱好，他们为孩子们带来了更加丰富的知识，更加开阔的视野，更加真实生动的社会生活。

（2）开发资源宝库

不同的学生家长具有不同的性格、气质、行为及文化背景等，是很好的教育资源。家长群体中蕴含着无穷无尽的教育智慧、教育思路、教育实践内容，是一个能量巨大的资源宝库。利用家长老师的特长和资源开设选修课程，不仅丰富了学校的课程内容，弥补了学校教育资源的不足，还将丰富的大千世界与社会人生引入了学校和课堂。家长们深入浅出、通俗易懂的专业介绍和示范，使学生耳目一新，激发出更大的探究兴趣。重庆一中的做法，正是挖掘和利用生活中丰富的、鲜活的课程资源，充分依靠、积极开发各种课程因素，为建设地方课程、校本课程服务。

（3）形成教育合力

教育管理学认为，学校管理中增加家长的管理与授课，协调学生成长的各方面力量，形成教育合力，使家长与教师密切配合，能够增强家长在学校管理中的责任感，共同助力学生健康成长。现代社会，很多家长因为工作忙，或者对孩子只注重养育而忽视教育，出现家庭教育与学校教育不一致。重庆一中家长选修课的开设，使家长不再是教育的旁观者，家长与教师不再是教育与被教育的关系，而是平等的合作关系，加强了家长、教师间的协调关系，使家长成为学校教育的合作伙伴与亲身参与者。

（4）促进四个和谐

①促进亲子和谐。家长进课堂可以直接帮助家长了解孩子的身心发展规律，帮助家长找到科学、实用、有效的教育方法，增进与子女的关系。

②促进师生和谐。帮助学校就是帮助家长，帮助家长就是帮助自己。通过家长的授课，家长可以提高自身素质，协助老师做好育人工作。

③促进家校和谐。家长课堂能够帮助家长了解教育、了解学校，从而理解学校、理解老师，更好地促进学校的发展，为教育教学工作奠定良好的基础。

④促进社会和谐。家庭是社会的细胞，只有家庭和谐才有社会和谐。学校教育是社会进步与家庭和谐的助推器。

3. 展望：大数据时代和“互联网 +”的家长课程构想

重庆一中未来的家长课程还将突破教室的局限，走出学校，走向社会。我们现在已经为学生开辟了 8 个类别 28 个校外课程资源基地，学校组织学生跟随家长老师一起去田间地头、工厂车间、展览馆、博物馆……走进大自然，走进社会，更加快乐地学习！

我们要建立家长课程教学专题网站，发展家长课程视频资料和微课资源，让更多的人畅享信息时代的教育改革。在家长课程课后形成各种思考型、动手操作型的课后作业，让学生以学习小组的形式讨论、探究，并形成书面报告、视频记录、小制作、小发明、小论文、小设想等各种形式的作业反馈。挑选优秀的作业在家长课程教学专题网站展出。学校建立微博、微信平台，学生可以点击最喜欢的“家长课程”，打造“家长”明星。

家长课程是一个新事物，需要在教育实践中不断完善和发展。我们相信，在全校师生共同努力、全体家长密切配合下，重庆一中一定能将家长课程打造成为重庆市课改先进学校的一张精品闪亮的名片。

二、课堂教学主阵地

课堂教学是一个复杂的系统，长期以来，对课堂教学的研究侧重于“教”作为着力点，而比较忽略学生“学”的角度，忽视课堂中的学习状态，学生的学习成效直接关乎课堂实际教学的成效与结果，只有好的课堂学习与课堂教学形成准确对接，才能实现课堂教学效益的最大化。据此，我们提出了课堂学习的“六个为主”：知识掌握，以构建联系为主；思维训练，以提出问题为主；过程体验，以实践经历为主；方法运用，以养成习惯为主；情感升华，以对话文本为主；价值取向，以关注生命为主。

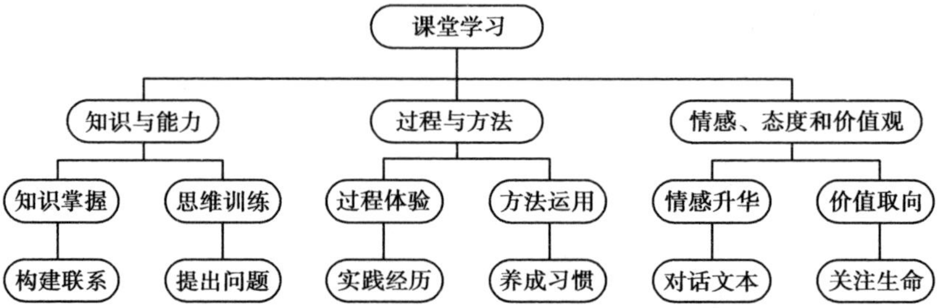

（一）重庆一中课堂教学风格、教学方法、教学模式的百花齐放

课堂教学改革，实质在于如何改变学生学习活动方式；而在内容确定性较好的情况下，课堂教学的有效性很大程度上取决于教学策略尤其是教学方式的选择，所以，有“课改，首先在于改课”的提法。课堂教学改革落实到教师层面，需强调教育理念的先行和行为方式的积极跟进。为此，经过较长时间的分析论证，并结合已有的经验，学校提出了“贯彻激活理念，践行六个为主”的课堂教学主张。

教学激活就是一种唤醒，是一种积极的调动和有效的调控，包括对人的兴趣、情绪、意识、思维以及知识、环境、关系等的唤醒、调动和调控。其中，“激”是一种教学手段和方法，即激发、激励、激疑、激趣、激动等；“活”是一种教学状态和结果，即活跃、活动、灵活等。所以，激活既是一种教育方式，也是一种教育目的，教学激活的旨归就是实现课堂教学价值最大化。

真正好的课堂教学应该是处于有效激活状态和激活过程中的课堂教学，应该是符合并遵循新课程基本理念和实践要求的课堂教学：应体现“知识和能力”“过程与方法”“情感、态度和价值观”的“三维”教学目标观，立足于人的素质的

全面提升；体现开放、生成的新知识观和课堂教学观；体现关注过程、尊重差异的课堂教学评价观。

具体到课堂教学过程，力求充分体现“六个为主”：目标引领，以学案导学为主；问题来源，以学生经验为主；教学启发，以发展思维为主；课堂互动，以生生交流为主；实做演练，以校本作业为主；课堂效益，以过程评价为主。

1. 尝试课堂建模，丰富学科课型

学校借助每学期进行的优质课大赛和“卓越课堂开放展示活动”，以“深化课堂教学改革，构建学科教学模型，提高课堂教学质量”为主题，在教研组、备课组的集体研究基础上，鼓励青年教师充分展示出鲜明的个性，构建符合学科特色的课堂教学模型，进而逐步形成了学科课型。

（1）课堂模式的基本要求

- 遵循“先学后教，当堂达标，内容聚焦，思维主导”“十六字”原则；
- 教师的价值定位为定向、纠偏、点评、总结和释难；
- 适合于相应学段、学科和课型，不可一刀切。

（2）课堂操作的基本要求

- 落实“三主”——学为主体、教为主导、“练”为主线；
- 鼓励“三动”——动脑、动口、动手；
- 追求“三会”——学会、会学、会用；
- 发展“三维”——认知、技能、情感。

2. 课堂教学的基本环节

- 引课示标：导入要体现“新、趣、活、洁”，学习目标要真实、科学、明了。
- 自学指导：在教师的指导下按照提纲进行自主学习。
- 合作探究：对学生的学习情况进行反馈，针对教学环节中的紧要处进行师生互助、生生互动。
- 展示交互：小组合作展示，教师把握好切入点，讲在当讲处，讲在点子上，导在引发时，特别是关注学生的思维状态；力求过程中的师生交互。
- 自主测评：精选检测题，呈现形式可灵活多样，学生快速解答，小组内快速批阅；教师作选择性的评价。
- 拓展延伸：夯实基础，强化能力，设置选择空间，包括基础强化、知识拓宽、问题探究等，达到举一反三、提高能力的目的。

需要注意的是，以上基本环节可根据学段、学生、学科和课型特点进行删减和调整，包括环节顺序、合作形式和讲授时间等，不宜一刀切。

3. 课堂教学模型举例

● 生物“问题教学式”实验课模型

提出问题（根据教学任务）——作出假设（在学生讨论基础上，总结出几个假设）——设计实验（学生分组根据自己的假设，讨论实验方案）——操作实验（根据实验方案，动手操作）——观察现象（仔细观察并记录实验现象）——得出结论（根据实验现象，判断假设是否正确，从而得出结论）。

● 历史“三段五步”结构

五步：

①课堂导入与课标解读

↓

②情境式、学案式等梳理知识结构

↓

③探究、解析重难点问题，重材料分析

↓

④联系社会现实、生活场景感悟、升华

↓

⑤课堂小结、小测及课后延伸探究

（②—④：三段）

● 地理学科“引导发现式”模型

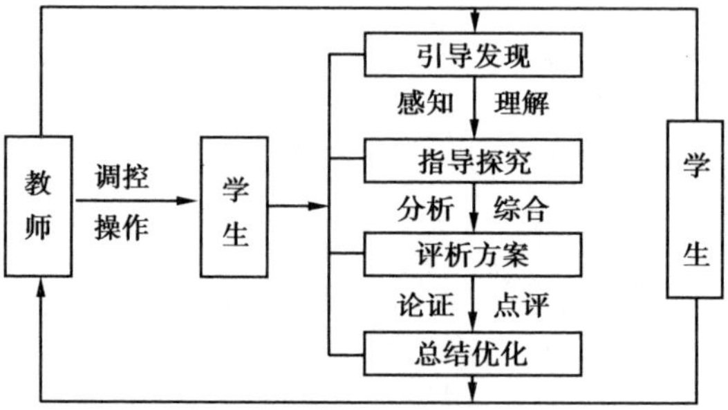

为有力推动课堂教学方式的变革，探索学科教学的有效途径，学校在教科室、教务处和督导室等部门的合作下，开展了丰富多样的教学活动，如尝试课、汇报课、探究课、邀请课、青年教师优质课大赛等，并在相关赛课中规范课堂教学评价，植入新课程的相关理念。

附：重庆一中课堂教学评价量表

评价维度	评价指标	指 标 解 读	权重	得分
底线（60 分）	学情状况	1. 准确：及时了解学情，准确把握学情	5	
	教学内容	2. 科学：目标定位准确，符合课程新理念；内容选择适宜，具有科学真价值；问题设计合理，契合学生前经验	20	
	教学流程	3. 清晰：环节简明，重难清楚，结构完整	10	
	教学检测	4. 到位：及时演练，知识落实，能够迁移	10	
	教学技术	5. 常规：教态自然，表达流畅，关系融洽 6. 方法：教学策略恰当，现代技术适宜，师生互动充分	15	
高标（40 分）	教学生成	7. 生成：互动中随机生成新问题，师生共同呵护包容 8. 机智：善于根据课堂教学实情，调控处理机智灵活	15	
	教学创新	9. 创新：教材挖掘有新意，过程设计有创见，教学方法有创意，思维引导有深度	15	
	教学风格	10. 个性：鲜明突出，有学科气质 11. 技艺：精湛熟练，有发展潜质	10	
附加（20 分）	课堂建模	12. 展示：常模呈现过程清晰，与样本相符 13. 推广：常模具有推广价值，与学科相符	20	
总分			签名	

（二）重庆一中不拘一格的教学评价——追求多元评价，促进全面发展

习近平总书记十九大报告在有关教育的论述中，“立德树人”“发展素质教育”“德智体全面发展”等关键词，都充分地展示了教育回归本质的旨向。无论在过去，还是在未来的发展中，人永远是第一位的，因此教育必须遵循人的成长规律，教育最理想的生态，也就是尊重每一个学生创造文化的自由，激发每一个人创造文化的自觉。学校本质上应该是一个到处充满生长机缘的“场”，人在其中，自由呼吸、自由生长。一所理想的学校就应该是“各美其美，美人之美，美美与共，天下大同”的境界与格局。

要实现这样的教育理想，形成这样的风气，教育必须进行全方位的改革，而其中教育评价的改革是其中最重要、最核心也最艰难的一部分。事实上，当前教育在推动教育评价改革的路上也正在迈出实质性的步伐，单一的分数甚至奥赛成绩不再是升学的唯一途径，也不再是优秀学生的唯一衡量尺码。评价的多元性已经成为社会要求，综合素质评价就必须加大步伐。

1. 学生综合素质评价

早在 1931 年建校时，重庆一中的学则就将“发展青年个性、适应社会需要授以必要知识及生活技能，以养成社会上优良健全之分子为宗旨”。可见，重庆一中早在 20 世纪 30 年代，就已经具有了初步体现综合素质为指向的培养目标和课程体系。

根据相关文件的基本要求，学校制定了《重庆一中综合素质评价实施方案》，从道德品质与公民素养、学习与创新能力、交流与合作能力、运动与健康、审美与表现五个方面对学生进行评价。近年来，我们结合综合素质评价，对学校教育教学进行了一系列的探索和改革，使综合素质评价变得丰富多元。

（1）以成长档案袋为基础，开展综合素质评价

我们指导学生建立成长记录袋，成长记录袋记录内容丰富，包括学业成绩、研究性学习、社区服务、社会实践、个人成果、个人体验、他人评价等内容。由学生自己收集和保存日常学习和生活中具有典型意义和个性特色的重要实证性材料，自行担任收集、记录、提炼、呈现的工作，在此基础上形成个人的写实性自我描述，从而让学生全面认识自己、规划自我人生、实现自我教育。成长记录袋最好地体现了学习和成长的真实性和过程性，并充分体现了学生个性发展的需求，彰显综合素质评价的真实性与个性化主旨，既能发挥评价的甄别功能，又能发挥评价的改进和激励作用，是我们实施综合素质评价的基本方法和形式。

（2）将生涯规划纳入综合素质评价的内容

重庆一中是重庆市最早进行系统生涯规划指导教师规模化集中培训与学生规模化开设选修课程的学校。学校请医生进校举办急救知识讲座，让学生体验医生职业；在学校开设校园记者课程，让学生体验记者职业；在学校让学生参与园艺修剪、厨房做菜、校服设计等具体活动，亲身体验、感受职业的特点；学校还在假期让学生走进机关社区企事业单位，参加各行各业的职业体验活动。学校将生涯规划的相关要求与能力目标纳入综合素质评价中，使其与其他能力相融合，发挥更大的育人效能。

（3）在丰富多彩的社会实践中提升学生的综合素质

综合素质评价既要关注结果，同时也要注重学生参与公益活动、志愿服务、社会实践、科学探究与社团活动的过程。重庆一中高度重视学生的社会实践活动，从开学的学生军事训练，到参加学军、学农活动，到假期的社会实践活动与社区

活动，再到29个社会实践基地的实践活动，都进入了学生的成长档案，成为评价学生能力素质的一个重要载体，引导学生不断提升反思意识、参与意识、合作意识、责任意识，充分发挥自身的个性特长，进而实现全面而富有个性的发展。

（4）将学生心理普查结果纳入综合素质评价

世界卫生组织提出，健康不仅要躯体没有疾病，还要具备心理健康、社会适应良好和有道德。在当前时代，心理健康是一个人健康的重要标准，我们高度重视学生的心理健康。所有学生进校后，重庆一中心理健康中心就着手对全校所有学生进行心理普查，被纳入学校管理数据库，并通过心理咨询，为学生建立心理档案，这也是学生综合素质评价的一项重要内容。

（5）以展示性评价活动丰富学生综合素质评价

美国教育评价专家艾斯纳指出："在评定的新方式中，学生将不仅有机会对所学的东西构建他们自己的反应方式，他们也将有机会选择公布他们所学知识的方式。"综合素质评价恰恰为每一个学生选择自己喜好的表现方式提供了条件。近年来，重庆一中积极探索展示型评价，如研究性学习的现场展示、科技创新成果的橱窗展示、学生艺术能力的舞台展示、班级文化建设的集中展示，甚至优秀作业展示、优秀假期社会实践展示等，创造情境和条件让学生在彼此欣赏和体验中保护个性、提升能力，在相互研讨和帮助中促进个性发展。这些探索得到了学生、家长和社会的广泛认可，成为学校近年来办学的一大亮点和特色。

（6）探索以综合素质评价为基础的评优改革

有学者认为，综合素质评价应该是一种记优评价，凸显个体的特长与优势，这对于发挥评价的正向导向功能有着积极的意义。重庆一中近年来积极探索评优改革，在原有的三好学生、优秀学生等基础上，丰富了评优方式，评选出"读书榜样""孝心榜样""友爱榜样""公务榜样""演讲榜样""锻炼榜样"等优秀模范，让他们引领学校学生多元的发展方向，取得了良好的效果。

（7）注重对学生的未来作跟踪调查

综合素质评价不是一种静态的、结果式的评价，它是一种发展性的面向未来的评价体系。近年来，重庆一中注重收集已经毕业的学生的情况，了解他们在大学、社会上的发展情况，及时总结和归纳人才培养的得失，从而进一步丰富和完善了综合素质评价体系。在重庆一中有着500多年历史的项家书院里，我们开辟了重庆一中毕业的校友——著名翻译家杨武能、世界围棋冠军古力等陈列馆，展现优秀校友的事迹。

（8）收集学校的教育故事

最鲜活的教育现象存在于最真实的教育实例中。重庆一中有意识地收集学校老师、学生，乃至校工的教育故事，及时提炼这些故事给予的启迪与反思，不断提取其教育价值，优化、完善和补充综合素质评价的标准和方式。

素质虽然客观存在，但并不是轻易可以量化和测评的。因为人本身的复杂，静态的量化评价并不能真正科学有效地理解。也正是如此，人们谈综合素养这一概念时，其实其内涵是模糊的。做一个成长档案袋，讲几个故事、列几项成绩是难以评价其综合素质的。加之评价者也难以摆脱其主观性，这也导致综合素质评价难以真正做到客观和公正。一言以蔽之，综合素质评价体系的构建恐怕是一个世界难题，重庆一中只是走在探索的路上。

古希腊哲人亚里士多德断言："人是天生的政治动物。"这说明人是不能只靠其自我而发展的，必须要有管理，要有制度，要有文化。在综合素质评价尚很艰难的教育现实面前，一所学校做好自己的校园文化建设，形成自己的校园文明，以期"各美其美，美人之美，美美与共，天下大同"的境界与格局，应是当务之急。

2. 教师教育教学评价

新课程改革需要有效的教师管理评价作支撑。在备课、上课、听课等常规管理及评价方面，学校拟定了《重庆一中备课组管理办法》《重庆一中听课制度》等，对备课组工作，干部、教研组长、年级组长、教师等听课及检查做了明确规定；学校拟定了《重庆一中"一帮一"师徒结对制度》，对指导与被指导教师做出责权利三方面的规定；对进校三年的年轻教师，学校实施了一年一主题的评价要求；对第一年教毕业班的教师，从考试分析、出题、试题评析、复习程序等方面进行要求；对已经取得重庆市骨干教师称号，甚至是特级教师、研究员的教师，学校实施了"名师工程计划"，在促进他们进一步成长的同时发挥其骨干带头作用。学校通过不定期的分校区的教育教学视导方式，对教师进行师德督查和业务指导。

教师教育教学评价实施多元评价，包括自我评价、教研组评价、学生评教和家长评教相结合。其中学生学情调查，期中、期末各进行一次，涉及教师的师德素质、教育教学的责任感、教育教学水平等方面，由每班学生以无记名方式进行，包括学生座谈会、填写调查问卷等。学生依据教师的表现选择性填写，然后交由学校有关部门统计。信息以保密的方式反馈给教师本人、校级干部、教务教科主任和教研组长做整体把握，并作为评优、晋级和教育教学人事安排等事宜的重要依据。

三、课题研究生态园

（一）专业化自觉发展的教育教学科研

针对新课程的实施，学校以科研为先导，以课题为载体，以转化为目标，有侧重、有选择地开展研究，突出了课题的引领作用，助推了教学改革。

1. 课堂教学激活策略的实践研究

该课题紧紧抓住课堂教学这一核心问题，从理论到实践、从观念到行动、从校内到校外，解决了一些当前与教学相关的较为突出的问题，包括教学观念、教学行为和教师发展等。

（1）沙龙研讨，促进教学观念的转变

新课改推行数年，理念的植入和行为的转化在教师层面特别是重点中学教师身上体现尚不够彻底，对于很多老师而言，讲得精彩、考得有效依然成为他们固守传统的理由。当缺少自上而下的行政推动的情况下，改变教师观念更多地依托于带有民主、平等又不乏碰撞的团体力量。基于此，我们的研究采用了大量的沙龙形式，经过数十次的交流与研讨，教师的自我反思力和自我调节力得到了有效的激活，课堂教学激活理念在很多教师的意识中得到了很好的培育和强化。

（2）教学实践，促进教学行为的转变

从常态课到探索课，再到研究课，最后回到常态课。从学科内到学科间，从听课到反思、反馈、探讨、提炼，再尝试、定型，涉及上课老师数十名，研究课例上 100 节，最终总结出了问题情境、有效对话、联比思维、活动教学等基本激活策略 4 种，学科策略数十种。如数学“变式互动法”“问题互动法”“归纳互动法”激活策略，英语 ESA 激活策略，政治“道德两难讨论”“活动体验”激活策略，物理“类比激活”“问题驱动”策略等。

学校还利用优质课等契机，按照教学激活的基本理念，创造性地拟定了课堂教学评价量表：守住底线、追求高标。守住底线，这是基本的规定动作，立足于解决学科的基本问题，突出科学性，即清晰的、逻辑的、系统的，通俗一点说，就是要教得清楚，学得明白；追求高标，这是个体的自选动作，突出艺术性，即个性的、自由的、创造的、生成的、审美的；简单地说，就是导得艺术，动得有效。此外，学校还努力调动教研组的积极性，在各自组内进行学科课堂教学建模，使课堂教学有型，有路径，符合学科特质和思维规律。

（3）教师研修，促进教师的专业发展

借助课题研究，我们利用外出学习、专家引领和编辑杂志带动教师提升教学研究意识和水平。四年来，学校教师外出学习800余人次，开办专家讲座十余次，编辑《教育教学》杂志十余期，外派教师到帮扶学校，如秀山高级实验中学、万州江南中学等数十人次，有效地促进了教师专业发展。

2.“六个为主”的有效课堂教学的实践研究

课堂教学又是课程改革的核心问题，是学校实施素质教育培养人才的主渠道，是体现师生主导和主体地位的主战场。新课程改革背景下，课堂教学策略与方法的选择上更关注学生的主动参与，让学生在观察、操作、讨论、质疑、探究中，建立和形成发挥学生主体性的多样化的学习方式，在情感的体验中学习知识、完善人格。前一个课题“课堂教学激活策略的实践研究”中，我们抛出了“教学激活”这一概念，并提出效益化的课堂教学应该是处于有效激活状态和激活过程中的课堂教学，从理论到实践都有一些初步的探索；现在如何将“激活”理念进一步深化下去，真正落实到课堂教学的各个环节中，这需要继续研究。本课题是“激活”课题研究的延续。

“六个”为主中，目标引领，以学案导学为主，是课堂教学的起始点；问题来源，以学生经验为主，是教学行为的逻辑起点，也是每一个教学细节的起始点；教学启发、以发展思维为主和课堂互动、以生生交流为主，是教学过程的侧重点；实做演练、以校本作业为主和课堂效益、以过程评价为主，是课堂教学的落脚点。从而构成了一个起始、过程和结果的完整结构。

为营造学校学术氛围，促进教师的专业发展，进而有效地推进新课程改革，学校传承并固化了学术年会这一活动。该活动每年暑假前布置，当年12月召开；每年围绕新课程改革确定相关主题，意在引导教师教育教学思考有所聚焦；要求35岁以下青年教师必须撰写论文，杜绝抄袭；聘请校外专家或校内老师进行论文评审，将奖次折算成分数，统计入教研组序列，最后根据总得分与总人数的比值评出团队奖。此外，学术年会还对年度教师的成果统计与奖励（包括发表论文、出版著述和各级奖励荣誉等）进行统计，并按不同标准进行一次性物质奖励。

（二）师生个性绽放的课题研究

1. 重庆一中教师校内课题研究

为了全面贯彻落实国家的教育方针，全面实施素质教育，促进学校教改科研工作，实现“以科研树名校，以创新促发展，以改革增效益”的办学目标，重庆一中特制定了《重庆一中校内课题管理暂行办法》《重庆一中教研项目招投标办法》等。

①由学校教科室组织向有关部门申报市级和国家级课题，并围绕学校总课题形成校内子课题，由年级组、教研组和教师个人向教科室申报，也可跨组别由多人合作申报子课题。课题申报必须注明第一负责人。

②学校教科室根据教育教学改革与发展需要，每学年提出课题研究指南，供全校教师选择、申报，学校择优立项，也可以不受指南限制，本着对学校教育改革和发展具有理论与实践意义，对全面提高教育教学质量有积极作用的原则，各年级组、教研组和教师个人确定研究项目。

③课题申报每年受理一次，申报人应按规定认真填写课题申请书，并上交课题研究方案（一式三份），经审批后立项。

④由教科室组织校内外力量成立教科研项目的专家评定小组，对招标课题进行论证评审。

⑤凡经学校批准立项的课题，必须按研究方案中提出的阶段时间表，按时向教科室提供研究过程的各种资料、物件和阶段小结。

⑥课题研究任务完成以后，研究人员向教科室申请结题，结题时应提供课题研究报告、反映研究过程的各种资料以及研究成果（包括论文、经验文章、课件及其他资料）。教科室组织校内外专家进行课题评审，发给结题证书，并记入教师个人业务档案。

⑦教科室为课题研究者提供必要课题经费（其中包括经教科室批准的资料费、外出学习经费）和研究材料。在课题结题以后，学校根据课题的级别、研究周期和推广应用价值，一次性发给课题研究经费。

⑧教科室每年通过学术年会对当年的课题研究成果作专项评比，对参研人员给予奖励。

2. 学生：重庆一中学生综合实践活动课题选题

重庆一中为学生进行专业化的课题研究不断搭建平台，营造良好的研究氛围，提供专业化的教师指导团队及课题选题指导，极大地拓展了学生的研究能力，形成了较大的社会影响力，比较有代表性的如“雏鹰计划”。

学校每年选拔一定数量且具有创造性潜质的学生进入高校、科研院所、高科技企业的重点实验室、工程技术研究中心，他们走进科技、了解科研，激发他们对科学研究的兴趣和热情；选拔对象主要是高中一年级的学生。学有余力的学生经过过渡性培训后，利用综合实践活动课程（研究性学习）时间和节假日，进入高校（科研院所、高科技企业）的重点实验室、工程（技术）研究中心，采用“两校学习、双师指导”的形式，由学生自愿选择和老师推荐相结合的方法，进行专题课题研究，形成专题研究项目。现有重庆大学等 10 所高校、输配电装备及系统安全与新技术国家重点实验室等 135 个高校实验室、18 位二级教授、280 名高校专家、500 余名大学生志愿者积极参与，构建出大学教育和中学教育有效衔接、高校专家与中学教师协同配合的青少年创新人才培养机制。高校与高中学校合作举办青少年创新人才培养基地班、活动班，开发 60 多门“先修课程”，组织学员开展专题课题研究，研究领域涵盖理学、农学等 9 个领域，形成以学生兴趣为导向，以培养创新精神和实践能力为核心、以“学员在科学家身边成长”为基本形式的创新人才培养机制。

第三节

海阔凭鱼跃，天高任鸟飞——重庆一中校园文化建设

走近项家书院，映入眼帘的是一块刻有“动乐静寿”的古匾。子曰：“知者乐水，仁者乐山；知者动，仁者静；知者乐，仁者寿。”每个人性情不同，对山水的喜爱与感悟也会有差异。然而山水虽各有千秋，但“仁义礼智信”是我们共同的追求，即使力不能及，也要心向往之。

项家书院，历久弥新，无论是莘莘学子，还是辛勤园丁，都在这片自由自觉的土壤里寻找前进的方向。校训壁“明礼崇德，求知求真”的鎏金大字，承载着重庆一中对这里每一个孩子的嘱托；四二一广场的清风和雨露，校园的每一片落叶和青瓦，都在无声地涵养、浸润这里的每一位师生，都在不断发掘、重新构筑着重庆一中生生不灭的文化脊梁。

一所学校的建筑，应该有文化的浸润；一所学校的精神，应该有文化的洗礼；一所学校的活动，应该有文化的广泛介入。

一、“尊重自由，激发自觉”的文化建构

余秋雨先生说：“文化，是一种包含精神价值和生活方式的生态共同体。它通过积累和引导，创建集体人格。”也就是说文化的最大作用就在于引导人们形成集体人格，所以它在任何一个环境中都有发现、讨论、解构和重塑的价值。无论是“随风潜入夜，润物细无声”，还是“让暴风雨来得更加猛烈些吧”，无时无刻都在提醒着文化之于人格就像是父母对待孩子，我们有义务更有责任去守护一个让学生自由发展、自觉成才的文化校园。

办学理念的最高境界，是发展成为一种育人文化。

如何真正地去了解一所中学？你可以参观其教学楼和操场，你可以浏览其悠久校史，你可以上网搜索高考成绩和媒体评价……但这些，都比不上真真正正在校园里度过三年时光的切身体验。著名网络问答社区知乎上，就有这样的一道问题："在重庆一中读书是一种怎样的体验？"浏览这些或情深隽永，或调侃逗趣的答案，看着已毕业重庆一中学子们各抒己见，热情分享着每天穿什么、吃什么、参加过什么活动、在怎样的环境里上课和住宿、身边是怎么样的教师和同学……这些娓娓道来的文字，凝结了多少美好回忆，承载了多少深厚情怀。

"在重庆一中三年，遇到好多喜欢得不得了的老师。每个老师都很有特色……有满腹经纶、满是书生味道的夫子，有总是开玩笑的老师，有让人看到就想笑的老师，还有脾气超级好，我们有问题就直接和他拍桌子吵架的老师！

喜欢重庆一中三年学习生涯，不单单是为高考奋斗的埋首学习，还有温暖的友情师生情。"

——任性

"有山有水，迎霞湖还是嘿美丽的，特别是夏天有莲叶的时候（虽然有很多癞蛤蟆）。广场的大草坪也经常被我们躺在上面蹂躏。一进大门就是一条笔直的林荫大道，然后是一个小花园，里面有长椅……综合楼边边儿的银杏树落叶子的时候太美了。校园里面还有很多榕树，夏天的时候洒下阴凉，各种惬意，还有很多桂花树，十月飘香，十二月的时候呢当然就是蜡梅啦。"

——匿名

人的灵魂生长得益于一次又一次的教育机缘。倘若一所学校的教育机缘单一，不能形成一个良好的文化生态场，则难以成就更多的自觉者，从而扼杀很多学生的天性。同样，过于僵化和束缚的方式，也不利于师资队伍整体的发展。如果以单一纯粹的教学成绩作为衡量教师发展的标准，就限制了教师的发展。一所好的学校好比大地，大地为每一株草每一朵花，也为所有的鸟兽虫鱼提供生长的机缘，厚德载物，所以大地葳蕤，学校也当如此。

每一名学生都是一棵长满可能的树，当教育者千方百计设计好一个个实践活动，成就自觉者也就成为自然而然的事情。多年来，重庆一中把办学理念融合于教育实践中，致力于多元而丰富的文化生态场的构建。

二、重庆一中校训文化的传承与发展

在90年悠久历史积淀和丰厚的人文底蕴中，重庆一中形成了“明礼崇德、求知求真”的校训。重庆一中的命运总是与国家民族的命运血肉相连，这在最初的“明礼崇德，力学知耻”校训中就得到了体现。

“明礼”，简单地说就是知礼、守礼。儒家经典《曲礼》云：“道德仁义，非礼不成；教训正俗，非礼不备……是以君子恭敬、撙节、退让以明礼。”明礼，是对师生行为规范的最基本要求。“崇德”，出自《论语·颜渊》：“主忠信，徙义，崇德也。”其主张人要推崇高尚的品格，是为人之本，是对中华民族优秀道德文化的传承。“力学知耻”，即“努力学习，勿忘国耻”，则是出自当时学校师生的呐喊。

改革开放时期，为了响应国家“尊重知识、尊重人才”的方针政策，学校决定以“求知求真”替代老校训。“求知”，是要谦虚好学，勤奋努力；“求真”，就是探索真理，不唯上，不唯书，只唯实，倡导求是创新的精神。“求知求真”，体现了时代赋予广大青年的使命。

“明礼崇德”，注重的是“为人”；“求知求真”，注重的是“为学”。只有将新老校训合二为一，才能更全面地阐释学校的办学理念，既尊重传统，又与时俱进。

虽然在岁月的长河中，重庆一中曾几度被迫迁移合并，很多物质上的东西都丢失了，但校训精神却被重庆一中人重拾起来，在创新中不断传承。

三、重庆一中独具特色的校园文化活动

（一）教师文化活动剪影

在重庆一中，有着这样一个教师团队。他们学识渊博而又举止高雅，追求完美而又各施才华。在重庆一中的大家庭里，教师们言传身教，率先垂范。学校也通过读书会、教师趣味运动会、名师献课工程等活动不断凝聚人心，实现思想碰撞，打造具有重庆一中气质的优秀教师。

1. 书香一抹，邻座几人，百年书院，一夕高谈！——青年教师读书会

2018 年 1 月 17 日晚七点，重庆一中青年教师读书会在有 500 年历史的项家书院成功举行。在近三个小时的交流中，青年老师们在轻松愉悦的氛围下畅所欲言，介绍了二十余本图书，并发表了独到见解。

美术老师陈志豪从了解学生阅读的角度，推荐了冯骥才的《俗世奇人》。他谈道："读学生读的书，方能走近学生的心灵，也能以此为基础指导学生阅读。"此外，陈老师还从专业的角度推荐了深入学习美术的书目《秘密花园：一本探索奇境的手绘涂色书》和《中国山水画基础教学》。

皮燕琪老师向大家推荐了宗白华的《美学散步》及李泽厚的《美的历程》。皮老师表示，这两本美学书籍思路清晰、内容丰富，可谓中国美学经典之作，她建议老师们在阅读过程中可将"中西方美学观"对比阅读。周鹊虹主任在点评时说："美学是一把欣赏美的钥匙，是给人审美的工具，于阅读和生活，必不可少。"

语文组程昌玉老师推荐了《艺术的故事》和《开启你的高维智慧》两本书。程主任认为，她在《艺术的故事》中对艺术进行了系统性的了解，而在《开启你的高维智慧》中了解到了人在"静"的状态，可达到思维上的高维境界。她进一步阐述，众多的伟人也是在高维境界中来审视问题，这对解决平时生活中出现的问题提供了新思路。

音乐老师宋建谕分享了儿童文学作品《亲亲我的妈妈》和刘瑜的《送你一颗子弹》两本书。她动情地讲道，两本书均带入具体的生活话题，并用诙谐幽默的语言展现出来，引人深思，值得一读。

语文老师杨帆推荐了诗人余秀华的《摇摇晃晃的人间》，并现场朗诵了其中一篇诗歌《我爱你》。杨老师表示，余秀华的诗歌，有着细腻而真诚的情感。杨老师还推荐了土家野夫的《乡关何处》，她认为野夫的写作语言值得学习，书中描绘的人与人之间的情感也很打动人。

语文老师汪欣推荐了吴念真的两本散文集，分别为《这些人，那些事》《台湾念真行》，汪老师认为，书中用温柔的笔触记叙了生活小事，给人于疲惫生活中一丝丝暖意。

语文老师周鹊虹分享了辜鸿铭的《中国人的精神》，他强调，作者辜鸿铭是一位学贯中西的大学问家，值得青年教师去了解和学习，书中用充满智慧的语言解读了中国人的精神特质，能让我们更清晰地看清自我。周老师还推荐了《2013

中国短篇小说年选》，他表示，这是一本短篇小说系列汇编书籍，其中的小说质量甚高，编著者对每篇小说的介绍精准而简洁，是一个非常精致的选本，希望老师们可从小说的情节、人物的设计之中探索到生活的奥秘。

来自丰都中学的周武副校长介绍了自己最近的阅读书目，如《尽心尽力去工作》《年轻的战场》《第三只眼看教育》等。周校长还分享了丰都中学读书协会举办活动的成功经验，给读书会提供了有益的借鉴和启示。

工会副主席彭友瑞提出："我们的活动可不局限于室内和读书的固定形式，曲水流觞、琴棋书画，均为阅读，大可一起走出去，将行与思相结合。"汪欣老师也建议可以在某些节日中聚集书友，以节日为主题，举办读书分享活动。

胡南北馆长从图书馆学的角度向爱书之人建议：一是买书时定要关注出版社信息，不同出版社的书本内容，可能不尽相同；二是将阅读进行分类，既易于找寻，又能形成自己独特的阅读体系。

本次活动是重庆一中读书会的第一次活动，活动中大家对今后的活动形式提出了自己的建议。

一盏明灯照亮着项家书院的一方小屋，书友们彼此言欢，侃侃而谈，结束了这次读书活动。大家纷纷表示此次活动收获颇多，并对下一次读书活动充满了期待。

2. 文体活动，花样绽放；欢聚时刻，共赏荣光

花样入场，千人体操，趣味运动……重庆一中校庆教职工运动会纪实

2017 年 4 月 21 日，重庆一中迎来了她 86 岁生日！重庆一中大家庭的教职员工齐聚大操场，用自己的方式庆祝学校的生日！属于重庆一中人的那一份欢乐和幸福开始在空气中弥漫、升腾。上午，天空下着蒙蒙细雨，下午，温暖的阳光就按捺不住它兴奋的心情，带来了它春天的祝福！

在明媚的阳光下，在灿烂的笑靥里，重庆一中建校 86 周年校庆暨教职工运动会正式开幕！运动员分成 14 个方阵入场，每个方阵都喜气洋洋、精神抖擞。同时，又都各具特色：有的方阵祥龙腾跃、红旗招展；有的方阵律动十足、活力四射；有的方阵英姿飒爽、造型炫酷；有的方阵还表演了竹竿舞、韵律操等简洁的节目；退休老师方阵还用整齐划一的腰鼓为运动会锦上添花！阵阵掌声，阵阵欢呼，团结奋斗的重庆一中人以自己的满腔热情，为重庆一中添上无上荣光！

入场后，运动会全体运动员一起做起了"重庆一中 86 周年校庆广播体操"，这套广播体操是由学校体育组老师精心编排的。在集体做操之前，没有统一彩排，

只是各自按照视频简单学习了几十分钟。但这千余人的动作竟是如此统一！这蔚为壮观的场面，充分展示了重庆一中人精诚团结、凝聚统一、无坚不摧的精神气质！

精彩的集体体操之后，便是紧张激烈又充满欢乐的趣味运动比赛。“猪八戒背媳妇”，体格强壮的男老师背着女老师极速飞奔；“投篮接力”，一次次欢呼，随着篮球的投中而升起；“集体长绳”，秩序井然，鱼贯而过，节奏感十足；“推铁环”，欢声笑语，唤起了大家童年的记忆；“背夹球”，两个人，或是一蹦一跳、“横行霸道”，或是东奔西跑，随球“左蹿右跳”；“踢毽子”，动作轻盈，花样翻飞。一场运动会下来，老师们一个个大汗淋漓又都笑逐颜开。

正如唐宏宇校长在开幕式上说的那样：“幸福来自健康的生活，来自对生命的热爱，来自亲人的陪伴！我们从一代代人的手中接过学校发展的接力棒。在未来的日子里，同心协力，奋力拼搏，让学生更优秀，让学校更美好，让校友更自豪，让社会更认可。”

走进新时代，唱响中国梦！重庆一中教职工元旦合唱比赛现场直击

以艺术的形式唱响时代主旋律，12 月 22 日下午，重庆一中大礼堂流光溢彩，座无虚席，“走进新时代，唱响中国梦”重庆一中 2018 教职工元旦合唱比赛在此隆重举行。

14 支参赛合唱团以优美的歌声，激昂的状态，饱满的热情，歌唱祖国，歌唱新时代，为现场近千名师生员工献上了一场精彩的合唱盛宴。

青春进取的体育组老师们带来了画风炫酷、动感十足的开场展演，以一支震撼的舞蹈《跨越》为辉煌十九大跨越献礼。

“同一首歌，同一个梦想”，比赛在歌曲《同一首歌》中拉开帷幕，重庆一中寄宿学校（大学城校区）的老师们饱含深情的演唱，让现场听众沉醉不已。

重庆市名校联合中学带来的合唱《青春舞曲》，焕发出老师们的青春与活力，展现了老师们意气风发的精神面貌。

“南屏晚钟，随风飘送……”重庆市第一实验中学带来的《南屏晚钟》，柔和动听，优美醉人，情触师生心底最柔软的记忆。

学校行政后勤的老师们穿上绚丽的服装，满怀激情，引吭高歌，一首《共筑中国梦》，将正能量传递给每一位观众。

“在我的怀里，在你的眼里，那里春风沉醉，那里绿草如茵……”高二年级演唱的《贝加尔湖畔》，缓慢抒情，清亮空灵的歌声将聆听者带入湖畔美景，带进那个神秘又宁静的夜晚……

“对党忠诚，积极工作，为共产主义奋斗终身”，来自重庆一中寄宿学校（渝北校区）初三年级的老师们合唱《我宣誓》，用嘹亮的歌声，诠释了献身教育事业的誓言。

退协老师们献上热情奔放的《康定情歌》，以欢快的基调，给现场观众带来了美的享受。

美酒的芬芳在歌声中飘荡，澎湃的心情随着乐曲飞扬。重庆一中寄宿学校（渝北校区）初一年级的老师们带来的《祝酒歌》，点燃了现场观众们的热情。

高三年级的老师们以一首气势磅礴的歌曲《祖国万岁》唱出了爱党、爱国、爱校的情怀，唱出了重庆一中教职工用拳拳之心报春晖的殷切之情。

在钢琴伴奏下，高一年级的学生演唱的《明天会更好》，韵味醇厚，用富有感染力的声音，表达了教职工以赤子之心迎接明天的希望和信念。

东方之珠，我们的骄傲，祖国的自豪！重庆市皇冠实验中学带来的合唱《东方之珠》，引发共鸣，打动人心，在温婉的歌声中，唤起一代人的回忆。

庄严的旗帜闪耀光芒，重庆一中寄宿学校（渝北校区）初二年级的老师们酣畅淋漓、激情唱响《迎风飘扬的旗》，掀起合唱比赛的新高潮。

重庆第一双语学校代表队合唱表演歌曲《天边》，清丽婉转、缠绵柔和，使观众如同置身于美丽辽阔的内蒙古大草原，体验着美好、真挚、向往。

“万泉河水清又清，我编斗笠送红军……”一曲《万泉河水》，重庆一中巴南教学实验基地的老师们将全场观众带入了红色的革命年代，演绎了军民的鱼水深情。

合唱比赛的准备时间只有两周左右，教职工利用业余时间认真排练，倾情演绎，最终呈现了一台精彩纷呈的高水平的演出。整场比赛充分展现了教职工们多才多艺的风采，表达了在新的一年里超越自我、再创佳绩的美好愿望！

（二）学生文化活动剪影

文化是民族最基本的象征，校园文化是一所学校的核心价值，是学生的精神家园。为了培养“大写的人”，重庆一中扎根中华优秀传统文化，充分发挥文化传承创新的校园功能和历史名校的先天优势，在打造优秀学生文化方面做出了很大的努力。

1. 书香校园——让青春嗅到文学的方向的芳香

《中国教育报》大篇幅报道重庆一中书香校园建设工作（节选）

项家书院，一座位于重庆沙坪坝区重庆一中校园内的明代宅院，雕梁画栋，古色古香，风雨沧桑走过了500年的历史。这里没有喧嚣，流连于此，时光也放慢了脚步。一片叶子，一杯香茶，一缕阳光，不艳不黯、不冷不热、不偏不斜，和煦柔软；一本书，一把椅子，刚刚好。

这里是传承文脉记忆的“乡愁园地”，书院里的校史馆，荟萃了名家的办学历史、光荣的革命传统，是学校凝心聚力的“精神家园”。

2017年5月，重庆一中被中国图书馆学会评选为2017全国美丽校园书屋，为底蕴深厚的校园文化又添俊秀的一笔。

悠久的历史文化传承，使重庆一中对书香校园建设有着别样的执着。多年来，重庆一中在“尊重自由，激发自觉”办学理念激发下，自强不息，以“发展自觉力，成就自觉者”为办学目标，大力推动书香校园建设，形成了“自由阅读、自主阅读、自在阅读、自觉阅读”的良好风尚，从书香校园建设中找到了理念达成之路。

文学大咖云集重庆一中开启大师课堂

2017年11月，著名作家苏童，著名诗人欧阳江河，文学评论家、北京师范大学文学院教授张清华，西南大学文学院副院长张春泉等云集重庆一中，深入开展文学讲座、交流、研讨，为全校师生开启文学大师课堂。

在下午进行的大师讲座中，苏童老师《我的文学之路》开讲，分享了他少年时期读书、买书的经历，讲述了他第一次开展文学创作的详细心路，并回顾了青涩的少年时期的两个故事。

在交流环节，高一年级6名学生代表走上讲台，与苏童老师一起，就同学们关心的文学问题进行了深入的交流，台下的同学们也积极提问，现场气氛十分融洽。苏童老师针对同学们提出的“写与读的关系”“文学与美学的关系”“合理选择阅读”“如何在教育中保持自我灵性”等问题作了精到而深刻的回答，生动的叙述让同学们深受启发。

与此同时，著名诗人、北师大特聘教授欧阳江河也与高二学生一起，作了一场激情洋溢、妙趣横生的报告——《透过词语的玻璃》。欧阳老师从自己读书时开始，说起自己和重庆一中的极深渊源。在谈及诗歌逻辑时，欧阳老师强调了诗歌的现实感，空间转换，词与物的关系，顺时间与反时间等诗歌理念，并纵横古今中外，例谈诗歌的语言表达。

欧阳老师希望同学们放眼长远，着眼未来，思接千古，回味经典，把自己的思想同中国最精华的诗歌融合，将古诗精华转化为人生积淀，提升生命的质量。名家风范让师生赞叹不已，现场热烈的掌声经久不息。

此次活动，是北京师范大学国际写作中心在西部地区主办的首次作家“大师课堂”大型文学进校园活动，在为期两天的活动中，文学大咖们还将就“如何构建理想和有效的文学教育”话题展开深入研讨，重庆一中、沙坪坝区第一学区共同体学校、重庆一中帮扶学校和其他兄弟学校上千名教师将聚集一堂，共同探讨文学教育的命题。其间，还将举行“CWP校园写作计划合作学校”挂牌仪式，重庆一中将成为该中心在重庆市唯一一所种子学校，也是西部地区的第一所合作学校。

在未来的合作中，国际写作中心将与重庆一中共同开展文学大师讲堂、阅读培养、校园写作夏令营、文学大赛及文学论坛等活动，共建文学教育示范学校，营造富有生机和活力的校园文化，撒播文学种子，点燃文学梦想，发现文学新人。

重大图书馆与重庆一中牵手，打造重庆首个中学里的大学图书馆

2018年3月16日，“重庆大学图书馆—重庆市第一中学校”战略合作签约仪式在重庆市第一中学校项家书院举行。双方旨在贯彻党的十九大精神，落实推进优先发展教育事业的方针政策，通过友好协商，建立战略合作关系，以此来加强重庆大学和重庆市第一中学校在文献信息服务领域的合作与交流，探索创新大学图书馆与中学战略合作新机制，促进中学生全面发展。

重庆一中校长唐宏宇在致辞中，深情回顾了自建校以来重庆一中与重庆大学血脉相连、紧密联系的历史，强调此次合作将进一步加深两校之间的联系。重庆一中2017年被评为全国最美校园书屋，以项家书院为代表的校园书香文化已经蔚然成风，重庆一中将以此次合作作为新的契机，进一步推动学校书香校园建设。唐校长希望两校战略合作长久、持续、高效，开展多方面的课题研究，特别是面对新一轮的基础教育课程改革、高考改革等新要求，不断加强两校的有机衔接，提供解决的新方案和新思路。

两校通过协议，将构建信任式借阅合作机制，建立重庆大学图书馆重庆市第一中学校分馆，开展资源服务与信息素养培训服务，开放信息检索室，重庆大学

图书馆将面向重庆一中提供团体参观服务，探索大学——中学图书馆协同服务模式六个方面开展合作共建。

2. 体坛风云——体育是顶级的教育

重庆一中学子杨天成在亚洲少儿运动会上夺得金牌

2016 年 7 月 12 日，在俄罗斯萨哈共和国（雅库特）首府雅库茨克举行的 2016 亚洲第六届少年儿童国际运动会的颁奖台上，五星红旗在国歌声中冉冉升起，站在最高领奖台的是来自重庆一中学生杨天成。他在比赛中力挫群雄，在数十个国家的参赛选手中最先跨过终点，一举摘得 400 米栏金牌。

在此次运动会上，重庆一中参赛选手获得了优异的成绩：杨天成除了获得金牌外，还获得 200 米第五名的好成绩；操沛圻获得跳远第六名，三级跳远第九名；邓诗蕊获得跳高第九名，三级跳远第十名；在 7 月 13 日的 4 乘 400 米接力赛中，杨天成作为中国队的第一棒，跑出了优异成绩，最终使中国队又获得一枚银牌；操沛圻在有重感冒情况下，顽强拼搏，作为中国队第四棒参加 4 乘 100 米接力赛，使中国队获得第八名的好成绩。在比赛中，齐格奇老师获得优秀教练员称号。

2016 年第六届亚洲儿童国际运动会共有来自俄罗斯联邦 27 个主体和中国、印度、哈萨克斯坦、韩国、日本等 38 个国家和地区的 4000 多名运动员参赛。本次中国代表团派出 86 人参加 6 个大项的比赛。在 2016 年 7 月 6 日举行的开幕式上，除各国官员、教练员、运动员外，俄罗斯总理德米特里・梅德韦杰夫、副总理兼总统驻远东联邦区全权代表尤里・特鲁特涅夫、远东发展部长亚历山大・哈卢施卡、萨哈共和国总统叶戈尔・鲍里索夫共同出席了开幕式。

本次中国代表团派出 86 人参加 6 个大项的比赛。重庆一中齐格奇老师带队，杨天成、操沛圻、邓诗蕊三名学生是国家选派的教练和运动员，代表中国对参加田径项目的比赛。在比赛之前，王蜀康、刘欢、齐格奇三位教练对三名学生进行了精心的专业集训，最终三名同学不负众望，为学校争得了光彩，为祖国赢得了荣誉。

重庆一中田径队是中国中学实力名队，曾获得团体总分全国第二名，多次在重庆市获得团体总分第一名，学生在全国、省、市比赛中多次捧金夺银。重庆一中培养输送了一大批在国际、国内取得优异成绩的顶尖运动员，如打破亚洲标枪纪录的王文忠，亚洲田径冠军钟梅、肖琳，全国田径冠军田小霞、黄翰等。重庆一中曾成功举办了全国中学生田径运动会，曾被评为“全国体育传统项目先进学校”“全国群众体育先进集体”，是全国首批高水平运动队体育后备人才试点校。

豪强角逐，问鼎冠军！重庆一中寄宿学校足球队勇夺足球项目男子U14组比赛冠军

2017年2月3日，由重庆市体育局主办的2018重庆市少年儿童阳光体育大会男子U14足球比赛落下帷幕，经过小组赛、半决赛和决赛的激烈角逐，重庆一中寄宿学校足球队勇夺冠军。

重庆一中寄宿学校足球队是一支年轻的队伍，组建于2015年9月，在两年多的时间里，教练带领队员艰苦训练，稳扎稳打，迅速成长为一支实力强劲的中学生足球队。就在2016年底，重庆一中寄宿学校足球队还代表重庆市足协杀入全国八强，取得全国第六名的好成绩。

双双卫冕，再续辉煌！重庆一中篮球队蝉联中国高初中篮球联赛（重庆赛区）双冠军

随着一声哨响，欢呼、掌声、喜悦、激动环绕整个体育场馆。2017年12月15日，重庆一中高中篮球队、重庆一中寄宿学校初中篮球队实力超群，双双卫冕2017—2018年中国高初中篮球联赛（重庆赛区）比赛冠军。

这是两支实力强劲的优秀队伍，几乎囊括了历年的重庆赛区各种篮球联赛（重庆赛区）的冠军！

3. 学生社团——发展自我兴趣和领导力的舞台

赴一场心灵之约——重庆一中心理社团精彩展示！

重庆一中心理社团是一个以学生为主体、由学校心理健康咨询中心老师为指导的学生心理自助成长平台。

重庆一中心理社团成立于2017年9月20日，先后在三个月时间里组织高一年级社员参加了共计9次团体心理辅导，同时引导他们开展自助式的社团建设。鼓励学生在团体辅导中积极进行自我探索，学会悦纳差异与不足，感受心灵能量，借助活动中所掌握的心理学方法服务于自身学习状态调整、情绪调控和朋辈关系和谐。

社员们积极热情地将自己在活动中收获的心理知识与感悟宣传给身边更多对心理调适和心灵成长感兴趣的同学，实现助人助己。

▲心理社团活动精彩纷呈

心理社团有着完善的组织机制，学生们自主分设部门，自选岗位与职能，既设立了普通社团的常规部门，如宣传部、组织部、外联部，同时设立心理特色部门，如心理咨询部、心理调研部。不同部门分管着社团宣传、活动组织、校园心理热点调研、团体心理活动向导等方面的工作。

在心理社团活动中，社员们不仅学会了用心理学知识服务自我与他人，也体验了开展一项工作必要的合作、目标、沟通与包容，彼此传播关爱、传递温暖，营造了和谐的校园心理健康氛围。

学生成长清单

时间	主题	获得心理成长能量值
2017 年 9 月 29 日	强大的团体心理能量	兴趣值★★★★★ 兴奋值★★★ 快乐感★★★★★
2017 年 10 月 13 日	“我们”中的“我”	自我探索值★★★★★ 感知提升值★★★ 自我价值感★★★★ 自我转变值★★★★★
2017 年 10 月 20 日	“考试，我不怕”	宣泄放松值★★★★★ 思维碰撞值★★★★★ 自我挑战值★★★★★
2017 年 10 月 27 日	“Max”的诞生	创造提升值★★★★★ 包容接纳值★★★★★ 坚守信念值★★★ 语言表达值★★★★★ 合作值★★★★★
2017 年 11 月 3 日	一沙一世界 一物一灵犀	身心投入值★★★★★ 心灵感应值★★★★★ 自我整合值★★★★★
2017 年 11 月 17 日	卡牌对对碰	情景体验值★★★★★ 减压值★★★★ 交流值★★★★ 潜意识探索值★★★★★
2017 年 12 月 1 日	有关“时间”的漫想	自我接纳值★★★★★ 自我管理值★★★★★ 统筹安排值★★★★★
2017 年 12 月 8 日	温暖之“臂膀”	信任值★★★★★ 付出值★★★★★ 享受值★★★★★ 安全感值★★★★★ 幸福值★★★★★

学生分享时刻：

今天在心理社团中，通过团体辅导活动帮助我们疏解了有关考试的烦恼。当我手里捧着别人对我的问题的反馈时，心里会涌起一股温暖，因为同龄人给出的建议总是更能使我们接受。而在回馈别人时，心里对别人的反应充满期待，也会使自己心里美滋滋的！

——高 2020 级学生

心中一个声音一直在响："我喜欢'指纹'这个名字"，便大胆地提了出来，我坚定了自己的立场，不论大家是否接纳，但人应该勇敢表达自己的真实想法，有自己的主见，并在适当时学会为之坚守，今天我为自己的勇敢鼓掌！

——高 2020 级学生

其实在第一次活动中，每个人都有一些小小的紧张与不自信，而通过这次的练习，我们开始相互理解，扭扭捏捏都是 tan90° 啦！同时，在进行活动的过程中，我心想自己会不会拖后腿，这也是让我们树立一种责任感与团队协作意识。所以团队整体练习更能够使人积累经验，同时在游戏过程中放下自己的戒备，融入整个集体中，而一次次令人满意的成绩更证明了我们在慢慢熟悉，彼此有默契。好期待下次活动中更精彩的自己与彼此！

——高 2020 级学生

今天活动中收到别人对我的反馈纸条时，心头暖暖的，我也很认真地为别人做了回复，也很想为别人做点什么，特别是迷茫而又怀疑自我的人。所以我觉得，一句温暖的话就能带给别人感动与光明，而我们也应该多做这样的事。

——高 2020 级学生

几个小伙伴用手臂搭建的信任圈如此柔软，让我放下戒备之心，全身心地去感受这份舒服。去信任，就是这么简单。

——高 2020 级学生

4. 艺术殿堂——拥有艺术，拥有美好人生

重庆一中艺术社团历史悠久、底蕴深厚、实力强大，稳居全市前茅。有管乐团、民乐团、合唱团、话剧团、舞蹈团、美术社。这六大社团历年来已为学校培

养了数百名考入清华、北大、浙大等全国一流名校的艺术骨干，多次荣获国家级、省市级教育行政部门组织的各类艺术比赛、展演的一等奖、金奖和最高奖，为重庆一中赢得了荣誉。

纵观国内外名校的人才培养，绝不限于知识传授的培养，而是注重培养每一个学生的综合素质。一直以来，重庆一中不仅注重学生的知识传授，还始终依托深厚的人文底蕴，推行多样化的人文艺术素质的培养，让艺术浸润学子的心灵，培育全面发展的高素质人才。

日前，由重庆市教育委员会、渝北区人民政府主办的“阳光下成长”重庆市第八届中小学生艺术展演活动落下帷幕。重庆一中学生舞蹈团、管乐团、民乐团、声乐团、话剧团五大艺术团均荣获艺术表演类节目一等奖！重庆一中获优秀组织奖，重庆一中老师李珊获先进个人奖！其中，重庆一中舞蹈团代表重庆市参加了全国集中展演比赛！

六花竞秀，充分展示了重庆一中学子的风采，展示了学校艺术教育的丰硕成果。

初岁华章，乐音袅袅——重庆一中管乐团新年音乐会华丽上演

长笛钢琴交相齐奏，簧管提琴应和而鸣……2018 年 1 月 14 日下午，伴着悠扬的音乐，重庆一中交响管乐团 2018 年新年音乐会在艺术楼大礼堂举行。在文光旭老师、杨茂老师和郭修武老师的指挥下，同学们一曲曲美妙动听的乐曲，奏响了对新年的祝福和期盼，为观众们呈现了一台精彩的音乐盛宴。

音乐会在《查拉图斯特拉如是说》乐曲中拉开帷幕，优美的旋律仿佛飘来淡淡的幽香，给观众带来美的享受；由法国著名作曲家拉威尔创作的《波莱罗舞曲》，旋律层层重复，柔软而热烈。

耳熟能详的《冰雪奇缘》，在管乐的演绎下别有一番滋味，成功调动了现场观众们的热情；邓丽君的名曲《我只在乎你》带着三分迷离、七分柔情，唤起了观众心中朴素明亮的情怀。

还有热情活泼的《青春修炼册》，磅礴大气的《古代英雄传奇》，欢快动听的《青春舞曲》等，旋律有的婉转轻盈，有的抑扬顿挫，有的慷慨激昂，观众们沉浸在优美的旋律中，如痴如醉，整个礼堂充满着浓郁的艺术气息。

演出结束后，民乐团团长杨茂谈道：“民乐团就是一个为热爱音乐的同学们提供的一个交流发展的平台，它是一个很温暖的大家庭。为了这次演出大家都牺牲了许多课余时间，但乐团里的每一个人都很认真很努力地坚持着，这让我很是感动。”

5. 科技创新——让我们共同打开探索世界的窗户

2019年重庆一中科技活动月，30余项科技活动嗨爆校园

青少年科技活动是激发学生科技兴趣、培养创新人才的重要途径。重庆一中科技教育有着50多年的悠久历史。每年11—12月为重庆一中的科技活动月，学校围绕“科技”，精心设计和组织了科普讲座、科技展示、校内外科技竞赛等数十场活动，吸引了数千人次的学生参加，得到了家长和社会的广泛认可，掀起了学校科技活动的高潮。接下来，让我们一起回顾今年科技月活动的精彩瞬间吧！

（一）科普讲座

● “生态智慧指引下的多功能湿地设计”讲座

为增强重庆一中师生生态环境意识及如何更加科学地提升校园环境品质，11月15日，重庆一中邀请重庆大学湿地生态学博士点带头人、国家湿地公园评审委员会专家袁兴中教授在科技楼多能厅开展“生态智慧指引下的多功能湿地设计”讲座。

● 《近代物理学简史》讲座

12月18日，《近代物理学简史》讲座在科技楼多功能厅开展，讲座由重庆一中物理组教师张逸轩（北京大学毕业生）主讲，本次讲座带领学生走进近代物理学的世界，了解物理学家们如何通过科学研究，构建起近代物理学大厦。

● 历史主题活动

感悟家国情怀，传承一中精神。12月4日，重庆一中寄宿学校（渝北校区）初2020级历史备课组举办了一场别开生面的“故事中国，家国情怀”主题活动。全体师生感受了爱国人物的精神风貌，领略了不同时期的变迁轨迹。

（二）科技展示

● 地理模型成果展

为让同学们参与保护环境、节约资源，“物尽其用”地理模型成果展在校园内拉开帷幕。自11月开始，同学们积极地、创造性地投入本次地理模型制作大赛中，并发挥自己的聪明才智和动手能力，合理利用身边的一些废弃物品，用自己的巧手把它们变成了一件件崭新的地理模型。

● 创客马拉松

12月26日下午，重庆一中机器人实验室如火如荼地开展着创客马拉松活动，

本次创客马拉松以两人为小组，每组同学在两个小时内完成创客项目选题确定、项目设计与实现、项目展示与分享等三个环节。

本次活动同学们展示与分享了智能安防装置、智能浇花系统、眼保仪、智能喂养系统等作品，同学们在动手实践中互相学习，共同进步。

● 《一脉书香》叶脉书签的制作

12月26日下午，重庆市第一实验中学小操场举行了《一脉书香》叶脉书签的制作活动。活动要求每一个热爱书签的同学亲手制作属于自己的叶子书签。此次小实验不仅给同学们带来了科学的魅力，还收获了成功的喜悦！

（三）校内科技竞赛

● 智力运动会

智能创造、智慧创新。2018年1月3日（周三）下午4：00，重庆一中第二届智力运动会名校联中赛区的比赛在阶梯教室拉开帷幕。本届智力运动会旨在体现“习于乐、智于运、力于动”的特点。比赛共分为两个大赛项：飞叠杯、三阶魔方速拧。其中飞叠杯包括3-6-3、个人花式循环、团体花式循环5人接力3个项目。

● 程序设计大赛

12月8日中午，重庆一中寄宿学校（大学城校区）的机房里传来一阵阵键盘敲击声，原来，“程序设计大赛”正在如火如荼地进行。这次大赛也拉开了大学城校区2017年科技活动月的序幕。

各校区程序设计大赛为信息学奥赛班选手，其中大多数同学零基础开始学习C++语言，他们经常利用中午、下午等课余时间学习、训练。而此次比赛正好是一次检测他们学习情况的好机会！大赛借鉴NOIP复赛方式，参赛选手们需要在规定时间内，编程解决问题，获得得分。

● 文字录入比赛

重庆一中寄宿学校（渝北校区）举行2017科技活动月初一年级网络文字录入比赛。从本学期开始，同学们就利用课前5~8分钟的时间练习打字，经过一学期的练习，同学们已取得明显的进步。本次比赛一共进行了两轮，第一轮为各班分班初赛，选出各班的“打字小能手”；第二轮为各班小能手的PK。

● 智力快车活动

“智力快车”活动是重庆一中综合实践课程的传统版块，已有多年历史，比赛试题的内容涉及文史艺哲科技等多个方面。随着时代的变化，其活动项目也在不断更新。这次比赛除了继承传统的“快速判断”“猜猜看”“英语平台”“风险提速”4个环节外，特新增了“动手动脑”一项。

● 平面设计大赛

12月20日中午，重庆第一双语学校科技活动月电脑平面设计大赛在科创楼2楼隆重举行。此次电脑平面设计大赛以创意LOGO设计为命题展开，要求学生们在规定的时间内自选主题、自定风格，利用Photoshop、画图工具等图形图像软件设计出别具特色的创意标志。

● 地理拼图大赛

为培养学生爱国主义情操，促进学生掌握正确的中国地图知识，11月14日下午5时许，重庆一中寄宿学校在主楼4楼第三机房举行了一场“祖国在我心中”的地理拼图大赛活动。

● 实验室系列活动

重庆一中科技活动月“实验室系列活动”吸引了很多学生的参与。活动共分为4个部分，其中包括“雾霾，你知道吗？”“电子制作比赛”“电子制作比赛”“发光细菌的制作”“物理趣味实验”。

（四）校外科技竞技

● 雏鹰计划系列活动

（1）重庆一中雏鹰计划第六期学员中期汇报暨第七期学员对接活动。

（2）光电、建筑小雏鹰代表重庆一中参加重庆市第六届雏鹰论坛。

（3）第7期雏鹰计划开班仪式暨通识培训。

● 第十四届宋庆龄少年儿童发明奖获奖

12月16—17日，由重庆市发明协会主办的第十五届宋庆龄少年儿童发明奖重庆市展评活动在忠县忠州中学成功举办。历时三个月，历经前期准备、作品初审、现场答辩，最终重庆一中学子荣获8项金奖、1项银牌、5项铜牌的佳绩。

● 参展重庆市第二届创客嘉年华

12月16日，由重庆市渝中区教育委员会主办的“重庆市第二届创客嘉年华”在重庆市二十九中举行，来自全市的近100所学校的参赛队伍及陕西、山东等省市的代表队共2000余人参加了本次活动。重庆一中参展作品《乐高机器人全自动水火箭发射器》《防久视提醒器》等五项参展创客作品荣获佳绩，与此同时，重庆一中成为新一批重庆市青少年创客教育联盟单位。

● 重庆一中少年荣获网易“少年极客”

12月14日，由中国科协青少年科技中心、中国青少年科技辅导员协会联合主办的2019年全国青少年创意编程展评终评和展示交流活动圆满落幕。重庆一中高一（3）班董冰然同学，成功入围终评阶段，获得网易“少年极客”专项奖及全国二等奖，这是重庆一中学子首次获得此殊荣。学校还获得了优秀组织单位奖。

● 参加《重庆之声》分享创客故事

12月29日，重庆一中小创客董冰然、胡逸灵及科技指导老师陈博应邀参加重庆之声《老师来了》之学霸养成记节目，与主持人方近一起为听众朋友分享他们在第十四届宋庆龄少年儿童发明奖重庆市展评活动中荣获金奖的小发明、小故事。

科学技术是第一生产力，科技月活动是重庆一中传统的素质教育内容。重庆一中将秉承传统，开展系列科技活动，掀起全校科技活动的高潮，把科技教育推向一个新高度！

第五章

“尊重自由，激发自觉”办学理念下的教师发展

第一节

明礼崇德的育人者

教师承担着传播知识、传播思想、传播真理的历史使命，肩负着塑造灵魂、塑造生命、塑造人的时代重任，是教育发展的第一资源，是国家富强、民族振兴、人民幸福的重要基石。党的十八大以来，以习近平同志为核心的党中央将教师队伍建设摆在突出位置，作出一系列重大决策部署。

重庆一中作为一所有着悠久教育传统的中华名校，始终认真贯彻落实党和国家对于教师队伍的建设要求，尤其将提高教师思想政治素质和职业道德水平摆在首要位置，把社会主义核心价值观贯穿于教书育人全过程，突出全员全方位全过程师德养成，推动教师成为先进思想文化的自觉传播者、党执政的坚定支持者、学生健康成长的指导者。

一、滋养师德的校园净土

师德师风建设是重庆一中教师队伍建设的重要内容。

一方面学校通过全面而规范的制度建设，督促教师遵守职业纪律，树立良好的职业作风。如建立健全师德师风的考核评价办法，把自我评价、同事评价、学生评价、家长评价、领导评价、社会评价相结合，在教育活动中实行“学习管理制”“学习反思制”“学生满意的教师评选制”“师德一票否决制”等。

但是，单方面的制度管理并不利于教师师德师风的全面发展。师德师风，更应重在教育，重在引导，重在建设。

学校本质上应该是一个到处充满生长机缘的“场”，人在其中，自由呼吸，自觉生长。一所理想的学校，就应该是“各美其美，美人之美，美美与共，天下大同”的境界与格局。

所以，在“硬性”制度规范教师德行的基础上，重庆一中更是经由优秀教师的示范引领、校园精神地标的精神熏陶以及教师团队的互助提升等“柔性”方式，建构起一方滋养师德的校园净土，孕育了一批又一批明礼崇德的优秀园丁，不断发扬和深化重庆一中代代传承的优秀师德师风。

（一）师魂的传承

重庆一中是重庆市最早成立的市立现代中学，是一所有着光荣历史和优良传统的学校。抗战时期，国民党中央军事委员会政治部就设在重庆一中，时任政治部主任的周恩来就在学校办公。在此期间，《辞海》总编辑陈望道、国歌作词者田汉、中国人口学家马寅初、中国乡村教育创始人晏阳初、中国心理学之父马芷等人在学校与师生同吃同住。

这一批中国仁人志士所展现出来的为国为民自觉奋勇前进、不断开拓进取的精神，为重庆一中的发展奠定了无比坚实的基础。

他们中有坚守教育岁月数十载，甘于教育的平淡，用心追寻教育本真的优秀教师。有“爱生如子”，二十多年始终如一，坚守班主任工作岗位第一线的苏步青数学教育奖获得者、正高级教师余志渊老师。他始终坚守着做每一位学生的良师益友的教育思想，坚持和自己的每个学生谈心，不管是谈学习、谈生活、谈家庭，还是谈理想、谈社会，短到几分钟，长到几个小时，由此及时发现学生的困惑，帮助他们解决各种难题。

他们中也有个性飞扬、深受学生爱戴的育人者。比如韩世坤老师，他认为培养出让自己崇拜的学生是一件幸福的事，他从不放弃任何一个学生，努力挖掘每个学生的长处和优点。他经常用颇具哲学意味的语句启迪学生，让其明白做人的道理；以“怀柔”教育征服学生的郭仕文老师，他的思想充盈着与“爱”“柔”有关的教育哲学，他的教育因有爱而柔和，对学生因有爱而温柔，在“温柔”中浸润学生，征服学生。

他们还有通过自己的广博学识激发学生的学习热忱，以自身的人格魅力促进学生对人生价值进行深层思考的教师。如坚持以“儒表法里”的传统思想为治班的基本思想的庄仕军老师。所谓“儒表法里”，即用儒家思想浸润学生的灵魂，用法家思想茁壮学生的成长。同时，他特别重视学生“正名”“仁义”“忠恕”“知命”4种责任的培养，善于与学生进行心理沟通，善于激励学生树立高远志向。也有始终奉行“师也者，教之以事而喻诸德也”的工作理念的刘晓明老师。刘老师在教学活动中始终注重自身的道德修养，同时推己及人，引导学生养真德、求真知、说真话、办真事、做真人。

重庆一中具有先进师德师风的教师代表不胜枚举。无数的师德典范共同营造出学校树师德、铸师魂、正师风的良好氛围。随着“尊重自由，激发自觉”办学理念的提出，师生进化观念，奋力拼搏，更是取得了多项教育教学的新成就，在多个领域取得令人瞩目的新业绩，令学校先后获得“全国教育系统先进集体”“沙坪坝区师德师风先进集体”等光荣称号。

正是这一批又一批坚持以德立身、以德立学、以德施教、以德育德的师德典范，持续丰富和深化着重庆一中师魂的内涵，并以其积极向上的精神风貌，引领广大重庆一中教师，不断加强为人师表的内在修养，将学校良好的师德师风代代传承。

（二）精神的引领

甫入重庆一中的大门，经过郁郁葱葱的黄桷树大道，随即映入眼帘的便是重庆一中的标志性建筑——校训壁。

其背景是由墨青色大理石砌成，上书“明礼崇德，求知求真”8个赭黄色大字，色彩鲜明而醒目，运笔苍劲而有力。校训壁后，古木成林，青藤摇曳，树荫蓊郁，投下斑驳光影，令人心神一静。

“求知求真”4字，主张师生应探求知识，勤奋好学，追求真理，捍卫真理。

“明礼崇德”4字从德行方面规训了教师不仅要注重自身的道德修养，同时也要将对学生思想品行的培育作为教育之重。所谓“明礼”，简单地说就是知礼、守礼，以对礼仪由内而外的坚守来立身处世，弘扬中国传统礼仪之邦的美德。“崇德”，即主张人要推崇高尚的品格，意在告诫师生彰明伦理，完善品德修养，在遵守基本行为准则的基础上，追求更高的思想道德目标。

多少年来，每一位初入重庆一中校园的教师，从入校的那一刻起，便与这古木掩映下的校训壁不期而遇，聆听教诲；多少年来，无数位教师手持课本在校训壁前穿行而过，或是停留壁前绿荫之下，静享休憩时光时，都曾在有意或无意间将校训字字铭刻心底。

校训壁作为学校育人理念的物质载体，以一种柔性的方式激发着全校教师在思想上的自我觉醒。

逡巡于重庆一中校园内，不难发现如“四一二广场”“项家书院”等标志性建筑星罗棋布，彼此之间互相呼应配合，这些建筑不仅造型精美，更是共同熔铸起重庆一中浓郁的文化氛围。无数一中教师正是在这些精神地标中，汲取立德树人的正能量，在潜移默化中内化学校崇高的教育理想，学为人师，行为世范，不断砥砺前行，并将其落实到育人成才的全过程，让这些精神风向标中的思想内核在时光的长河中不断深化，永远不受风雨侵蚀，代代传承。

（三）团队的互助

班级是学校开展教育教学的基层单位，作为班级管理者——班主任不仅是学校德育工作骨干队伍的重要组成部分，而且是骨干队伍里的中坚力量。在日常的教育教学过程中，班主任与学生朝夕相处，对班级每一个学生的全面发展都负有直接的教育责任。班主任以其创造性的工作和奉献精神，对学生的成长有着直接影响。班主任对学生的直接管理、组织、教育所付出的心血和精力，是其他教师不能相比的。但与此同时，班主任也随之承担了比其他任课教师更多的压力和任务，所要处理的学生和班级的情况更是层出不穷。

所以，为了进一步加强班主任队伍建设，充分发挥班主任在学校教育工作中的主观能动性，重庆一中从管理层面，为各班主任老师搭建了全方位、立体化的沟通交流平台。从学校层面，召集优秀班主任代表，举办专题讲座和论坛，为辛苦奋斗在一线的班主任们指引方向；从年级层面，召开班主任经验交流茶话会，让班主任们在轻松愉悦的氛围中，彼此开诚布公，分享经验得失；从个人层面，建立稳固的师徒关系，以老带新，事无巨细地指点迷津。

通过全方位、立体化的互助体系的建立，重庆一中为每一位怀揣着育人梦想的班主任，构建起了彼此交流碰撞、学习榜样、提升能力，进而激发自身自觉力的场，同时也为每一位个性飞扬的育人者，搭建了一方可以放心翱翔的天地，在这里，每个人初现雏形的创见，都可以在团队的互相出谋划策下，逐渐变成现实。正如苏联作家奥斯特洛夫斯基所言：“人的巨大的精神力量就在这里——觉得自己是在友好的集体里面。”

在碰撞中点燃火花、放飞自由的思维；在交流中答疑解惑、激发内心的自觉。

教师立德树人的自觉与自由，并不能凭空生成，亦需要借由外力的点拨与激活。重庆一中正是为各位班主任和教师们，构建起了一个互助学习的场域，让彼此在交流和借鉴中，碰撞出智慧，实践出真知，最终成就一支极富生命力和创造力的教育生力军。

二、立德树人的自觉教师

人的发展规律决定了人必须在教育中获得可持续发展的能力。发展性教育就是指以培养具有发展性品质的人才为目标，旨在促进人的自由、全面、和谐、自觉发展的教育。

重庆一中的老师们都有着这样的共识：学生发展的前提必须是教师的发展。没有教师的生命质量提升，就很难有高的教育质量；没有教师的教学创造，就很难有学生的创造精神；没有教师的精神解放，就很难有学生精神的解放；没有教师的自觉发展，就很难有学生的自觉发展。正如著名学者叶澜所指出那样，“教育是一个使教育者和受教育者都变得更完善的职业，而且，只有当教育者自觉地完善自己时，才能更有利于学生的完善和发展”。

因此，重庆一中的教师们，不仅坚守着作为一名合格教师的基本职业道德要求，更是肩负着做一名立德树人的自觉老师的更高责任。于是，重庆一中在其薪火传承的教育实践中，涌现出一位又一位让学生敬重、令家长敬佩、让同仁尊为楷模的自觉教师，他们的光荣事迹在师生之间广为传颂。

（一）假日温情的陪伴

重庆一中历来重视对学生持续性的教育与培养，认为当学生走出校门时，并不意味着教育的结束，而应该将其视为在更广阔天地中的磨砺与探索。大千世界的丰富与多元，假日时光的漫长与自由，更需要教师一如既往的点拨和引导。人的发展是没有假期的，对学生的教育也不应止步于工作日。一位教师的课堂不应该只在教室，还应该沉潜到学生成长的方方面面。正如苏霍姆林斯基曾经警诫教师道：“记住，你不仅是教课的教师，也是学生的教育者，生活的导师和道德的引路人。”

因而，重庆一中特别注重对学生假期的规划和引导，不仅自主设计编写丰富多彩的实践类假期作业引导学生度过一个有意义的假期，也在官方媒体上发布多条假期生活指南，指导学生合理规划闲暇时光。学校对教育持续性的认识，在潜移默化中激发起了教师们坚守教育的仁德之心，即便学校没有任何明文规定，要求教师牺牲假期休息时间来关心学生成长，但是一则又一则如地理组罗琴老师为几十名学生组建起地理小组，每天免费为他们录制视频讲解知识点；体育组沈清敏老师结合自己多年一线教学经验，为学生送上长达两千字的假期冬训指导；语文组李苗苗老师在假期召集起班级作文较为薄弱的孩子，一起外出郊游，收集身边的素材。

不计其数的温情故事，共同塑造和强化着重庆一中教师对教书与育人之间关系的认识，正是因为有着对教育持续性的深刻认识，有着对生命个体成长无时无刻的真挚关怀，重庆一中的校园里总是积蓄着暖心的温度，并陪伴着每一个学子走向灿烂广阔的世界，走进每一程恣意绽放的人生。

（二）“小家”中的“大家”

2017年10月，随着大一新生逐渐完成人生身份的过渡，一封长达七千字的“育儿经”也为丁酉年这一轰轰烈烈的高考季画上最圆满的句号。

这一篇被誉为条理清晰、面面俱到的“纯干货”经验谈，自发布后，率先在重庆一中教师群内疯狂传播，随即又以迅雷之势被转载到各大门户网站、学生家长群中。文章以其内容的详尽、文风的务实，在众多经验谈中独树一帜，轻而易举地博得重庆一中人求知若渴的目光。

这位慷慨分享经验教训的作者，便是重庆一中教师李长鸿老师。他是2017年入学北京大学信息科学与技术学院的新生李沛卓的父亲。

文章中，李老师洋洋洒洒畅谈了“育儿经验十三条”：从“鼓励做家务”到“价值观的树立”——既有宏观思想的引导，又有言行微处的建议；从“‘快乐学习’观念的讨论”到“通过写信开辟与孩子沟通的渠道”——既有对教育理论的思考，又有生动翔实的案例。言语中没有晦涩生硬的理论名词堆砌，全是拉家常般的恳切长谈，如清风拂面，亲近自然。

在长文的卷首，李老师自述道，“如今回过头来看看走过的轨迹，既是对亲子一起成长的咀嚼，也是对自己教育思想的总结”。

正如前言所述，其实这一篇七千余字的长文，并不只是李老师分享给为人父母者的家长里短，更是他对自己执教生涯和育儿历程的细致总结。

为人师者，难以避免地兼具传道授业者的社会身份和养家糊口抚育幼子的家庭身份。前者有时理性胜于感性，而后者也难以避免地纵容感性压制理性，而教师身份的双重性，却恰到好处地平衡了单独身份中倾斜的天平——既用专业的精神正确引导教育学生和子女，同时又用温情的关怀呵护每一个独特的生命。

如李老师这般自发地将家庭教育经验与实际教学经历加以精密焊接，不断锻造磨合，成就为学生和子女前程加速的“教育高铁”的建设者，在重庆一中的教师队伍中比比皆是。张劲老师，不仅是2016年重庆理科状元郑雅文的母亲，还是学生们口中那位既是“劲姐”的麻辣教师，又是“张妈妈”的慈爱长者。

无数光荣而夺目的家校喜讯，既是将“小家”中的教育得失，总结升华到“班级大家”中的经验传承的硕果，又是将“班级大家”中的教育思想，精心实践到温馨“小家”中的知行结合的成就。这些荣誉，既属于每一个自发思考探索教育规律的教师“小家”，也属于日日耕耘培育英才，赠人玫瑰、手留余香的重庆一中“大家庭”。

第二节

求知求真的学习者

百年大计，教育为本；教育大计，教师为本。中共中央、国务院颁发的《关于全面深化新时代教师队伍建设改革的意见》中说："教师承担着传播知识、传播思想、传播真理的历史使命，肩负着塑造灵魂、塑造生命、塑造人的时代重任，是教育发展的第一资源，是国家富强、民族振兴、人民幸福的重要基石。"

教师是一个高知识、高能力的群体，过于僵化和束缚的管理方式并不利于师资队伍整体的发展。每一位老师都有独特的才华，尊重教师发展的自由，激发教师发展自觉，让教师队伍呈现多元化的发展形态，是学校实现长远发展的最重要的保障。重庆一中有一种共识：教师的发展是学校发展的第一要务。所以，重庆一中不断搭建教师自由学习的平台，不断激发教师的自觉学习和提升。

一、教师自由发展的平台

（一）书香校园，浸润教师的成长

2017 年 11 月 30 日，新浪微博教育官方频道报道了重庆一中教学楼道里的一个细微的变化。"带你看到校园里不易看到的风景，让你感受到校园中独特的风貌。今天，好学君带你看看别人家的'共享书吧'。草地、青藤、绿植，在这里阅读是怎样的感受？这学期，在重庆一中的教学楼走廊里，'生'出了四个鲜活的书吧。"老师说："丰实的书架，整洁的桌椅，这是给孩子和老师们最好的礼物。"

空旷的教学楼道变化为生态景观与书香共存的共享书吧，这其实是重庆一中建设书香校园文化活动的一个体现，而书香校园建设又是学校重点打造的、激发教师发展的重要举措。

阅读和积累是教师发展的关键途径，重庆一中力图通过营造浓郁的书香校园气息浸润、影响高知识、高能力的老师们。这种自由包容、丰富多样的阅读环境为重庆一中老师的发展提供良好的文化氛围。

为打造书香校园，扩大学校图书馆资源，重庆一中还和重庆大学签订了合作协议。重庆一中师生可以共享重庆大学图书馆的一切资源。重庆大学图书馆拥有藏书 452 万册，老师们既可以在重庆大学图书馆享受大学生的图书馆资源，又可以在中学校园内享受重庆大学图书馆的电子馆藏资源，开启了“中学里的大学图书馆”的教育新形态。

同时，为了打造书香校园，提高教师阅读的舒适体验。学校决定把具有几百年历史的项家院从办公楼改为供老师们全天候自由阅读的项家书院。古色古香的建筑、丰富多样的馆藏、自由自在的氛围让老师们沉浸在书香气息里，在这里，老师们得到了知识的积累、精神的升腾和心境的平缓。项家书院的用心营造获得了业界人士的一致好评，2017 年 5 月 9 日，重庆一中荣获 2017 年全国最美校园书屋称号 (当年全国仅入选 49 个)。散布在美丽的重庆一中校园里的项家书院、图书馆、教室阅读角、阅读书林、走廊书墙、教师书吧等构成了形态多样、特色各异的校园书屋，为全校师生开展阅读活动提供了丰富的场所，满园书香让师生沉浸其中。

此外，为扩大老师们的阅读面，学校每年都会免费提供购书卡，供老师们自由购买自己想要阅读的书籍。为了让部分老师阅读更有体系性和针对性，学校每学年还为老师们提供了阅读书目。例如 2018 年的寒假，学校教科室本着经典性、可读性、通识性、时代性等原则，组织了一部分爱读书的老师，草拟了初步的书目，并在全校范围内进行书目的意见征集，经过不断的优化筛选，确定了一百本精品图书，每位教师精选书籍阅读，然后相互交换阅读，以书会友。

在这样一种书香校园的氛围里，教师读书沙龙自发成立起来。老师们以书会友，定时交流着自己阅读的心得。一盏明灯照亮着项家书院的一方小屋，书友们彼此言欢，侃侃而谈，这是属于重庆一中老师的精神乐园和幸福。

共享书吧、项家书院、重大馆藏、推荐书目、读书沙龙……重庆一中的浓郁书香，为重庆一中的老师们提供强大的成长场。这是一个自由的成长场，他们自由安排、

重庆一中 2018 年师生阅读推荐书目 100 本

1	《走到人生边上》	杨绛	商务印书馆
2	《追求理解的教学设计（第二版）》	（美）格兰特·威金斯、杰伊·麦克泰格	华东师范大学出版社
3	《诸神纪》	严优	北京大学出版社
4	《中国哲学简史》	冯友兰	北京大学出版社
5	《中国在梁庄》	梁鸿	台海出版社
6	《中国艺术如何影响世界——从莫奈到毕加索》	陈传席	中华书局
7	《中国新诗萃》	谢冕、杨匡汉	人民文学出版社
8	《中国文脉》	余秋雨	长江文艺出版社
9	《中国人的家教智慧》	翟博	中国大百科全书出版社
10	《中国历代政治历史得失》	钱穆	九州出版社
11	《中国教育改造》	陶行知	商务印书馆
12	《中国建筑史》	梁思成	生活·读书·新知三联书店
13	《中国古代科学思想史》	李烈炎、王光	人民出版社
14	《政府论》	（英）洛克	商务印书馆
15	《正义论》	（美）约翰·罗尔斯	中国社会科学出版社
16	《这些人，那些事》	吴念真	译林出版社
17	《哲学就是爱智慧》	朱正琳	中国人民大学出版社
18	《造梦课堂》	周益民	广西师范大学出版社
19	《月亮与六便士》	（英）毛姆	上海译文出版社
20	《宇宙的结构》	（美）格林	湖南科技出版社
21	《与讲台同在》	贾志敏	福建教育出版社
22	《娱乐至死》	（美）尼尔·波兹曼	中信出版社
23	《有如候鸟》	周晓枫	新星出版社
24	《有琴一张》	资中筠	北京出版社
25	《游戏改变教育》	（美）格雷格·托波	华东师范大学出版社
26	《幽梦影》	（清）张潮	中华书局
27	《艺术的起源》	（德）格罗塞	商务印书馆
28	《一只特立独行的猪》	王小波	北京十月文艺出版社
29	《驯鹿六季》	格日勒其木格·黑鹤	明天出版社
30	《寻变：与域外教育面对面》	罗朝猛	福建教育出版社

自由阅读、自发组织，重庆一中的老师们的个性和自由在这个文化场里面得到了极大的彰显。这也是一个自觉的成长场，他们的阅读是源自对自我成长的自觉要求；他们的阅读，是远离功利、远离压力的自发行为。自由的氛围激发着自觉的力量，自觉的力量又很好地平衡着自由的氛围。尊重自由，激发自觉，在这样的办学理念下，我们收获了浓郁的满园书香，我们更收获了一支有眼界、有积累、有水平的教师队伍。

（二）全面开放的政策扶持，激发教师的发展

2017 年 6 月，在北京大学的校园内，201 名重庆一中教师带着兴奋喜悦的表情聆听着一节节顶尖大师的课。作为中学教师，他们是幸福而幸运的。每年的 9 月，在中国最顶尖的学府里，都会看到重庆一中老师们学习的身影。

这一幸福学习机会的获得，要感谢学校的《重庆一中教师三年周期性培训进修方案》，方案规定：学校以三年为一个周期，将全校教师派往北京、上海等教育发达地区进行轮训。学校花大力气、高投入对教师进行培训，是基于“尊重自由，激发自觉”办学理念。学校发展的核心是教师的发展，教师的发展决定学校的发展。学校的“外出轮训活动”就是让教师们增长见识，迅速提高专业能力，提高教师素养的表现。为了教师的发展，在“尊重自由，激发自觉”办学理念下，学校积极思考，采取了全方位的政策来激发教师的发展。

第一，自修——培养终身阅读者

（1）鼓励阅读。教育的改善从阅读开始，学校时时处处有书香，以阅读引领干部及教职员工成长。干部及教职员工自行选书，一年完成至少 5 本图书的阅读量，一年独立撰写 1 篇阅读的综合书评，每篇不少于 2000 字。教科室组织“阅读综合书评”的交流及评奖活动。学校根据政府财经政策给予购书补贴。

（2）鼓励教师做课题研究并出书。学校支持干部及教职员工自行研究有实际价值的课题，出版有益于学生发展的教育教学类图书。经学校审查同意后，学校根据政府财经政策在经费上予以适度的支持。

（3）编写干部教职员工成长手册。编写员工私人成长手册并上传云端，以手册见证员工的成长，也以员工手册为参照和激励，引领员工成长。手册每年一页，内容包括员工值得书写的大事记、阅读史、著述、荣誉、培训经历等。

第二，共修——打造学习共同体

（1）开展“三个一”活动。一学期一个教研组精读精研一本图书。由教研组长精心选定一本教育名著（最好是学科教学名著，原则上与自修选书不重复），教研组专门安排读书会分享智慧，并写出读书会简报，学校干部负责到会检查。有效完成工作，学校根据政府财经政策给予教研组共修补贴。

（2）鼓励教研组或教师小团队成果物化。意欲物化教研成果的教研组或教师小团队提交物化成果计划书，计划书经学校审批获准后，学校根据政府财经政策提供经费支持。

（3）鼓励爱好阅读的教师自行组建读书会。读书会的阅读活动定期定点，以便学校检查。读书会提供证明活动开展的相关资料，如考勤、简报、照片、视频等，学校根据政府财经政策及证明资料提供必要的经费支持。

（4）学校推行“老带新导师制”。在教学工作、班主任工作中新老教师结对子，卓有成效者，学校根据相关制度予以表彰与奖励。学校骨干教师、学科名师、学科带头人、特级教师以及研究员教师应主动做共修的领雁者，可申报校内学科工作室，凡为培养新教师做出显著成绩者，学校按相关制度予以经费支持。

第三，助修——催生科研型学校

1. 校内助修

①邀请学校术业有专攻的教师登坛办微型讲座。每期每月安排校内名师就思维、技术、精神等方面做通识性讲座，讲课者也可由教师自荐，讲座内容须经学校审核。可以利用周五教师大会时间，一次课 30~40 分钟。学校根据政府财经政策给予讲课者相应的报酬。

②邀请市内外各领域知名学者来校作报告。一年度安排 3 次。

③学校制定并颁行了重庆一中公开课、论文著述、科研课题成果奖励办法。办法的奖励共分“公开课类”“论文著作类”“课题项目类”三类。其中，“公开课类”包括各类赛课获奖、微课获奖、献课、讲座报告；“著作论文类”包括正式出版且担任主编的教育教学专著、教材、科普读物及各类期刊发表的论文，在区级以上政府、教委、学会获奖的论文；“课题项目”类包括以主持人名义立项的科研课题、科研项目。

④打造名师课程，助力青年成长。为更好地发挥骨干教师的引领和示范作用，促进学校教研组建设和青年教师的快速成长，重庆一中持续推出广受师生好评的系列名师示范课程。骨干教师精心准备的一堂课，融合了教师自身多年以来对教育教学的思考。名师课程精彩纷呈，展示了重庆一中名师们的大家风范，让听课教师受益匪浅。

2. 校外助修

①重回高校再提升。分期分批派教师赴京、沪、苏、浙等教育发达地的高校参加培训进修，实现教育教学能力的再提升。时间安排在每年中、高考结束后。培训课程按教育哲学、管理策略、实作观摩三个板块进行设计。教育哲学的学习可以提升教育思想的深刻性，管理策略的学习可以增强教育实施的有效性，实作

观摩的参与可以加强课堂教学的实践性。

②深入名校做调研。与各地中学名校合作，分期分批派教师深入学校调研，进入课堂观摩，或者实行一月甚至一期教师交换进修制度。

③挂职锻炼。派骨干教师赴片区及合作学校进行一定时间的挂职锻炼以完成进修。

④短期培训。派教师参加各项正规而务实的会议或赴他校听课或教研，实施短期培训。

无论是自修、共修还是助修，其中心都是教师主题自我的发展，学校通过多样的途径和政策，其目的就是在尊重教师个性特质的基础上，激发老师自发的内驱力，激发教师的自觉，成就大写的教师。

（三）百花齐放的研讨交流，引领教师的自觉发展

哈哈，终于顺利完成。感谢晏哥和乐姐的全程指导（乐姐最近长痘就不放照了！感谢平哥哥、斌哥哥、蓉姐姐、梅姐姐、国老师、娅娅姐……给了我无数宝贵的建议和指导！感谢君哥、德德哥、教师兄帮助我做学生实验板！感谢田华、越陪我在实验室熬“毒药”！感谢师父、乐姐帮我备战袍（虽然那天真的有点怂）！感谢妹妹佳宇、萍古灵精怪帮我出点子！感谢鑫帮我找视频！……哈哈，觉得感谢不过来了。赛课的我就是物理组集体智慧的搬运工，感谢我们的地表最强战队——重庆一中物理组。

这是年轻的物理老师冷霞在参加完全市优质课大赛后的一段真情告白。正如她所言，从某个角度讲，赛课老师就是物理组集体智慧的搬运工。大到宏观教学设计、实验操练，小到衣服着装、上课灯光，教研组老师们群策群力，团结协作，这是强大的团队力量，这也是温馨的家庭场景，这就是重庆一中一线教研活动的真实写照。

重庆一中的教研活动不仅在优质课赛课中有体现，在每周的日常教研活动中，也被做得非常扎实和认真。

基于年轻教师培养的集体备课流程

1. 温故

这是对教学的反思，第一，由中心发言人（尤其是年轻老师在日常教学中的问题收集和展示）总结上一周教学中出现的问题，包括知识点的讲解方法、学生

在习题中出现的错误、新题型的补充等。第二，由组内有经验的老师组织讨论，解决问题，形成解决方案。第三，记录人记录问题—讨论要点—解决方案，形成备课实录。这一环节对教师准备以后的针对训练提供的充足的内容素材和方向，使练习的针对性更强，达到高效。

2. 备新

就是对下一周的教学新内容进行备课，要做到以下方面：

（1）“七备”：备思想、备教材、备教法、备学生、备学法、备教学手段、备教学过程。

（2）“六统一”：统一进度、统一目标、统一重难点、统一每一节课授课的共性内容、统一作业、统一单元检测试题。

（3）主备人陈述教学设计。

陈述的基本顺序为：解读教材（含目标设计和重难点的确定）——阐述教学设计理念——简述教学流程，凸显设计亮点——阐述突破重难点的方法——教学过程中可能出现的问题及对策——板书设计及意图效果——作业、检测——需要向其他老师请教的问题等——模拟讲课（以说课为主）。

3. 研讨

（1）讲——其他教师轮流简要陈述教学设计、观点和做法，特别是不同于别人的观点和做法。

（2）评——对主备人和其他教师的设计观点进行客观的、中肯的评价，一般选择两三位老师，分别指出其教学设计中的“亮点”、值得借鉴的地方以及值得商榷的环节、内容；对“评”环节有异议的地方与其他老师展开讨论，讨论的过程要体现互动生成的特点。

（3）议——展示需要向其他老师请教的问题，与其他老师展开讨论；展示值得探讨的内容、问题等，与其他老师展开讨论。

评与议是最重要的环节，必须体现“互动与生成”，有精彩的讨论、交流，发言时不拘顺序，可以多次发言。这个过程主要围绕教学重难点及教学方法进行研讨，也可结合学生情况，提出教学设计的改进措施。教师在初备的教学设计上要做好研讨记录，为设计个案提供第一手资料。

4. 搭台

这一环节是针对教研组年轻教师太多，促进年轻教师更快的成长而设定的。

就是由2位年轻教师面对全组教师讲微课，讲的内容是重点知识或习题，然后由有经验的老教师点评，评价年轻教师讲课的方法、效果如何，点拨需要改进的地方，把老教师的宝贵经验共享。

5. 总结

主持人作总结：把大家的观点、意见归纳起来，记录人形成记录文本，提供给主备人和其他教师改进教学设计。

（四）在交流中碰撞思维，在研讨中改进教育教学方式

重庆一中不仅是在参加市级赛课时带动教师们通力合作、群策群力，在日常教学的各个环节、各段时间，教师与教师之间、教研组内部、学校内部、校际合作方面，都为助力教师的自觉成长提供了各种研讨交流的机会。这也是重庆一中老师屡屡在全国、全市大赛中斩获大奖的原因，也是重庆一中教育教学一直保持高水平的原因。

除了教学的研讨交流，重庆一中还组织了丰富的指向于老师职业规划和理念更新的研讨活动。

教育若失去了理想，便失去了灵魂。为了从精神上启迪教师，重庆一中邀请了文学艺术界多位“大咖”走进校园，讲述其创作经历，与学校老师、学生深入探讨交流人生的意义所在，如作家苏童、欧阳江河与重庆一中师生面对面讨论“什么样的诗算好诗”“文学怎样体现创作者真正的时代精神”等，帮助教师在思想和精神上扫清迷茫，提升教师文学素养，帮助教师从文学角度思考教育的价值与更好的教育方式。为了从理念上激励教师，重庆一中邀请江苏卫视科学真人秀《最强大脑》节目主持人、复旦大学国际关系与公共事务学院博士、副教授蒋昌建先生走进学校，与重庆一中高三年级近两千名师生一起深入交流，共同对话“成长、成熟、成才、成功”等话题。

重庆一中的教研活动不仅严谨实在且多种多样，高端科学且富有内涵，还有着教育的担当。本着“开放 共享 合作 共赢”的理念，重庆一中建立校际帮扶联盟，与璧山中学等市级多所中学进行合作办学，通过互相派遣优秀教师换岗教学、安排青年教师及骨干教师示范讲课，双方教师集体研讨评课、教育资源共享等方式加强校与校之间的沟通，搭建不同学校老师之间交流成长的桥梁。此外，重庆一中还多次开展送教活动，进行送课下乡、教学研讨，帮助学校教师深入了解教育现状，使其教育活动更具前瞻性和使命感、责任感。

务实、丰富、高端的研讨活动，为重庆一中教师自觉发展提供了广阔的平台。在这一平台中，一代代教师传承着奉行、精进、引领和担当的教研精神，在这一精神的引领下，重庆一中教师不断地发展和成才。

二、教师自觉发展的楷模

教师是一个高知识、高能力的群体，过于僵化和束缚的管理方式并不利于师资队伍整体的发展。每一位教师都有独特的才华，重庆一中尊重教师发展的自由，营造氛围、搭建平台，激发教师发展自觉，让教师队伍呈现多元化的发展形态。在这样的环境下，重庆一中教师也积极主动，不断提高，一个个优秀的教师脱颖而出，一个卓越优秀的教师团队业已形成。

（一）敬业工作与诗意生活

优秀教师的故事大都相同，热爱教育、勤恳工作、爱护学生、成绩突出。但重庆一中优秀教师显示出更加突出的人格魅力以及崇高的精神特质。他们工作辛苦却倍感幸福，他们一天忙碌却内向平静，他们身份普通却影响巨大。

（二）著书立说，演绎学术风采

现代诗人刘大白曾说："一所好学校就是一个让每一个人，无论学生还是教师都能施展才学、增益能力的境场。在这样的境场中，每个人都能得其时位、有其坐标，从而充分发挥生命的力，充分享受生命的福。"学校是知识分子聚集的地方，知识分子天然有对学问的景仰与追求，所谓"动心忍性"，本质上是激发起知识分子的良知与责任感，激发起他们探索学问的热情。有了学问追求，职业动力自然不难激发起来，面对种种问题，也就有了耐性，也就一天天变得从容。教师在任何时候都不能忘记自己不单单是一个传授知识的教师，而应该是一个研究者、一个教育家。

重庆一中历来注重把教育科研作为振兴学校、提高教师素质、促进教师专业发展的重要手段，也逐步认识到提升教师的科研能力是搞好科研工作的关键因素。过于僵化和束缚的方式，不利于师资队伍整体的发展。如果以单一纯粹的教学成绩作为衡量教师发展的标准，就限制了教师的发展。要从具体的活动中成就自觉的教育者。如成果物化的奖励制度、课题申报的补贴制度等，就有效提振了教师进行科研的信心，实现科研自觉。

正基于此，学校形成了良好的学术环境和科研氛围。重庆一中教师频频在各种教育类核心期刊上发表论文并获得各项奖励；并以一线教师为主体，成功申报了多项市级以上科研课题和多项区级课题，教育教学取得了丰硕的成果，为学校的内涵式发展奠定了坚实的基础。

【师者事迹】苏步青数学教育奖获得者、重庆教书育人楷模余志渊：学无止境

2018年12月8日，国内数学教育最高荣誉“全国苏步青数学教育奖”在京颁奖，重庆一中数学教师余志渊喜获殊荣。这是重庆市基础教育教师时隔多年再次荣获的重磅奖项！

余志渊老师在现场发表了获奖感言：“在北京的三天，室外寒风刺骨，人民教育出版社学术报告厅暖意浓浓，平生第一次零距离接触‘苏步青数学教育奖’理事会理事长、著名数学家、中国科学院李大潜院士和张人禾、严加安院士，我倍感激动和荣耀！聆听数学家们的报告和一线教师的获奖感言收获颇丰！在以后的教研中，我要会用数学的眼光去观察现实的世界；会用数学的思维去思考现实的世界；会用数学的语言去表达现实的世界。数学教育，没有最好，只有更好，我将以获得此次‘苏步青数学教育奖’为契机，在广阔无垠的数学时空中带领重庆一中初中数学团队，不忘初心，砥砺前行！最后衷心感谢各级领导的关心和鼓励。”

余志渊2001年被评为中学高级教师，2012年被评为重庆市特级教师，2005年荣获重庆市“五一劳动奖章”，2015年被评为重庆市教育专家成员，2012年被评为重庆市骨干教师，2012年荣获重庆市学生首届最喜欢的班主任评比第一名。2011年、2014年、2015年三次获得重庆一中特殊贡献奖。余志渊1988年参加工作至今一直从事初中数学教学工作和初中班主任工作，因班主任工作突出，15次受到学校或各级教委表彰；因教学成绩突出，14次受到学校或各级教委表彰。2011级他所教学生雷康迪以724.5分获得重庆市中考状元。

余志渊老师撰写的论文有52篇荣获全国、重庆市一、二等奖，并在省级或核心期刊发表。余志渊指导学生参加初中数学竞赛获国家级、省市级一等奖共计39人次，19次获省市级以上优秀指导教师称号，6次参加重庆市或全国教改课题研究，其中作为课题负责人主研的“重庆市高层次义务教育初中数学教材教法实验”

荣获重庆市教改成果一等奖。

余志渊老师主编或参编了20余本初中数学专著或教辅资料，由省级及以上出版社出版发行。余志渊指导青年教师参加全国和重庆市初中数学优质课大赛，3人获全国一等奖，5人获重庆市一等奖，余志渊老师均获优秀指导教师称号。余志渊参加工作至今多次被重庆晨报、重庆商报、重庆晚报、重庆时报、华西都市报、三峡都市报等媒体报道教育教学先进事迹。

（三）行者无疆，感悟生命的精彩

在生活中思考，在思考中感悟，在感悟中成长。这样的老师在重庆一中有许许多多，他们或踏遍世界的大江南北，或沉迷于爱好的自我世界，或无微不至践行着爱的奉献，他们个个不一样，却都一样，他们都是自觉的载体，他们都是自由的灵魂。自觉是人灵性的唤醒，是自我价值的觉醒，而自由是一个能使自己变得更好的机会，重庆一中的老师用实际行动践行着自觉与自由的理念。新时代的老师，除了传道授业解惑之外，更重要的在于用一个灵魂去唤醒另一个灵魂，培养一个懂得生活乐于生活的人。而自觉与自由便是对生命真谛的最高感悟，是对生活的热爱，更是教育对于人最重要的意义，只有行为上自觉，精神上自由的人才是生活所需要的人，才是会生活的人，才是快乐的人。作为教师，为人师表，要培养有趣的灵魂，要培养自觉与自由的灵魂，首先在于教师自身的修养。

【师者事迹】全国模范教师廖小华：教书是我这辈子最正确的事

“廖妈，我们来啦！”走进学校，这天正好是孩子们军训结束的时候，两个女孩捧着一束康乃馨，进门就给廖小华一个大大的拥抱。原来这是廖小华以前班上的学生，军训结束了，孩子们很开心地过来见见“廖妈”。

而廖小华也是“忙里偷闲”接受着采访，她着一袭得体的宝蓝色连衣裙，举止优雅，笑意盈盈，眉目间尽显温情。作为全国模范教师，现在也是学校德育主任的廖小华，我知道，在她身上一定有很多让人肃然起敬的东西。

“当老师就是一种情怀，是一个生命对另一生命的影响！”

这点也可以从廖小华的生活中窥得一斑。廖小华懂生活、爱工作，工作时的她情趣盎然，生活中的她诗情画意。一边认真工作，一边优雅生活，这是她生命的打开方式。她热爱传统文化，也将文房四宝搬上工作台，她从来雷厉风行，也必定“锱铢必较”，无论对待教学还是工作，她总有自己的一套，而这一套大家偏偏都爱“吃”！

“雨雨的班主任，不是亲妈胜似亲妈！……”“儿子的班主任廖小华老师，荣获‘全国模范教师’称号。优秀有很多种，但我更敬重您的是：心灵的美丽和善良。”“祝贺小华姐，我们的好大姐！心中有爱，眼中才有光！”……

今年9月份，廖小华获评全国模范教师，一时间学生家长和同事们纷纷在朋友圈晒上祝福，点滴话语间凝聚的是满满的敬爱。而这，或许也是廖小华这一路走来获得的最好馈赠。

她常说，心中有人，眼中有事。她关注学生身心健康，雾霾天经常自己掏钱为学生买口罩；流感来了亲自买酒精、消毒液，一个桌椅一个桌椅地擦拭，一遍又一遍；为住校学生晚上买加餐；陪学生晨跑和午休；缓解孩子与父母之间的隔阂；进行生涯规划指导，和学生约定一起到金色大厅看他演奏，点亮了学生的生命之光……

家长说：“您才是娃儿的亲妈，娃儿只听您的话！”

孩子说：“廖妈，我想您了！”“我的老师，廖小华，是全国模范教师，我骄傲我自豪！”

而“廖妈”说：“要让别人因自己的存在而感到幸福……”

除了生活里的细致入微，对于德育工作，廖小华也有自己的一套秘诀。

课堂内，她采用灵活多样的教学方式，准确把握教材及学情，擅长因材施教。善于创新，开展小组自主合作学习等形式，培养学生的探究精神，拓宽学生眼界和境界。

课堂外，她时刻关注学生的日常行为，从点滴做起，小到垃圾堆里的玻璃碴，同学之间的互帮互助，大到理想抱负、家国情怀，于无声中彰显为师大爱。

同时，她也希望能将这种立德树人的教育理想和经验传承给年轻教师们，使更多学生能够得到更好的引导。为此，她“锱铢必较”，严以待人，促进青年教师快速成长。

无论是教书育人还是培养青年教师，廖小华都成绩出众。作为市级骨干教师，廖小华所在的班级总能出类拔萃，学生升学率屡创佳绩；所带徒弟也能迅速成长为学校的教育教学骨干，参加重庆市优质课大赛均获得一等奖；而她自己也是深受学生家长喜爱的“优秀班主任”，她所主持的廖小华班主任工作室也培养了大批优秀班主任，成为学校德育工作的中坚力量。

现在，她还创新学生会的自主管理模式、申请“喜马拉雅”自媒体宣传频道，将德育工作的他育与自育结合起来，给学生们一个自主管理、自我提升的平台。她总说，“作为一所名校，我们要培养的不仅仅是只会考高分的学生，而更多的是培养一些有社会担当和社会责任感的学生，将来能够担起社会责任的栋梁和社会精英！”

——摘自《华龙网》专题报道

还有鲜晓宁老师用温婉柔和的笔触记录着她与某个贫困孩子的点点滴滴：孩子外婆去世她的难过与不舍，慷慨捐赠的大方与温暖，日常的嘘寒与问暖，孩子奋发向上的阳光与自信。是她的陪伴让孩子行者无惧，最终圆梦名校，人生圆满。她说，正是这些天使一般的孩子，告诉了她什么叫坦然而有尊严地活着，让她明白了教育的意义。爱很宏大，爱很抽象，可是爱也很细微很具体，在鲜晓宁老师温暖的记录中，我们分明触到了爱最初的模样！鲜晓宁以默默温情温暖着另一个灵魂，是人性最柔软的唤醒，是自我实现的自觉。

有的老师如陈智慧般，不断追寻山水画中心灵的安详，享受与灵魂安静的共处；有的老师如陶益普般，不断追寻旅途中充实的脚步，满足于山水间的诗情画意；有的老师正如鲜晓宁般，不断在关怀的一言一行中寻找教育的真谛。重庆一中的教师们以身作则，用自己的切实行动践行着对生命的感悟，对生活的追求，对自由的向往，对自觉的尊重，他们传播着正能量，成为学生在人生追梦路上最好的榜样。

第三节

个性飞扬的自觉者

“尊重自由”对教师而言是“尊重教师的个性自由，尊重教师的成长自由，尊重教师的发展自由，尊重教师的专业自由，尊重教师的教学自由”。“激发自觉”是通过尊重教师有价值的创造性劳动，激发教师专业成长的自觉性。这种自觉包括教师的职业自觉、学习自觉、研究自觉、成长自觉、教育自觉等。重庆一中教师在充分学术自由的学校环境下，释放自己的教学热情和教研智慧，展示自己的教研水平和教育情怀，将发展自我、充实自我、完善自我、辐射自我作为自觉的目的，形成了非常良性的教师发展生态系统。

重庆一中教师不仅引导学生“明礼崇德，求知求真”，同时也在“自由、自觉”的学校“育师”环境中不断自我超越，形成专业上“求知求真”、教学上不断成长的良好态势。近年来，重庆一中抓住“以德为基，德能并重”“不拘一格选人才”的教师选拔标准，通过“学习育师”“课程育师”“课堂育师”“教研育师”“兴趣育师”的教师成长路径，发挥教师个性，培育了一大批“学有深度、研有精博、教有风格、个性飞扬”的教学名师和专家。

一、名师成长的摇篮

（一）能力为重、不拘一格的教师人才选拔

每年 10 月，重庆一中就要开始为一件重要的事情忙碌起来，那就是到全国各地的综合性大学和师范类大学去招聘优秀毕业生，为重庆一中寻找最优秀的后备

人才。“古有伯乐寻千里马，今有一中千里寻良驹”，寻找符合重庆一中校训和办学理念要求的“良驹”，这是重庆一中教育事业持续发展的根本保证。这个事情从头年的10月，要一直持续到第二年的4月，这是学校上上下下都非常重视的一件事情。学校相关领导从全国各地搜罗的“苗子”，还不能直接成为重庆一中的一员，这些候选者还需要到重庆一中各个教研组去进行教学试讲，通过了试讲的，才能成为学校的成员。

每到人才试讲的日子，各个教研组都派出精兵强将，发挥集体智慧，从众多优秀毕业生中寻找那个最优秀的苗子。选拔过程中，不仅要看大家的毕业学校、毕业地域、学校成绩、学校学生工作、学校学术工作、学校相关竞赛，同时，还要看他们是否具有教师各方面的综合素质和后期发展潜力，最后综合权衡，优中选优，确定人才名单。

人才选拔中，毕业生自身能力和发展潜力是学校最看重的考核指标。这里有的毕业生板书比较漂亮，有的毕业生说课逻辑清晰，有的毕业生教态非常自然，有的毕业生在大学里主攻奥赛，有的主攻古文，有的主攻相关实践，有的主攻论文等，不一而足，不管是哪一个学科，不管在哪一个方面，只要他有一技之长，能力出众，都可能成为重庆一中众多优秀教师的一员。在试讲的环节，可能是北京大学的毕业生和重庆师范大学的毕业生同台竞技，也可能是华东师范大学的毕业生和四川师范大学的毕业生相互PK，最后获胜者，一定是综合素质最高、能力最强的那一个。因此，重庆一中的教师都是来自五湖四海，东西南北，不同地域和学校文化的熏陶下的各地优秀人才，融为重庆一中优秀教师的大家庭。

重庆一中为夯实学校发展的基础，为未来学校发展奠定良好的底子，每年均到全国各大综合大学和师范大学去招揽人才，目前重庆一中的教师毕业学校来源基本形成“立足本地，遍及全国；重本一般，不拘一格；贤能并举，特色多样”的格局。教师的毕业学校既有北京大学、清华大学、武汉大学、四川大学这样的综合性重点大学，也有北京师范大学、华东师范大学、华中师范大学、东北师范大学、西南大学、陕西师范大学这几所教育部直属重点师范大学，同时还有来自湖南师范大学、重庆师范大学、四川师范大学等省级大学。教师来源广，为重庆一中带来了不同地域的文化熏染，也带来了不同大学的教学“基因”，这为保证重庆一中教师“互相学习、百花齐放”的发展带来了人员上的保证。

不同学历水平的教师，只要其品德足以胜任教师工作，专业知识过硬，有一个热爱教育事业、热爱学生的灵魂，有善于表达自我和表达学科知识的能力，就一定是重庆一中青睐的对象。

来自不同地域的教师群体，一方面，教师自身通过文化相互影响，形成重庆一中所独有的“五湖四海”文化；另一方面，也通过来自不同地域的教师的影响，开阔学生视野，为学生提供不同文化的感受经历。

教师来源的多样化，地域多样化，学历多样化，能力多样化，为重庆一中“尊重自由，激发自觉”教育理念提供了非常好的人才基础，也是重庆一中名师成长的重要前提。在尊重有不同文化背景的优秀教师的生长自由前提下，激发有不同能力教师的发展自觉，培育重庆一中优秀的教师群体，是重庆一中教师发展中的重要战略举措。

如重庆一中体育组的沈清敏老师来自北京师范大学，沈清敏老师发挥自己所学，为体育组的发展做出较大贡献。数学组朱海军老师，毕业于北京师范大学，在北京某中学已经准备签约的情况下，毅然和重庆一中签约，如今已成为数学组的年轻教学中坚力量。重庆一中化学组的郭仕文老师，来自重庆师范大学，通过自身的不懈努力，成为学校在化学教学和化学奥赛领域的领军人物。

“地不分南北，人不分学历”“不拘一格纳人才”是重庆一中教师招聘的优良传统，也是学校教育教学百花齐放、百家争鸣的组织保证。尊重教师的生长自由，激发教师的成长自觉，在保证教师质量的基础上，进一步培养本校专家型教师和学科名师，是重庆一中人才培养战略的重要基石。

（二）深度参与、精品打造的课程育师战略

基础教育的三级课程设置与管理体制，是我国基础教育改革的重要成果。三级课程即在课程的设置和管理上，以国家为本的国本课程、以地方为本的地本课程和以学校为本的校本课程三者并存，既各司其职又相互补充。重庆一中历来就有高度重视国本课程落实，积极开发校本课程的传统。

在“明理崇德，求知求真”的校训指引下，在“尊重自由，激发自觉”办学理念指导下，重庆一中积极落实国本课程的“立德树人”价值，在全校范围内要求各教研组和备课组深度参与国本课程和国本教材内容的挖掘，从“知识与技能、过程与方法、情感态度价值观”三维目标去全方位解构国本课程内容，从学科核心素养的角度去深度贯彻国本课程的落实。同时，充分发挥各教研组教师成长自

觉性，尊重教师兴趣和个性，开发有教师特色、学校特征的校本课程。在国本和校本课程开发过程中，教师和教师团队的深度参与，课程打造的精益求精，都让教师从中获得成长的助力。

在国家课程的落地化过程中，重庆一中以各教研组和各备课组为中心，通过挖掘国家课程理念，掌握国家课程内容，形成国家课程方法，开发国家课程资源，落实国家课程理念，指向国家课程目标，使得教师在国家课程落实过程中形成国本课程的自我研究、自我延伸、自我补充、自我迁移的能力，促进教师从教课本到教课程的转化，从“经师”到“人师”的转变。

立足乡土，面向学生，丰富视野，开启智慧的校本教材是国本教材的重要补充，重庆一中在多年的教育教学实践中，根据学校自身发展实际，积极引导教师开发各种校本课程，总计上百门的校本课程给予了学生丰富的选择余地，也让重庆一中的课程建设呈现一派繁荣的景象。校本课程的建设，既是教师专业功底的体现，也是教师学科视野的体现，同时还是教师专业不断发展的“磨刀石”。

重庆一中先后建设有高中市级课程创新基地——数学课程创新基地、物理课程创新基地、英语课程创新基地、政治课程创新基地、体育课程创新基地，同时，市级精品选修课“地球的呼唤——环境保护与可持续发展”“物理奥赛”“科技制作与创新”等纷纷设立，这既是对重庆一中长期坚持国本课程本土化、校本课程精品化的认可，也是重庆一中进一步通过课程建设培育教师、培养名师的摇篮。在课程建设和开发过程中，重庆一中教师的表现可谓精彩。在各种国家级和省市级比赛中，重庆一中教师屡屡拔得头筹，荣获冠军殊荣，这不可不归功于重庆一中教师团队对国家课程标准的精准把握，对教材内容的深度解析，对教学手段的灵活运用和教学方法的优化组合。如 2017 年 7 月，重庆一中的周波涛和于海洋老师在重庆市首届青年教师教学大赛中分别荣获高中、初中特等奖第一名，并被授予五一劳动奖章。

在校本课程建设过程中，必然涉及校本教材的开发，目前重庆一中已经开发的三十余本校本教材中，有很多获得学生的高度认可，同时也获得了很多荣誉。如周鹊虹的《中国茶文化》、王越的《初中生心理健康教育》、欧权的《牵手梦想在行动》等被评为沙坪坝区校本教材成果一等奖。吴文成的《地理“眼”中的居住建筑》校本教材获人教版教材主编高度赞许，并被建议申请为地本教材。

课程建设对于学校而言，是一张亮丽的名片，对学生而言，是一生中重要的学习经历，对教师而言，则是职业生涯的主要内容。建设卓有成效的国本课程，打造一大批教有高效、课堂卓越的国本课程教师是学校建设的立校之本；开发特色显著的校本课程，形成教师通过课程发展、课程成长的校本平台，则是学校建设的发展之基。教师因课程而发展，课程因教师而特色，学校因教师和课程而持续。“尊重教师课程自由，激发教师课程自觉”，师培课程，课程育师，这是重庆一中发展的重要战略。

（三）兼容并包、百花齐放的课堂育师理念

基础教育的主战场在学校，学校教育的主阵地在课堂，教师教学的主狙击点在讲台。无论教育理念如何更新，教学方法如何换代，教学技术如何发展，课堂教学——始终是基础教育的主要形态。随着网络技术的进步，学生学习的分散化和碎片化愈加明显，但是，课堂教学始终是基础教育的主要形态这个判定在很长一段时间是不会过时的。重庆一中历来关注课堂教学，关心课堂效果，可以说，学校的一切工作都主要是围绕着课堂教学来展开的。

在“尊重自由，激发自觉”办学理念下，重庆一中形成了兼容并包、百花齐放的课堂育人理念。在各个年级组、各个教研组，不同教师因其独特的教育教学经历，提出自己的课堂教学理念；有的教师立足传统课堂教学，提出各种课堂教学理念；有的教师将教学场地扩展到教室外，搬到校园中，充分利用校园的课程资源，形成校园课堂理念；有的教师将学生带到校外、带到郊外、带到工厂和农村中，提出校外课堂理念；还有的教师提出网络课堂理念，将教学场地搬到线上。在“明礼崇德，求知求真”的校训指引下，学校教师在课堂教学中的主张呈现百花齐放、百家争鸣的状态，在“尊重自由，激发自觉”的教育理念指导下，重庆一中各种课堂教学理念呈现包容成长、融合发展的趋势。

在传统课堂教学中，重庆一中的黎见明的“导读法”唱响大江南北，“中心教学法”“发现探索型”“导引迁移型”“情景再现型”等教学理念此起彼伏。这些不同学科，在不同阶段提出的课堂教学理念让重庆一中走在了教改的前列，同时也让学生在学校学习过程中收获了巨大的成功。重庆一中包容的教学思想，让教师在这片教育的沃土上赢得了自己职业生涯的一片天空，不仅影响了一代代的学生，同时也影响了一代代的同行。传统精品课堂的打造历来是学校教学工作的重心，通过参加学校各教研组公开课、学校青年教师优质课、重庆市优质课比

赛等，学校各教研组群策群力，通力合作，发挥集体智慧的优势，将每位老师对教学的感悟和教学的经验融入每一堂比赛的优质课，不仅让参加比赛的教师有很大的收获，同时也让参与磨课的教师获得深度的参与，在相互碰撞中产生知识之花，在相互交流中产生智慧之果。

课程资源不只在教师的教案中，也不只在幻灯片中，更多的是在书本之外，在教室之外。将教室搬到校园，将讲台放到教室外，成为重庆一中一道美丽的风景线。在阳光明媚、风轻云淡的日子，在重庆一中地理园里、生物园中、迎霞湖畔、青草坪边，每每有教师带领着学生观察地物、欣赏植物、描写天空，或者畅谈感想，这些场景甚至让进校的学生家长投来羡慕的目光。重庆一中地理组的各位老师，每到讲解地质地貌、中国地形这两部分内容的时候，都要将学生带到地理园去看看更为真实的各种地理模型，这既增加了学生的直观感受，也让学生热爱自然的情怀更加饱满。重庆一中古建筑项家院，成为《地理“眼”中的居住建筑》课程的学生实习基地；重庆一中校园内丰富的植物种类，成为生物课重要的鉴识对象。

校园内一片小天地，校园外，则是课程资源更加复杂、更加丰富的大天地，是教学活动的另外一个主要战场。校外科技实践、校外调查活动、校外参观访问、校外亲身体验等，不仅增加学生的知识，也培育学生健康向上的积极情怀。沙坪坝的五云山寨是学校很好的社会实践活动基地，学校外面的三峡广场商业街是政治、数学等很多学科校外教育的基地。

重庆长江、嘉陵江、沙坪坝的清水溪和凤凰熙等，成为地理组付申珍老师环境教育课程中水环境考察的首选教学基地。磁器口古镇因为其悠久的历史、特色的川东民居、由港到商到旅的业态变化，成为地理组吴文成老师的建筑类校本课程的基地。

网络技术的普及，使网络也成为很多老师的课堂承载器，他们不仅在网络上寻找课程资源，获取实时数据信息，还有部分老师运用网络在周末给学生答疑解惑。信息技术组的李崎颖老师利用 QQ 群给同学们进行大课讲授，充分利用晚上和周末时间给同学们统一进行信息学奥赛辅导。地理组的罗琴老师，充分利用微信视频、语音和文字等聊天功能，开展微课教学，每天将同学们易错的知识点的讲解视频发送到微信群，将地理学科薄弱的同学定时召集在群里，进行统一公开答疑和个别辅导，取得了不错的效果，并被重庆晚报等媒体报道。

[案例]罗琴的微信课堂

微信线上课堂初试

想法的提出

古人云：学不可以已。而在现代社会，终身学习更应成为人们的毕生追求。我作为一名教师，在传道授业的同时，始终以多种方式坚持学习：比如购买网课进行网络跨学科的系统学习，比如通过“得到”“精雕细课”“网易云课堂”等手机App利用开车或等公交、地铁等零散时间随时学习。在学习的过程中，我经常发现自己学习新知识的同时已经遗忘了部分旧知识，或者听完一遍网课后，仍然会有不懂的，一般我会选择再听一遍。结合自己的学习体会，我认为学生一定会存在一样的问题。我想，如果在我的课堂上，学生有部分没听懂或者遗忘了旧知识的，也能有机会重复听一遍课，效果岂不是更好?

有了这样的想法之后，我进一步思考以什么样的方式让学生可以重复听课学习。在国际部担任班主任的这半年，我接收了许多新的教学方式：比如邮箱实现一对一的批改和指导，学生用手机录几段口语，然后再发送给老师检查等。互联网的发展冲击着传统的教学模式。而在现实生活中，双师制已经在部分地方得以实施，学生们能够在线上享受优秀的教学资源，然后在课堂上由老师引导参与答疑和讨论，在这种新的翻转课堂的模式下，老师的个性化指导和因材施教将体现得更加明显，学生们在此过程中也能培养自学能力，为终身学习奠定良好的习惯基础。那么，我可以试试这个理念吗？只要对学生有益，都是值得探索的。

实施过程

寒假里，我组建了一个微信群“遇见更好的自己——地理小群”，每天定时在群里讲解知识点并进行答疑，摄像头就在自己与文字资料或者草稿纸之间来回转换。但是为了提高可操作性，学生人数限制在20人以内，每天以“视频+练习+答疑”的方式定时一起学习。具体操作如下：前一天晚上，我会把整理好的文字笔记资料拍照发送到微信群，要求学生提前学习并整理笔记。第二天中午，我会录制知识点讲解视频，并留下试题作业，然后上传到微信群，要求学生提前看视频学习。晚上十点，学生们会在微信群里打卡签到，并提出他们的疑问，我则根据他们的疑问，录制答疑视频并发到群里供大家一起学习，直到没有疑问为止。最后，我会统计当晚打卡签到的学生名单，并粗略统计问问题的数量，发送到微信群里，以便相互鼓励和督促。

总结

目前我们已经坚持打卡学习至今，收集了部分学生的反馈，总结有以下几点：

①听课时间比较灵活，业余时间得以充分利用；②可以多次回放视频，强化理解和记忆；③提前学习笔记资料并自己整理，看完视频之后再补充整理笔记，疑问能够当天解答并加以梳理整理到笔记中，多次强化梳理知识点，印象深刻；④大家一起督促学习，方式新颖，感恩老师的时间付出，比较有动力；⑤知识上查缺补漏，笔记更加完善，态度上更加热情。希望学生们能够潜移默化地接受终身学习的理念，并一直坚持下去。在这些反馈中，几乎每个学生都提到了能够回放视频学习的优势。足见，在传统课堂教学中，这一点是比较缺乏的。

将学习拆成以知识点为主的学习模块，每个知识点都有短视频讲解。学生的学习不再局限于课堂，学习知识变成了线上作业，成为师生一起探索的朋友模式，学生成为学习的主人。开学后，我仍然坚持每天录制新课视频，周末发送给学生，并附带一些经典题型的讲解视频。只要学生愿意学，我会将这种方式坚持下去，直到学生毕业。我仍然会在自己的学习过程中思考更适合学生的学习方式。且行且珍惜，我还在尝试和探索的路上。

优质的课堂，一定要优秀的教师来打造；高效的课堂，一定是教师倾心打磨的结果；充满核心素养培育和立德树人价值的课堂，一定是有教育情怀的教师用心血浇灌出来的。尊重教师的教育自由，才能有教师心甘情愿的教育自觉，这样的教育教学环境，才是学校之福，也是教师之福，更是学生之福。

二、人才飞翔的天空

（一）育人为本、兴趣指引的专业深度发展

“尊重自由，激发自觉”办学理念，体现在学校的各个教育教学环节中。不仅在教师的课程开发中有自由的尊重，在教师的课堂教学中有自觉的激发，同时还在教师育人前提下基于个性特点和兴趣指引的专业深度发展。

不同的教师，由于其个性特点、学习经历、眼界宽度和教育教学实践的差异，因此其兴趣有较大不同。在专业发展中，有的教师善于对教育教学内容做深入研究，在教学中纵横捭阖、深入浅出，常常引学生入胜景；有的教师喜爱对教学形

式的研究，从教学的引入、转承、讲解、板图、总结等方面下功夫思考，形成自己的个性课堂；有的教师侧重对学生思维培养的研究，一堂课让学生“烧脑”不止，在不知不觉中，高阶思维得以形成，深度学习得以发生；有的教师关注核心素养的落地化研究；有的教师喜欢对学生的学习过程做深入研究；有的教师则关注学生的动手实践能力研究；还有的教师喜欢课程资源开发；有的喜欢校本课程开发……不一而足。在“尊重自由，激发自觉”办学理念指引下，教师的专业深度发展呈现出“百花齐放，百鸟齐鸣”的可喜状态。不管老师们的思考和研究关注的是哪一方面，其最终的目的仍然是为学校、学生的持续发展和素养提升，为学生最终“知礼、求真”而进一步深化。在不同的教学领域深挖广掘，也让老师们成为某领域的专家和名师。每一个教研组、每一个备课组、每一个年级组，各位老师分别都是教育教学各个领域有一定研究专长的专家，集合群体的力量，重庆一中的教师就是教育各个领域的专家群。

立足于育人，目标指向育人，尊重教师专业发展自由，激发教师专业发展自觉，结合教师个人特长和兴趣，对专业领域的各个维度和各个层面进行深度的研究，对各个教师的专业研究进行整合，重庆一中教师就成为中学教育领域各个环节的专家，重庆一中教师群就成为一群优秀的专家组成的专家型教师群体。

为了教育教学工作精深化开展，为了教师专业化发展，重庆一中在每年暑假组织教师前往北京大学、清华大学以及北京师范大学等名校进修，在北京重点中学考察，从理论高度和实践层面加强教师的培训。每年 9 月左右，学校还组织部分高三教师前往教育发达地区优秀学校考察当地高考经验，提高教师的高考应考教学技能。为提高教师的文化修养和教育理论，学校还购置大量教育理论方面的书籍，为提升教师水平提供平台。同时，每年假期都为教师购买 2 本以上相关书籍。除此以外，学校还和重庆大学图书馆签订合同，建立战略联盟，重庆一中教师享有重庆大学教职工同样的借阅待遇等。这些硬件和软件方面的打造，为重庆一中教师提升自我修养，建立“书香校园”“学习型校园”“专家型教师团队”打下了良好的基础。

重庆一中的教师不仅积极参加学校组织的大规模培训，还充满饱满的热情，自觉地提升自己的教学素养，自己给自己“充电”，提升自己教育理论高度和实践操作水平。有很大一部分老师参加了在职教育硕士的学习，并取得了教育硕士学位，还有的老师，不仅平时加强学习，而且每当市里有相关教学比赛和教育教学相关讲座时，也积极参与，不放过任何学习机会。甚至有的教师在探亲的过程中，主动和当地的重点中学联系，去学习其先进经验。教师的自觉一旦被激发，其内在的研究积极性可以得到很大的提高。重庆一中的教师群体中，能成为专家型的名师无一不是教育教研自觉性高的教师。

通过自我水平的提高，专业化的发展，让自己在重庆一中这个大舞台绽放自己的光彩，并进一步在更大的舞台上展示自己的风采、个性魅力，同时也提高重庆一中在中学教育届的地位，让重庆一中这所百年名校焕发出新的风采，展现出新时代的魅力，这是重庆一中所有教师的心声。

（二）充满特色、富有个性的教学风格竞流

“尊重自由”是让教师享有充分自由的教育教学和教育科研的环境，形成自己特色的教育教学风格和教育科研天地；“激发自觉”是让教师在教育教学和教育科研中拥有自我生长的能力，催发出自我生长的潜能，拥有自我生长的自觉性。在重庆一中这片天空下，教师的自由得到充分的尊重，自觉得到极大的激发。

立足课堂，服务课堂，根植课堂，完善课堂，形成个性课堂、特色讲台，是重庆一中教师最重要的教育教学和教育科研指向。重庆一中在教师成长的过程中，讲究“大同小异”。①目标同而过程异：都是以育人为目标，培养社会主义事业接班人，培养有基本素养的社会公民，这是目标同。但是，在培养过程中，用哪种方式培养，用哪种情景培养，培养的过程则尊重不同教师的个性特色，形成不同的培养过程，这也是尊重教师的自由。②方向同而重点异：都是指向学生综合发展、素养提升的方向，但是，不同教师在面对不同年龄段、不同班级、不同个体的时候，培养的重点有所差别，有的重点在知识的领悟，有的重点在思维的灵活，有的重点在思想的扭正，有的重点在兴趣的激发等，这也正体现出“因材施教”的教育原则，同时，也是针对学生的不同特点而“尊重自由，激发自觉”的教育策略。③方法同而手段异：教师在面对不同学生的时候，采取的教育教学方法可能相同，但是，具体操作手段却可能有很大的差别。同一个知识点，都是采用讲授法，但是，有的教师采用先直观后抽象的方法，有的教师采用由因及果的讲授，有的教师采用由果及因的讲授，等等。教师手段的不同，并不影响方法的合理采用。重庆一中教育教学讲究“因材施教”的原则，同时也讲究“因师施教”的策略，不同教师就应该有不同的教学风格。各种教育教学风格，组成了重庆一中教育百花园中

争奇斗艳的朵朵“鲜花”，形成了重庆一中教育园地中“百舸争流”的教育盛况。

重庆一中浓厚的“自由”教育教学氛围，孕育出了各有特色、富有个性的各式教学风格。有的教师上课旁征博引，蔚为壮观，成为学校一景；有的教师深入浅出，讲究知识迁移，成为学校一品；有的教师风趣幽默，上课妙语连珠，课堂学生欢声不断，成为学校一格；有的教师上课富有哲理；有的教师上课突出活动；有的教师以故事带动课堂；有的教师以时政引入探究；有的教师上课富有艺术之美；有的教师上课深含科学之味……多样化的教师教育风格为学生提供了富有特色的营养大餐。在这样的学校读书，那是一种什么样独特的体验呢？在重庆一中校园课堂教学文化中熏陶下成长的学生，其综合素养和“工厂化学校”培养出来的学生差别在哪里呢？

“尊重自由，激发自觉”不是一句空话，也不只是一种教育见解，它已经深深地在重庆一中这所百年名校生根发芽，并正在茁壮成长。享有自由理念的教师，教育着同样享有“自由”理念的学生，激发起拥有“自觉”理念的教师，正在激发着学生的“自觉”理念。重庆一中，继往开来，正以一种新姿态和新情怀，在“自由自觉”理念下激发着全校教师继续着伟大的教育事业，开创着教育的新天地，为莘莘学子提供教育的“大餐”、成才的“盛宴”。

（三）走近学生，亦师亦友的师生相互成长

“尊重自由，激发自觉”是学校里每一个教育个体的自由和自觉，包括学校里的教师，更包括学校里的学生。和谐的师生交流，亦师亦友的师生关系，成为重庆一中重要的学校文化。教师根据学生的发展特点，尊重学生的发展自由，制订学生的发展策略；学生理解教师的劳动，尊重教师的教育自由，配合教师的教育行为，这已经成为广大师生的教育共识。学生的自觉发展，学校和教师全力支持，通力配合，教师的教学教研自觉，也是为了让学生能得到更好的发展。

很多从重庆一中毕业的学生，回首学生生涯，最重要的留恋就是教师对学生的某一次对话，最重要的回忆就是某一次教师和学生共同参与的活动，最重要的思念就是当年的那一群教师和同学。很多校友回校以后谈起当年的学校生活，师生的一起活动，一起劳作，在教室里面的一次开怀大笑，在操场上的一起跑步，都成为学生津津有味的回忆。

在重庆一中有一句流传甚广的名言：“教师成就学生，学生成就教师。”就

是学生的成绩是教师来成就的，而教师的成绩是学生来成就的。每一个从重庆一中走出去的学子，没有人会否认教师在他学习生涯中所起的重要作用。无论入学考试多么优秀的学生走进重庆一中，他首先感到的是重庆一中教师群体的优秀，教师教育教学水平的精湛，从此，三年或者六年的时光里，他们将对学习的追求完全依赖于教师身上，对成长的需求完全寄托于教师身上。在重庆一中，教师是优秀学子走向人生阶段性辉煌的重要条件，也是重庆一中一笔最大的宝贵财富。而教师在自由自觉的环境氛围下，不断去研究教学内容、学生学习、教学形式，培养一批又一批优秀的人才走向高一级重点大学，这也让教师丰收，成就了自己的教育职业生涯。在重庆一中，“一日为师，终生为友；一日为生，终生为友”的口号传唱在校园的每一个角落。这固然有教师人格魅力的驱使，同时，“自由自觉”的校园文化对这种氛围的营造也起着至关重要的作用。来自不同地域、不同学校、不同籍贯、不同学历的教师团队，因为自由自觉的办学理念所熏染，最终形成强大的教育合力，让深处其中的所有教师和学生，形成某种稳定的“命运共同体”，相互促进，互相成长，谱写了一段又一段教育佳话。

重庆一中的教师，因为其对学生的爱而深受学生爱戴，因为其教学技艺精湛而深受学生欣赏，因为其走近学生、了解学生而让学生亲近，更因为其对学生的未来铺了一条坦途，提供了发展的动力而深受学生尊敬。陶行知说过：“你的教鞭下有瓦特，你的冷眼里有牛顿，你的讥笑中有爱迪生。你别忙着把他们赶跑。你可不要等到坐火轮、点电灯、学微积分，才认识他们是你当年的小学生。”重庆一中的教师，不是以威压来赢得学生暂时的屈服，而是触及学生灵魂深处的教育点来获得学生终身的敬仰，是靠自身品德的不断锤炼，靠教学技术的不断成熟，靠对教育事业的那份深沉的爱来获得学生永远的回忆的。

第四节
教育公平的担当者

党的十九大报告提出，要“推进教育公平”“推动城乡义务教育一体化发展，高度重视农村义务教育”“努力让每个孩子都能享有公平而有质量的教育”。教育公平是社会公平的基础和人生公平的起点。教育公平推动人才涌现、活力涌动、智慧涌流，促进人民安居乐业、社会安定有序、国家长治久安，对实现中国梦具有十分重要的意义。

在诸多促进教育公平的途径中，政府的主导与政策的支持是关键。但同时，具备优质教育资源的学校帮扶欠发达地区的薄弱学校，对促进教育公平也有非常重要的意义。重庆一中作为重庆市最早的现代公立学校，不忘平民教育办学初心，始终坚持对地方、国家和社会教育的强烈情怀和责任担当，几十年来，重庆一中不仅自身精心办学，对落后地区薄弱学校也给予大力帮扶，创造了一系列可喜的佳绩。与此同时，学校许多老师也在帮扶互助的精神感召下，自发地走入大山深处，不求名不求利，只为践行心中崇高而美好的教育理想，在青山绿水间，留下了一个又一个感人的支教故事。

一、教育发展的共同体

作为重庆促进均衡教育的先锋队，重庆一中与全市多所学校建立了帮扶关系，在长期、深入而真诚的帮扶实践中，创造了许多令人称赞的教育硕果。

坚守不忘平民教育的初心、坚持推进教育公平的实现，成为学校各级领导和老师的共识，对各个对口学校从办学理念培育到教育管理实施、从师资队伍建设到教育科研推进、从课堂教学改革到课程标准执行、从软件资料建设到技术手段运用等方方面面、点点滴滴，都进行了不遗余力的能量传递。

二、重庆一中历史中的平民教育

改革开放以来，重庆一中不忘平民教育办学初心，始终坚持对地方、国家和社会教育的强烈情怀和责任担当，积极发挥教育引领作用，对落后地区薄弱学校给予大力帮扶。重庆一中先后参与了“市长扶贫”工程、“百校牵手”工程、“捆绑帮扶”工程、“领雁工程”等项目，对江北区45中、字水中学、石柱县马武中学、长安二中、巫山县巫峡中学、111中学、川汽厂子弟中学、南区二校、白市驿镇中学、长征中学、回龙坝镇中学、万州江南初中、秀山高级中学、秀山梅江中学、清溪中学、49中学、礼嘉中学等十多所薄弱学校进行了对口帮扶和其他各方面的支持。近年来，学校又与璧山中学、丰都中学、垫江中学等学校联盟办学，构建发展共同体，还作为“沙坪坝区第一学区共同体”的领军学校带动大学城一中、曾家中学等6所中学提升办学水平。

近年来，学校因其突出的帮扶成绩，被中共中央组织部、教育部、国务院扶贫办等七部委授予“全国学校对口支援工作先进单位”荣誉称号，先后获得“重庆市对口支教工作先进集体”“城市学校支持农村教育百校牵手工程学校”“重庆市三峡库区对口支援先进单位”“重庆市普通高中学校捆绑发展工作先进集体”“重庆市农村中小学领雁工程先进集体一等奖”“重庆市农村中小学领雁工程先进示范学校”等称号。

重庆一中始终不忘平民教育的初心，发扬互帮互助的优良传统，始终走在促进教育公平发展的第一线，在长期的对口帮扶工作中积累了丰富的经验，取得了丰硕的成果，受到社会各界的广泛赞誉。重庆一中注重品质，勇于担当，终无愧于中华名校的美誉。

三、学校发展的共同体建设

自2015年来，为了迎接重庆市高考新变化，整合重庆一中对口帮扶学校之间的集体力量，进一步深化统筹城乡教育发展改革，由重庆一中倡导、发起和主办，丰都中学、垫江中学、璧山中学先后承办了三届“重庆一中帮扶学校联盟高考全国卷研讨会”。在研讨会上，由重庆一中领衔的八所联盟学校的校长、教务主任、高三年级组长、高三各学科备课组长及部分高三任课教师围绕如何面对 2018 年高考全国卷，如何做好高考复习等问题，进行深入的交流和研讨。

联盟学校高考全国卷研讨会的举行标志着重庆一中帮扶机制已经从传统的 1.0 版本升级到了 2.0 版本，即在教育发展的新形势下，由过去的物资帮扶、师资互派、干部交流，更多地转向智力支持、资源共享、协作发展，由重庆一中单一对对口学校的帮扶更多地转向重庆一中与对口学校以及对口学校之间的多维度、多层次、全方位的互动。2015 年 11 月 8 日，重庆一中在全国卷研讨会上精彩地阐释了重庆一中帮扶机制 2.0 版本的新特征：目标的共同性、系统的开放性、机制的专业性、过程的多元性、行为的主体性。

以万州江南中学的帮扶工作为例。重庆一中早在 2006 年便与万州江南初级中学“联姻”，开展与对口支援的扶持工作。此后，重庆一中不断派出得力干部、教学名师到江南中学，全面指导江南中学教师，极大地提高了江南中学教师的业务水平和管理水平。在十余年的对口帮扶中，重庆一中采取领导干部挂职、优秀教师支教、专家名师示范课、听课评课诊断、备课组长师徒结对、拜师跟课学习、教育讲座培训等方式，从师德师风、教学理念、教材教法、备课评课、教研模式等方面进行广泛而又深度的交流合作，达成高效帮扶目标。

2016 年 11 月，重庆一中与万州江南中学共建教育发展共同体，开启了对口帮扶、深度合作的新模式。重庆一中不仅在“输血”，更在“造血”方面给予江南中学很大的帮助。

《重庆日报》曾用半个版面刊载了一篇题为《江南中学：牵手六年，走向卓越》的专题报道，详细介绍了万州区江南中学在重庆一中的结对帮扶下创造的万州区教育界“江南奇迹”：万州区江南中学由六年前蜗居江滨、其貌不扬的初级中学，一跃成为万州区重点中学，豪情满怀地迈向教育发展的更高境界。

万州江南中学是重庆一中所担当的学校共同体建设事业中的一个典型代表，它彰显着名校牵手所能带来的历史机遇，也展现出重庆一中为促进教育公平而务实合作的诚意和决心，更是用实际的成效标榜着均衡教育的美好未来。

捆绑帮扶工程

谭顺福是重庆一中教科室主任，但他同时也是秀山高级中学的挂职副校长。在过去的几年里，他一直奔波在教育帮扶的路上，见证了秀山教育翻天覆地的变化：在重庆一中的帮扶下，秀山县从几年前每年考入重点大学的学生不足百人，到如今仅秀山高级中学考入重点大学的学生就达到了1056人。“是推动均衡优质教育、促进教育公平，改变了孩子们的命运！”作为引领者的谭顺福感到很幸福很满足。

在重庆一中帮扶前，秀山全县每年考入重点大学的学生仅20来人。2011年初，作为秀山高级中学挂职副校长，谭顺福带领重庆一中5名包含特级教师、研究员等专家型教师来到秀山高级中学，开始了为期两年的住校帮扶，重庆一中支教教师吃住都在学校，到了周末和节假日才返回重庆。不仅听课、评课，谭顺福还带着帮扶团队跟该校的老师一起备课。重庆一中和秀山高级中学还搭建起网络平台，秀山高级中学的老师可以随时同步连线重庆一中本校的老师交流，此外，秀山高级中学每年会派出教师到重庆一中拜师学艺，重庆一中的老师也会不定期到帮扶学校去讲课指导，慢慢地，被帮扶学校教师自我发展的意识强了，先进的教学理念更容易被吸收，学生在课堂上更快乐更自信。

在重庆一中的帮扶下，通过老师们的共同努力，2012年，秀山高级中学第一届高中毕业生中，359人考上了重点大学。此后的每一年，秀山高级中学在高考中“清华北大年年有，重点本科节节升”。之后高考突破千人大关，该校有1056人考上了重点大学。

“习总书记在十九大报告中提出，要不忘初心，牢记使命，我的初心就是想用自己所学的知识去引导学生，让他们能接受好的教育。”谭顺福说，作为一名教师，十九大开幕会上习总书记报告中的这一点让他感触很深。

“要让孩子们都能接受良好的教育，推进教育公平尤其重要。”谭顺福说，在自己读书的那个年代，没有好的教育，所以他深知教育的重要性，不管是一个家庭，还是一个地方，重视发展教育会给他们带来翻天覆地的变化。

为更好地推动均衡优质教育，促进教育公平，一路走来，重庆一中对秀山高级中学进行帮扶、捆绑发展至今，已经形成了以秀山高级中学为代表的一大批较薄弱学校的“发展共同体”，让更多的薄弱学校变强，让一所学校辐射一片地区，已经成为重庆一中全体教师的神圣使命。

谭顺福表示，均衡优质教育远远未达到，还有很多办学条件差的地区和学校，我们有责任有义务带领薄弱学校共同发展。帮扶好一所学校，仅仅让它每年有多少学生考上重本是不够的，更重要的是让他们具备“造血功能”，走出一条有自己特色的素质发展之路。

第六章

“尊重自由，激发自觉”办学理念下的学生成长

第一节

让尊重成为一种态度

一、尊重生命

（一）尊重生命的现实存在

存在，本身是一个哲学概念，指不以人的意志为转移的实在，包括物质层面和意识层面。就物质层面而言，尊重生命的现实存在就在于尊重生命的个体本身，珍爱生命，不随意践踏生命。在这一环节，教育的主要目的在于引导人重新审视自己对生命的态度，不仅是自己的生命，还有其他的生命个体，生命只有一次的观念应该深入人心并外化于行；就意识层面而言，尊重生命的现实存在在于尊重个体生命的天性特点，不违背天性，善于从人本身的性格特点出发引导，顺势而为，激发人本身的潜能，以及人本身的自觉性，从人身上开凿出不断前进的动力源泉。

重庆一中为学生学习创造了良好的环境，而众多学子也在其中汲取着母校的文化，使自己能够根据自己的特点自由地不断成长。例如高晨曦，就是在重庆一中自由自觉氛围下成长得很好的孩子。他高一结束时面临着和众多学子一样的问题——学文还是学理，在这个问题上，父母亲和高晨曦发生了分歧，他偏好文科，但父母强迫他学理。在这个问题上，重庆一中尊重孩子本身的天性，根据他的特点鼓励他学文，并帮助做其父母的思想工作，最终取得了他父母的同意。

实践证明，文科激发了高晨曦的潜能。他在看完历史教科书后喜欢提出各种问题，会思考同样性质的运动在不同国家、不同时代导致迥异的结果。会突发奇想，将历史当中的关键事件替换，再设想人类社会的命运是否改变，最关键的是，对历史事件评价的批判性思考催促着他去寻找能够给出合乎逻辑的解释。于是尚读初中的他利用课外书中得到的社会科学理论分析历史事件的发展，并试图给出其发生背景和结果的因果关系，还写出了几篇“学术”论文。而当时的他并未意识到，这些问题将他引向了一个庞大的政治、经济、社会、文化的整体社会科学领域。在他看来，自己的计划需要充分的准备，要消耗大量的时间，所以选择了重庆一中，因为校风相对自由，这是他眼中的“天时”；而“近水楼台先得月”，重庆一中离市图书馆很近，他常常坐807路公交车去图书馆，这是他眼中的“地利”；最后，他的每一次探索都得到了老师的鼓舞，与老师的交流沟通成为他前进路上美丽的故事。

在翻阅了差不多50册左右的文献、著作后，21万字的最终稿成型。高二时高晨曦出版著述《全球化与国际垄断资本》，随后在拔尖计划中进入清华大学社科院社科实验班，在2017年4月入读一桥大学经济学研究科修士课程，2018年3月跳级取得经济学硕士学位，同年4月攻读博士学位，研究领域主要包括政治经济学和文化人类学，主攻方向是人类的消费和服务业的现代特征。高晨曦自己的人生道路也越走越宽广。每每回忆在重庆一中的日子，高晨曦内心无不激动，感谢重庆一中独具一格、自由自觉的校园氛围。

重庆一中素以开放包容著称，开放而不是厚重，几十年的文化底蕴承载着这一校园氛围。高晨曦最初选择重庆一中作为自己实现梦想的殿堂，正是基于重庆一中的独特氛围。重庆一中注重以学生为本，从学生个体出发，发挥学生的主体作用，关注学生本身的选择。学文学理本是关系孩子一生的大事，重庆一中没有将自己的意志强加于人，而是遵从学生自己的选择，尊重孩子生命的天性特点，尊重孩子生命的现实存在。马克思的“人的自由而全面发展理论”强调人的自由发展是建立在个人全面发展这一基础上的人的自由个性的发展，自由个性直接与生命存在相通，重庆一中“尊重自由，激发自觉”办学理念关注孩子的自由个性的发展，能够充分挖掘孩子的潜能，顺势而为引导孩子更好地成长。高晨曦的发展实践充分证明了这一点。

（二）尊重生命的成长规律

任何事物都有自己的发展规律，人既不能去创造规律，也不能改变规律，只能去认识规律、利用规律。作为大自然的一部分，人的生命历程自然有自己的独特的成长规律。

刚升入初二的小芬，开始喜欢照镜子，上课时也常常对着镜子整理头发，突然不再喜欢穿统一的班服，对自己的衣着打扮开始变得格外关注。老师通过与家长的沟通才知道，近几个月来她变得爱发脾气，用妈妈的话说“她不像以前那么听话了”，什么事情都想自己做主，多次抱怨妈妈的“唠叨”。周末，爷爷奶奶关心她在学校的生活学习状态，问道：“最近学校有什么新鲜事吗？和我们说说！”小芬也不耐烦地说：“哎呀，你们不要多问了”，说罢，就关门进了自己的房间，一待就是半天。

高一的小林，是个高大帅气的大男孩，可最近，一向阳光的他却令父母担心不已。原来，住校的小林在最近两周多次给妈妈打电话说自己情绪要崩溃了，学习那么努力却不见进步反而倒退了，马上要分文理科了，感觉自己哪科都不好，可怎么选啊。面对孩子的电话求助，妈妈说来校陪小林一段时间，他却说“不要不要，我就是想和你们说说，过了今晚我就好了”，可没过几天小林又打电话抱怨学习负担重，前途迷茫，不知所措了。他的父母焦急地来到学校向班主任请教如何帮帮小林。

在中学生群体中，不少学生有着小芬、小林身上所表现的情绪变化、自我评价低下、自我意识凸显等特点，但了解生命成长规律的教育者对此并不诧异，他们的种种变化正是因为他们进入生命成长的新阶段——青春期。

青春期学生的成长发展，因人而异，既受家庭、学校和社会环境的影响，又有种族遗传和文化背景的痕迹。一般来说，在现代开放的社会环境中，青少年在经历身体发育的突变时，显得热情奔放、豪气大增，一反过去的依赖胆怯的儿童天性，变得喜欢自作主张。他们似乎发现了过去不曾发现的许多机会，独立意识与权利意识同时滋长，以自我为中心和追求快乐成为独立感和心理躁动的反映。但他们毕竟还未真正成熟，尚处于孩童与成人的过渡期，表现出了种种心理上的矛盾，即独立意识与依赖心理之间的矛盾。他们想摆脱父母和其他成年人对他们的约束独立行事，但又发现自己并无独立的资源和能力，这就是小林打电话给父母又不希望妈妈到身边陪伴自己的原因所在；成人感与幼稚性的矛盾，即觉得自己长大了，无所不能，为显示自己是“成人”而去做些冒险的事，然而对做事的方式和后果却很少考虑，往往惹出一些麻烦而后悔莫及；自我封闭与融入社会的矛盾，即有意保护自己的内心和行动的秘密，不愿向父母、老师甚至同龄朋友吐露心事，但又渴望周围的人能够理解和接纳自己，这种矛盾常常导致青春期少男少女的孤独感和疏离亲人的行为；冲动性与自制力的矛盾，即青少年情绪起伏较大，容易轻率鲁莽、意气用事，但为了保持自己的形象和维持自尊，或担心受父母和老师的指责，又不得不考虑控制自己的感情和行为，二者总是处于矛盾冲突之中，使青春期少男少女容易产生焦虑不安、彷徨、压抑等情绪。

青春期是每个中学生必须经历的阶段，而学校教育应该秉承生命固有的规律，去积极认识，充分利用，给他们创建足够的空间去自我展示，搭建丰富的平台去自我发现。充分利用青春期学生认知发展高峰期，积极鼓励学生体验青春期情绪多样性，维护青春期自我意识敏感性，学校组织大量老师和学生们一起设计了与艺术特长、勤俭劳动、创造创新等主题相关的多种校园活动，“星星秀舞台”“爱校大扫除”“原创校园标语”“525 心理健康周”等。对于青春期学生的生命成长参与必须体——家长，重庆一中开展了丰富的教育培训活动，他们对人的发展规律越是了解，对孩子身上出现的现象就越是明白清楚，甚至在孩子还没发展到某个阶段的时候，自己已经未雨绸缪，思想已经有了准备。这样的家长不仅能很快适应孩子的发展变化，而且能够实时地给予孩子正确的教育和培养、引导，为孩子的健康发展起到保驾护航的作用。

家校携手正视每个生命个体的成长规律，顺应人固有的认知、情绪发展模式，是对生命最起码的尊重，更是发挥生命能量的最有力根基。

二、尊重个性

（一）尊重个性的独特

下午大课间，重庆一中某教室里格外热闹。从同学们的你一言我一语中了解到，原来是班主任听说很多同学生日当天不能和家人同过，又征集了诸多同学的个人意愿，于是决定在班级举办每月生日会，为那些同一月份生日的同学集体举办生日派对。为了每月一次的生日会，同学们自发组织了筹办委员会，每个成员根据自己擅长的与个性各司其职。善于组织协调的学生积极联络家长或其他班级来安排活动设施，从音响设备到备用桌椅；善于沟通表达的学生则积极联络各个节目小组，安排串词鼓励他们丰富节目形式；文艺范儿十足的学生负责指导各个节目细节，让每个环节出彩吸睛；耐心细致的学生则参加到生日派对邀请函制作的队伍中，力争让每一份邀请函精致美好。每一次生日会都有太多太多可以做的事情，不同个性特长的孩子都能找到一份适合自己的小任务。

你看，这时上台的是406寝室的四个小伙子，他们抱着自备乐器——吉他，正自弹自唱原创歌曲《关于406的故事》，寝室公认的颜值担当小邓，唱出每句歌词时都展现出自由而享受的神态，他平时便是一个洒脱开朗的孩子，此刻更是让这种个性完美释放；被室友特意安排坐在最中间弹唱的是小周，他平时不太爱自我表现，课堂回答问题时会有些小紧张，此时此刻，看得出他正在努力让自己淡定，跟着其他三个同学的节奏大方弹唱着，到了曲子高潮，小周的身体也轻微跟着节律一起韵动，向大家展现了自己轻松自在的一面。

每次的生日会里，都会有或多或少的意外发现，可能是某个节目的惊人创意，可能是某个学生独特的一面，可能是一个孩子的细微转变……自己的生日更应该和更多人分享庆祝，用自己的方式在生日当天展现自我个性独特的一面。班级为尊重每一个孩子独特的个性创造机会，让他们去发现、去探索自己的与众不同。

重庆一中秋季运动会前，操场的喇叭里总是响起这样的广播通知："请跳啦啦操的同学马上到操场西边区域集合。请跳交谊舞的同学到操场东侧区域集合。请参加红旗操的同学到篮球场集合。"广播一响，同学们纷纷奔向不同的方阵。我们看到的不只是一群鲜活的生命，更是一个个个性迥异、独一无二的个体。啦啦操的方阵里，有的孩子兴奋地开始演练动作，有的孩子在静静回想昨天的训练进度，有的孩子在和小伙伴大声交流着队形变换……看吧，原来台上整齐的啦啦操动作背后是一群完全不同风格的小精灵。交谊舞的队伍里，有的动作奔放洒脱，有的表情呆萌可爱，有的脚步缓慢稳重……同样的步伐里酝酿着独一无二的情感体验。他们正因为各自独特的个性，选择了属于自己爱好的方阵；正因为他们个体的独一性，每个人都演绎着属于自己的角色。操场中有成百上千个活跃的生命，就有成百上千种独特的个性。

长久而有效地去尊重个性的独特，让不同的个体有充足的选择机会和展示平台至关重要。学生们在学校课堂内外的个性教育下，其主动性和积极探索的状态被激发。陈佩洁、陈艾伊依托综合实践课程，主动利用课余时间融入社会，对养老院老人们的心理健康展开调查和研究；陈潇爽、纪媛媛、胥峻川耗时1年，对本校一个年级全体学生的心理健康状况和学习动机水平进行了调查访谈，并提出了自己的建议。学生们不仅向生活求取知识，更从生活中激发思维，寻找办法，感受艰辛，体验成功，真正做到探索个性、尊重个性。

（二）尊重个性的差异

个性是一个哲学概念，与共性相对应，指一事物区别于他事物的特殊性质。它也是马克思主义唯物辩证法中关于矛盾观的重要内容。矛盾的特殊性强调了存在着的事物及其每一个侧面各有其特点，所以要求我们在处理事情的过程中做到实事求是，具体问题具体分析。每一个学生都有自己独特的个性特质，教师在教育过程中需要立足实践，发现学生的个性差异，有针对性地制订教育策略。

高一的小阳，是一个胖乎乎的男孩，从他的日常表现来看，算得上是特别令人头疼的“学困生”了。因为他平时在学校上课时不是和同桌讲话就是趴在课桌上睡觉，寝室内务一团糟，经常迟到早退，对学习一点兴趣都没有，多次教育无效。后来学校请了家长，得知小阳是家里唯一的男孩，父母是事业单位的工作人员，在小阳很小的时候，父母对他的陪伴就很少，他一直是跟着外婆的，外婆很疼爱他，事事依着他。父母因为没能陪伴他也心怀愧疚，在经济上给予补偿。从他父母那里了解到，小阳从小在班上就有这样的问题，小学和初中的班主任都不喜欢他，使他从内心深处对老师就有一种抵触情绪。

知道这些信息后，老师意识到对小阳不能采取一以贯之的严厉处理方法，因为他已经对班主任产生了一种刻板印象，存在抵触情绪。解决他的问题得从长计议。通过观察，老师发现虽然小阳问题一大堆，但是涉及班上的事情，比如搬书、清洁等，都很热心，这说明小阳还是有可塑性的。于是，老师对他制订了专门的解决方案：

第一步，给予重视、融入班级。小阳的热心肠表现出来后，老师下意识地会经常当着全班学生的面表扬、鼓励他，同学们也很配合，听到夸他就热烈鼓掌。在班委换届的时候，老师把他找来，让他尝试着去竞选班长。老师知道这是一步险棋。做了很多次思想工作他终于答应去竞选，班上同学也愿意给他一次机会。他当上班长后，老师专门找他谈了话，告诉他现在得担负起责任。一个月时间他所在的寝室扣分次数明显少了，迟到现象也少了，但讲话、睡觉、不交作业等问题依旧突出。

第二步，生涯指导，引入轨道。这里所说的轨道是将他引入学习的轨道。根据他热心班级事务的特点，老师将班级日志的事情全部交由他负责。这学期的校园歌手大赛的筹备也全权交由他负责，这两件事情他完成得很不错，老师也经常表扬他，渐渐地他颓废气息不见了，开始做些正事了。这时候老师找他谈话，主题是他的未来。他告诉老师之前的确没有考虑过这方面的问题。通过交流，他说自己对文科兴趣较大，也开始上人文选修课了。他的作业老师总会耐心地批注，他的问题老师也会耐心解答。人文选修第一次月考，他在班上进步了25名，效果显著。

第三步，持续强化，不断引导。目前他发展态势良好，上课开始记笔记了，作业按时交了，也会经常来问问题。虽然偶尔犯些小错，但总体来说有所转变。老师时时关注他的思想状态、心理变化、日常纪律，利用每周日晚上，会不断在班上强化目标教育，持续刺激。

重庆一中希望每一个学生都发展得好，但需注重方法，在学校“尊重自由，激发自觉”办学理念下，班主任在班级管理和学生教育过程中也非常注重调动学生的自主学习兴趣。小阳的情况不同于其他学生，不能采取强硬的处理方式，只能晓之以理、动之以情，做好“打持久战”的心理准备。小阳的个性特点是转变他的关键点，他之前的个性萎靡、颓废，对一些事情丝毫提不起兴趣，他是想通过这种方式引起老师的注意吧。在处理他的问题时，老师从他热心班级事务的特点出发，层层引导，最终促使他转变。尊重学生个性的差异，是教育过程中十分重要的点，具体问题具体分析，分类指导，精准突破，才能取得切实的效果。

三、尊重心灵

（一）心理教育

初一的小卢是个个头矮小、皮肤略黑的男孩，开学第一天的小插曲，让老师对这个孩子格外关注。

开学报到当天，由于小卢父母忘记在学生情况统计表的住读一栏选项处勾选，学校便自动按照该生走读来执行。可由于他们家住区县，早已做好了住读准备，被褥和洗漱用品提了不少，当看了寝室安排清单中未有小卢的名字时，他们才得知自己的大意。老师留意到这一家三口站在寝室楼前焦急万分，刚走过去便听到小卢的爸爸在对母子俩说：“不能住那就不读这所学校了，回乡里读吧。”孩子的眼睛呈现出惊恐不安、不知所措，用求助的眼神望着父母，却硬是没有说出一句话。老师便仔细询问了情况，得知他们只看到住读名单没有小卢的名字，但没有咨询任何人是否还有办法再作安排，也就是说他们并没有采取任何求助行动，甚至在和他们的几句交谈中老师没有感受到他们一丝一毫的求助意愿，而是“放弃”！这种放弃不是因为真的不想在这所市重点中学读书，而是将无奈无力写在了脸上。作为一名心理老师，他看到的是他们一家人习惯了这种内心没有力量和支撑的状态。

作为小卢的班主任，虽然还未和他正式见面，但从孩子的眼睛里看到了他不愿意面对这个“不在这里读了”的结果。于是，老师安抚他们先不要着急，孩子考上名校不容易，寝室的安排可能还有变化，不要急着下结论，请他们写了一份住读申请。那一瞬间，一定要让这个孩子可以住读的念头异常强烈，这绝不是班主任安排学生顺利报到的工作任务驱使他这样做，也不是去享受家长感激的成就感在鼓动他，而是想帮这个孩子这个家庭去争取一份心理力量，让孩子看到在问题来了的时候要去尝试努力，勇敢争取，用行动战胜畏惧。

几经协调，学校妥善安排了小卢的住宿问题，他的爸爸妈妈脸上也终于有些轻松的神情了，孩子也如释重负。还记得小卢父母离开时，再三嘱咐他：“全家都指望你到这里来有个好成绩，一定要听话。”孩子脸上刚刚看到的那一丝放松被凝重再次占据，老师为小卢在校的三年学习生活担忧起来。是的，孩子的问题在之后的时间里逐一暴露，老师甚至有过为当时留下他而后悔的想法。

他不愿意参加任何形式的班级活动，但也不完全抗拒加入，只是带着不耐烦甚至愤怒的情绪在被动地参加。住读的他几乎很少和室友说话，不服从寝室轮流做清洁的安排，只把自己的卫生做好。一开始他的学习成绩处于中上等，考试后几次见他撕扯试卷，捶打桌子。由于他上小学在区县所以没有英语基础，他对学习英语感到非常吃力，英语成绩也很不理想。但之后他又近乎疯狂地学习，初一下学期稳定地跃居班级前五，虽然好成绩让老师钦佩他的勤奋和坚韧，但从心理教育角度上老师明确地感受到他面临的“危险”。

在这个学生所有的表现中，老师看到了脆弱不自信，简单粗暴的自我保护方式，不纯粹或者说太过纯粹的学习动机，家庭带来的不安全感萦绕在他的生活，自我世界封闭而单调。仅靠老师帮助关心他，同学室友包容爱护他，对他鼓励强化积极情绪，肯定他的努力成果都已不足以让他更快乐，发展得更好，老师想他更应该接受专业的心理疏导，又不能让他敏感的心感到自己正在接受心理老师的疗愈。于是，老师尝试创造了多次能够和他单独接触但氛围又不让他不安的谈话机会，比如考试后找学生谈话，每天8人，每人按顺序单独来，他感觉自己就在群体中也不那么突兀了，而他们的谈话实则更是一次一对一的心理咨询。就这样，老师同他大约进行了9次“谈话”，话题涉及考试、同伴相处、时间调控、兴趣爱好、未来职业，实际更是心理咨询中的“认知调整”“放松训练”“生涯规划”“正确归因”等。两年过去了，因为心理健康教育的陪伴，他没有变得更糟，而是逐步在成长在转变。

心理疏导是帮助学生疏解各种情绪，消除内心矛盾，恢复心理平衡，形成积极的心态，使之逐步地主动适应所处的环境，同时也应预防和控制各种异常心态的产生与发展的一个教育过程。每个学生的生活经历、心理压力等因素的不同，使每个学生的心理素质亦不相同。我们在面向全体学生普遍开展心理素质教育的同时，更应密切关注个别心理素质较差的学生，不仅要给予这些学生更多的关心和爱护，还要经常找这些学生谈话，疏通他们心中的疙瘩，使他们的心理素质能得到逐步提高；同时更应随时多渠道地注意他们的心理动态，一旦发现存在心理问题或出现心理障碍时，应及时了解产生问题或障碍的原因，进行认真、耐心、科学的心理辅导，使学生的心态能够在最短时间内恢复正常，以最好的状态投入学习生活中去。

心理素质对学生的成长至关重要，良好的心理素质是成人和成材的心理基础，在中学中对学生进行心理素质教育，让学生保持一种积极向上的热情，对其他素质的培养也会起到很好的促进作用。

良好的心理环境可以使一切紧张、焦虑、忧郁、脆弱等不良情绪有所减轻或消除。教师应尽量减轻学生的心理负担，帮助学生消除因家庭、社会等因素造成的种种不良影响，让学生在良好的心理环境下学习、生活。

（二）价值观教育

价值观是人们在认识各种具体事物的价值的基础上，形成的对事物价值的总体看法和根本观点。当代青年应当培养怎样的价值观？习近平主席告诉了答案：中国的未来属于青年，中华民族的未来也属于青年。当今中国最鲜明的时代主题就是实现“两个一百年”奋斗目标、实现中华民族伟大复兴的中国梦，当代青年要树立与这个时代主题同心同向的理想信念，勇于担当这个时代赋予的历史责任，励志勤学、刻苦磨炼，在激情奋斗中绽放青春光芒、健康成长进步。将个人的人生理想，与国家的兴旺发展联系起来，这是新时代青年的责任，也是学校教育的重要内容。

“中国青年五四奖章”是共青团中央、全国青联授予中国优秀青年的最高荣誉，旨在树立政治进步、品德高尚、贡献突出的优秀青年典型，反映当代青年的精神品格和价值追求。2018 年 5 月 5 日，第 22 届“中国青年五四奖章”获得者公示，其中一位“90”后获得媒体高度关注。她就是曾就读于重庆一中的刘明侦。

2018 年 1 月，成都电子科技大学美女教授刘明侦正式成为电子科技大学材料与能源学院的副院长，也是该学院最年轻的副院长，也有可能是全国最年轻的学院副院长。

刘明侦，重庆人，出生于 1990 年 5 月 17 日。在重庆一中读书时，刘明侦不算最优秀的，但她喜欢提问题、钻研问题。她高一、高二在普通班，高三转入国际部后，找到了自己的人生目标。在老师的印象中，刘明侦很喜欢和外教交流。放学后，总会拉着外教海阔天空地聊上一阵。高中毕业时，她的成绩突飞猛进，为此获评“进步最大学生”，并获得维珍航空特别奖——一张从上海至伦敦的往返机票。

2008 年，她考上了布里斯托大学电子电气工程专业。2011 年以全系第一名毕业并获得一等学位，进入英国剑桥大学工程院读研究生，并于 2012 年获得荣誉硕士学位。2015 年博士毕业于牛津大学。

读博期间，刘明侦所在的团队主攻以卤化物钙钛矿材料为核心的太阳电池器件。23 岁时，刘明侦便成为在《自然》上以第一作者身份发表论文最年轻的中国女学者。一般，新材料的研究期只有 3~5 年，从研究材料到发表论文，刘明侦仅花了半年多的时间，抢在了本领域的最前端获得研究成果。英国卫报、澳大利亚国家报社、美国物理协会等媒体和机构都专门对文中提出的平板式钙钛矿太阳能电池进行了持续跟踪报道，国外多家研究机构向她伸出了橄榄枝。2015 年 10 月 10 日，刘明侦正式成为电子科技大学“百人计划”入选者，与该校签订协议到微固学院工作。2016 年 3 月，刘明侦凭借自己所取得的成果，入选了第十二批国家“千人计划青年项目”。她又于 2016 年 7 月牵头成立了“应用化学研究中心”，这一中心电子科技大学化学学科成功进入 ESI 前 1%。因为自身的闪光点太多，回国以来刘明侦就受到了诸多媒体的关注。面对来自四面八方的舆论，她自动屏蔽了一切干扰，低调做事，专注科研、潜心学术。

刘明侦说，作为重庆人，一直有浓厚的川渝家乡情结，她愿意放弃在英国的职位回到中国，来到电子科技大学，下定决心要为学校学科发展和人才培养尽自己的力量。在接受媒体采访时，刘明侦说："我们这一代青年人，当我们享受了足够多的家庭资源、社会资源和国家资源的时候，我们不仅是单单的个体了。我们应该为这个社会和国家多做一些事情，我们对这个社会和国家是有使命的，也是有责任的。很多人说我的运气好。是的，我运气真的很好，一路走来我有好的父母、好的老师……但更重要的是我遇上了一个好的时代，在这个时代，我相信只要有足够的努力，就一定能获得成功。从今天开始，让我们用对时代的担当，让我们对用梦想的坚持，让我们用对未来的选择，让历史记住我们这样的90后：我们曾经被认为是垮掉的一代，最终却成了社会的中流砥柱！"

重庆一中高度重视学生的家国价值教育，刘明侦的成功人生与她在重庆一中接受到的家国一体价值观教育密不可分。每个时期，重庆一中都会通过不同方法不同平台引导学生树立正确的价值观，其中一个重要的平台就是重庆一中班主任基本功大赛。2018年春节，班主任基本功大赛以"担当"为主题，让参赛老师精心设计主题班会。据悉，在本次班主任基本功大赛上，大多数老师选择了以国家的担当为自己主题班会的核心价值内容，在班会上，通过演讲比赛、朗读者、中国诗词大会、信中国、声临其境等独特的形式，引导学生体会并树立自己的家国担当、家国情怀，从而培养与这个社会相符合、与我们国家相契合的价值观，担负起实现"两个一百年"奋斗目标、实现中华民族伟大复兴的中国梦的历史责任、历史使命。

第二节

让选择成为一种常态

在人生的每一个岔路口，选择不同，走向也随之不同。选择了正确的方向，努力才能看见光芒。我们虽无法预知未来，但选择未来的权利在我们手中。重庆一中坚持让选择成为一种常态，尊重主体选择的自由，尊重主体选择的多样，注重主体选择的激发。让孩子们拥有选择的快乐，在选择中茁壮成长。

一、主体选择的自由

一个能选择和掌控自己的人，需要有强大睿智的头脑和冷静从容的心灵，才能在纷繁的头绪中看清本质，做出真正有利于自己的判断。人生最大的自由就是选择的自由。人生处处都面临着选择，无论你做什么、吃什么、穿什么等都在选择，那你到底如何选择才能让自己愉悦、幸福呢？重庆一中为了让学生能够做出最佳选择，主要从选择意识的激发、选择能力的培养、选择权利的保障三个方面来培养学生。

（一）选择意识的激发

为了更好地贯彻促进学生全面发展的教育方针，培养学生的选择意识，重庆一中每学期都会开设各式各样的选修课程，年级统一发放选修课程简介清单，上面有每一课程的主题、开设时长和课程安排等，学生根据个人兴趣爱好进行选择后，再以班级为单位上报到年级，最后由年级统一安排开设的课程。

初一年级的学生因为是第一次选择选修课程，所以有很多不清楚的地方，需老师走进教室给学生详细地讲解选修课的相关事宜。

“同学们，现在每位同学手里拿到的是《选修课程简介》，你们可以根据自己的兴趣爱好自由选择课程，大家考虑好后就把意愿写在最后一页的方框内，填写你要选择的两门课程和理由，如果你想推荐其他的课程，请把意见写在最后。填写好的就把清单交上来。”我把纸质的课程清单发给每一位学生，学生们都表现出了极大的兴趣，脸上都洋溢着开心的笑容。

他们在选择时，我在过道里来回走着。5分钟过去了，大部分学生都已经选好了，这时我发现一个学生坐在角落里，手里拿着笔，眉头紧锁，目不斜视地盯着课程清单，看上去很纠结的样子。“小文同学，怎么了，还没选好吗？”我快步上前问道。

“李老师，我不知道选哪两个，好纠结呀！”小文回答道。

听了他的话，我笑笑鼓励他说：“你就选你最想上的课程就行，不要害怕选择，每一个课程你都会学有所获的。”

小文仿佛找到了办法，音量提高道：“李老师，我有‘选择恐惧症’，我觉得每一个课程都很好，要不你帮我选两个吧，我就不用纠结了。”

我皱起了眉头，但还是耐心地说道：“小文，我怎么可以帮你选呢？你自己的学习自己做主哦。”

“我平时很少做选择，小到买文具用品、衣服之类的小事都是我爸爸妈妈帮我选好了就行，所以每次到我自己做选择的时候总是犹豫不决。谢谢李老师，那我再想想吧。”小文似乎意识到自己不应该这样做，垂头丧气地说道。

“别害怕，别纠结，不要试图逃避选择，你就从这一次开始正视自己的选择吧！抓紧时间，小文！”我再次鼓励了小文，他借着这份勇气快速在纸上写下了两门选修课程后交给我，长长地舒了一口气，仿佛自己完成了一件大事。

我对他笑笑，接过他的清单，继续走在教室里……

重庆一中教师的循循善诱，激发学生选择选修课这一件小事，可看出进入初中之后，随着身心的发展，学生的独立意识和自我意识会逐渐增强，同时也存在一部分学生不够独立，缺乏选择意识。学生习惯于言听计从，一切听从教师和家长的安排，凡事离开他人就做不了决定，养成严重的依赖习惯，缺乏处理事物和问题的能力，久而久之，一定会导致其主体性的丧失，这是与当前所倡导的主体性教育不相容的。

选择是人的一种存在方式。人生活在世界上，会面临各种选择，因此每个人都必须学会选择。正因为人能做出选择才表现出人的自由和自觉性。因此，人的本质就在于人各有自由自觉的选择意识。马克思说：“选择是人比其他生物远为优越的地方。”21世纪的社会发展有着多元化的特点，在多元化的社会中，选择机会的增多就意味着选择对人的作用更加重要。存在主义的主要代表萨特从人的存在和人的本质出发，把选择、自由看作人的本质。自由之为自由却仅仅是因为选择永远是无条件的。这一观念也反映了选择对于人的重要性。人始终生活在选择之中，而人的选择意识决定人的选择活动，只有学生具有自主选择的意识，才能在实际生活和复杂的社会中，做到不盲从，通过自己的判断做出合理的选择。

重庆一中秉承“尊重自由，激发自觉”办学理念，就是要开掘学生植根于内心的修养，尊重学生发展的自由，进而激发学生无须提醒的自觉，最终形成为他人着想的善良。在此办学理念的指导下，学生是学习和发展的主人，让他们在学习实践活动中主动高效地获取“有活力的知识”。教师教育教学也需体现“以学生为本”的思想，发挥学生的主体作用，调动学生参与学习的积极性，让他们主动选择而不是被动接受。重庆一中开设独特的选修课程，让学生通过选课参与到学校的课程开发和设计中来，唤醒学生的选择意识。在此过程中，教师尊重学生选择的权利，一切从学生自身发展需要出发，遵循学生的成长规律，在尊重人的基础上激发其自主选择的意识。

（二）选择能力的培养

“冉老师您好，我是许小寒（化名）的妈妈，不瞒您说，最近我真的头都大了，您下午有时间吗？我想来办公室跟您交流一下小寒最近的情况。”

接到小寒妈妈这个急促的电话，我心里一直犯嘀咕：小寒最近在班里挺乖的啊，到底是什么事情让她妈妈如此焦急和苦恼……

下午三点半左右，小寒妈妈来到了办公室。“冉老师，对于孩子进入中学之后的变化，我真的手足无措，我不知道她在学校表现怎么样，但她周末回家几乎不会主动完成作业，催她几次还很不耐烦，就算做作业也只是完成任务，没有任何质量可言，我觉得她已经完全失去了对学习的兴趣，没有学习的动力，看得我和她爸爸很着急啊！”

“小寒妈妈，您先不要着急，听了您的描述，我觉得小寒目前最大的问题是缺乏学习动力，不知道自己为何而学，现在的孩子家庭条件都比较优越，认为读书并不是他们唯一的出路，因此他们意识不到学习的重要性，再加之进入中学，叛逆心理作祟，导致出现您所描述的状况，您和她爸爸平时跟她有交流过未来她想要做什么吗，从事什么样的工作，过怎样的生活？”

“这个……这个还没有跟她交流过，总觉得她才十二三岁，探讨这些问题太早了。”

“不早了哦，小寒妈妈，十二三岁的孩子独立意识已经在慢慢觉醒了，他们自己肯定是已经思考过未来的问题了，有了自己的梦想和目标，而目标就是动力的来源之一，而她的目标是什么？是否为正途？我们都不了解，所以接下来我们可以多跟她交流谈心，就她未来的职业目标入手，帮助她找到前进的动力……”

“好的，冉老师，看来我和她爸爸应该找她聊聊这些了，以前忽略了。”

在一周后，恰好学校开展职业生涯规划教育，要求每位同学都要前去接受职业生涯规划的教育和培训，我特意留意了小寒，并且联系了她的父母前来旁听，通过性格倾向和兴趣取向测试，小寒在了解自我的前提下，并和父母交流之后，选择确立了“设计师”这一未来职业目标，并在生涯规划老师的指导下，明确了这一职业的规划路径，表示要为之努力，小寒重新找到了学习的动力。

“我是谁，要成为谁？”“我在哪里，未来要去哪里？”关于这些问题的探讨，其实就是进行自己的生涯规划。“一个有目标、有理想、有方向的人，才会真正懂得如何去走自己的路。生涯规划首先就是要让孩子发现自我、了解自我，确定自我的起点，再根据各种因素的变化和发展，慢慢明确自己的目标定位，从而自觉地去努力。”唐校长说。

教育是在尊重人的自然属性基础上，通过人格培养与知识传授等一系列教育行为，促使人的内在自觉生长，形成持久的内驱力，进而使人的内在潜能发展出来，而职业生涯规划教育的意义更是如此。重庆市从 2018 级高中学生开始进入高考综合改革试点，高考填报志愿方式将改为“专业 + 学校”，这就意味着新入学的高中生在高中阶段就要开始探索自己人生发展的可能，进行初步规划，为将来的专业选择做准备。如何选择？他们有这个能力吗？如何让他们具备这样的能力呢？

2016 年重庆一中在高一年级全年级首次开设生涯规划选修课程，整个课程开设了两年，在 2018 年 9 月开学后，生涯规划课程成为高一年级的必修课，学校在学生刚入学的时候，会对其进行兴趣性向测试，让学生了解自己的职业兴趣倾向。借助这一课程，让学生了解生涯发展的历程，建立生涯意识等；学校还组织有针对性的生涯探索和社会实践活动，比如2018年寒假初2020级的生涯教育职业体验大赛，让学生在了解个人特质的基础上，对各种职业划出重点探索；学生还可以与学校的生涯规划老师进行“一对一”“点对点”的交流，初步制订出自己的生涯发展方向。学校还与重庆知研协同开设了生涯规划社团，组织号召同学们在假期开展各种职业体验活动，以及课余时间开展有关各种职业介绍的讲座，让同学们对自己未来的生涯发展有一个明确的目标和全新的认识。

学校本质上应该是一个到处充满生长机缘的“场”，人在其中，自由呼吸、自觉成长。学校应以学生的自由与自觉而存在，一切从学生自身发展需要出发，重视学生的主体地位，遵循学生的成长规律，以现代人自由的精神塑造人，以自觉的广阔视野培养人。每一名学生都是一棵长满可能的树，当教育者千方百计设计好一个个实践活动，成就自觉者也就成为自然而然的事情。生涯规划课程将贯穿学生的整个高中阶段，让学生科学认识自我，循序渐进推向更加成熟的自我思考，为达到成长的目标主动学习。通过生涯教育，学生在了解社会、自己、职业中，可以把自己在校的学习和未来的生涯发展联系起来，目标更明确、视野更开阔，激发学习的动力，成为挖掘和发展学生的潜能，自觉进行自我管理和提升自我选择能力的有效工具，从而真正践行学校“尊重自由，激发自觉”办学理念，培养学生成为一个大写的人。

（三）选择权利的保障

“老师，我们班将于周五下午举办一场辩论赛，真诚地邀请您来参加！”一进教室，孩子们就将我团团围住，邀请我参加他们的班级活动。这样的情景不是第一次发生了，开学一个月以来，辩论赛、义卖会、摄影展等各式各样的校园活动应接不暇，孩子们参与的热情很高，校园处处彰显着青春与活力。

“你们喜欢这些活动吗？”刚好有机会，我决定与他们聊一聊，听听孩子们的声音。

学生A：“喜欢啊，我最喜欢参加摄影比赛，平时拍了很多照片，可以跟大家一起分享。”

“我喜欢辩论赛，我很享受在台上与对方辩友你来我往、唇枪舌剑的感觉。”

学生B接着说道。

“我从小学声乐，最喜欢每周的声乐社活动。”学生C也补充。

“那么，你们觉得这些活动办得好吗？有没有可以改进的部分？”

学生A：“我希望能有一门课程，专门介绍摄影的技巧，也想看看更优秀的摄影作品。”

学生B：“我也希望有专门介绍辩论技巧的课程，那样一定很酷！”

学生C：“现在每周有音乐课，也有社团活动，已经很开心了，如果以后能举办歌唱比赛多好啊。”

“你们的想法都很棒，期中考试之后我们就会开展各式各样的选修课了，到时候你们可以把自己的想法告诉老师们，一定会有你们喜欢的课程的。至于歌唱比赛，我们学校每年都会举办校园歌手大赛，到时你一定要参加哦。”

学生A、B、C：“太好了！”

保障学生的选择权，为学生提供完善的选修课程体系。教育作为培养人的社会活动，应促使每个独立的学生个体自由、充分、健康地发展，良好的学校课程体系是这一根本目标得以实现的有力保障。2001年，教育部颁布《基础教育课程改革纲要（试行）》，明确提出改变课程管理过于集中的状况，实行国家、地方和学校三级课程管理，增强课程对地方、学校及学生的适应性，这一改革正是课程权利由集中向民主演变的趋势，也是教育制度内权力与资源重新配置的过程。自此，重庆一中认真研究新形势下课程建设规律，广泛征集师生意见，注重课程育人实效，将学校办学理念、学生特殊需求与本校资源优势充分结合起来，为学生提供了“自由、自觉”德育课程、多元校本课程、多样家长课程等多元化、个性化的课程选择。多元课程的实施是一个系统化工程，学校应因校制宜、因生制宜，不断深化国家课程的校本化实施和校本课程的建设与发展，探索课程发展规律、师生成长规律、文化建设规律，保障广大师生能够切实参与到课程建设进而用于校园文化建设中去，真正贯彻“尊重自由，激发自觉”办学理念，实现学校育人目标。

保障学生的选择权，为选修课程的开发培养专业人才。长期以来，很多中学一线教师都存在着这样的误区，即课程体系的设置、课程教材的编写都是教育行政部门和课程、教学专家的工作，与一线教师无关，更与学生无关。随着三级课程管理体系的推进，教师不再只是“教书匠”，更成为课程的生产者与设计者，在此情形下，一线教师的教育理念和课程观有了很大的转变。但同时，校本课程也对教师的课程开发能力带来了新的挑战。校本课程的开发与实施需要教师具备较强的课程开发意识与开发能力，能够承担起课程体系的设置、内容的选择、教材的编制和实施效果的评价等多方面工作。正如崔允漷教授所言："课程是教育专业化、科学化的产物。课程是科学，课程的问题需要专业共同体来解决。"鉴于此，重庆一中开展了多种形式的教师培训，通过专题讲座、集体备课、理论学习、实践交流等多种途径，为教师提升专业素质、完善专业能力构筑了良好的平台，促使教师课程意识与课程开发能力逐步提升。政策方面，重庆一中充分信任教师，给教师提供更大的自主空间与课程开发权利。同时，学校制定了完善的教师课程开发评价机制，对于积极进行校本课程开发和校本教材设计的教师给予支持与鼓励，使教师真正成为教育教学的研究者、课程开发的主力军。

二、主体选择的多样

学生们的主体选择的多样性主要体现在选修课程、学生社团、社会实践的丰富多样上。如此丰富的选择为的就是能尽可能地满足同学们的不同需求，让孩子们的兴趣爱好有一个可以发展的小天地。我们尽量做到尊重同学们的意愿并且大力地支持同学们发扬自己的自主意识，培养创新思维，让同学们在校园里掀起一股百花齐放、百家争鸣的思想解放潮流。

（一）选修课程

周五下午是5班的课，我站在教室门口，孩子们一反常态，平时都是安安静静地做课前预习，今天不少同学竟然在交头接耳，看神情还非常纠结。

我看下时间，原来并没有打预备铃，我来早了，索性，听听孩子们在讨论什么。

"选修课明天上午就要开始选了，我想选'神奇的数学之旅'，可是我听说'设计与创意'又很有趣，好激动，好难选呀！"

"我也是我也是，'逻辑的碰撞''生活中的心理学''美食营销'这三门课我都好想选呀，选修课开得太丰富了。"

看见我已经走进教室，前排的孩子问我："老师，你建议我们选什么课？"

我会心一笑，"既然是选修课，就是让你自己选，你是自由的，选一门你最感兴趣的！”

铃声响起，孩子们立马结束了刚刚的话题，投入到新课学习中……

40 分钟的课程在愉快的氛围中度过，回到办公室，我想起课前的情景，不禁感慨，选修课正朝着越来越体现学生主体，尊重学生自由的道路发展。

——某位老师的感言

正所谓有较大的认同感，才会更加乐于接受，将被动接受变为自觉自主，去发掘其中乐趣。为了让选修课的开发更有利于孩子们发现学习的乐趣，在确立选修课主题之前，年级组采取问卷调查的形式深入到每个班级去了解每个孩子对选修课的真实期待，当下的教育强调要尊重学生的主体地位，主体选择具有多样性，那我们就要去尊重主体的多样性，去尊重学生的独立性，尊重他们内心的想法，尊重他们的选择，只有这样，才能更好地激发学生的能动性、创造性，真正做到以学生为主体。

问卷调查反馈的信息是学生对选修课的想法和期待，他们希望在更多方面去拓展、提高自己。于是，年级组根据学生的需求，以学生为主体，鼓励每个学科结合学生的期待来开设选修课，比如针对学生对美食的钟爱，重庆一中（渝北校区）初一年级政治组开设了一门“美食营销密码”选修课，将美食和经济学结合起来，尊重学生的主体地位，让学生徜徉于美食天地中领悟到营销学，进一步加深其对经济学的了解，极大激发了学生对政治的热爱，而这，只是我们尊重学生主体，开发更多课程的一个小小缩影。

开发更多课程无疑是帮助更多学生发现自我，成就自觉有效的路径。重庆一中课程资源丰富，师生都可以参与课程开发。每一名教师可以根据自己的专长与喜好开放系列课程。譬如教师周鹊虹的“茶道”课程吸引了许多师生参与聆听，成为颇有影响力的精品课程。学校不仅安排教师前往磁器口和云南普洱市多地开展教学实践活动，还同上海师范大学和云南大学进行深度合作，进一步提高了教师的专业水平和学生的核心素养。

正如作家尹建莉在《自由的孩子最自觉》里所说的那样：“真正幸福快乐的孩子，是那些获得了自由的孩子。”爱的本质是要给孩子自由、宽容、欣赏。学生对选修课的真实期待，正体现了他们内心的自由未曾被压抑。自由与自觉是每个重庆一中人应当融入血液的精神。风雨砥砺，薪火相传，峥嵘的历史岁月，教育本质的无穷探索，铸就了重庆一中师生“尊重自由，激发自觉”的精神追求。

自由的生长环境是个性张扬、全面发展的前提，而自觉是唤醒生命意识，使其自由与个性得以实现的方式。育人之道，在于追求人的至高境界。

在“尊重自由，激发自觉”办学理念的指导下，我们将综合课以精品选修课的形式呈现出来，为学生开辟自由广阔的发展空间，构建多元而丰富的文化生态场。学生根据兴趣进行自由选择，怀揣着热情和方向，个性有了自由生长机缘与可能。在丰富的课程里，学生可以更好地发现自我、认识自我，从而激发生命内在的自觉，在未来的学习生活中更好地自我成长。我们将打破单一的课程体系，以现代人自由的精神成就充满个性的学生，以自觉的广阔视野培养全面发展的学生。

习近平总书记在十九大报告中指出“青年兴则国家兴，青年强则国家强。青年一代有理想、有本领、有担当，国家就有前途，民族就有希望”。迈入时代新进程的祖国对于美好生活的向往，最终要由作为青年人的学生来担当。何为美好生活？当一个学生的自由被尊重，尽情张扬他的个性，实现他的价值时；当一个学生的自觉被激发，努力绘制他的梦想，绽放他的生命时，生活便美好了。尊重自由，美人之美；激发自觉，各美其美。在重庆一中的天地里自由飞扬个性，自觉创造“美好生活”，瞩望殷殷，其心拳拳！

（二）学生社团

刚上初一的吴晨被眼前的一幕“惊呆”了，社团招新活动的现场竟然有这么多丰富的社团，文学社的水墨丹青让人叹为观止；党建社的红色精神振奋人心；街舞社的魅力斗舞令人心潮澎湃，辩论社、剑道社、美术社、模联社……众多选择令人眼花缭乱，到底选择哪一个呢？吴晨犯了难。

“彭老师您好！我想向您请问一个问题。”吴晨敲开了我办公室的门。

看着吴晨一筹莫展的样子，我猜想是刚刚通知他们要至少加入一个社团让他感到烦恼了吧，这是一个敏感的孩子，由于父母离异孩子从小是跟着爷爷奶奶长大的，尤其不善交际，更别提主动去结交新的朋友。

“彭老师，我可以申请不参加社团吗？我只想在初中安安静静学习，您放心，我一定刻苦努力考出好成绩！我不希望社团活动占用我太多时间。”

“吴晨，我刚刚给大家说过了噢，社团活动其实是课堂的延伸，在那里你可以学到很多书本上没有的知识，实现你脑子里新奇的想法，也会遇见更多志同道合的同学，至少参加一个活动不会占用很多时间，这其实是一种新的学习方式。

你愿意给老师说说你不参加社团活动的真正原因吗？是不是因为觉得一下子接触那么多陌生的同学，感觉不适应呢？”

“老师我觉得独来独往挺好的，加入社团之后可能意味着要去适应很多不同的看法吧，我不知道该怎么完成那些任务，也不知道自己能不能做好，现在我连加入哪个社团都不知道。”

“晨晨，我知道你其实很擅长书法，你看上次写的书法作品不都获奖了吗？咱们从自己的兴趣特长出发去选择社团，如果是你所喜爱的事情你一定会尽力去做的，也会在其中体会到乐趣，你可以试试去加入学校的书法社。加入社团并不需要你在那里实现怎样的目的，去尽情地享受和朋友们一起完成某个活动的过程，就算遇到了麻烦他们和老师都会帮助你的，况且你一定能做好的！没问题，我相信你。”

这时班上的陈晓旭过来拽走了吴晨，“吴晨，咱们去看看社团那些纳新简章！我和你一起选！彭老师您放心吧，我们自己可以！”

“谢谢彭老师的鼓励！那我去看看书法社的要求，我加油吧！”吴晨给我道别。

同学们纷纷走到各自感兴趣的社团展台前，咨询了解相关信息，加入了自己感兴趣的社团，社团对于孩子们来说，不仅是课余时间的活动，更是生涯规划的一个起点。

学生社团是校园生活鲜活的细胞，是学生社会实践能力培养的重要载体，更是激发学生自主性、锻炼学生自主能力的重要平台。通过系列不同类型的活动让学生实现课外能力拓展，同时在宽松、自由的环境中拓宽学生的专业知识面，让学生在社团里碰撞思维、发展个性，自由实现自己对社团发展的构想。在实践“尊重自由，激发自觉”教学理念的过程中，重庆一中开设了丰富多彩的社团，让学生对学习和生活的选择多样化。

学生对各项社团活动的期待，正是其对拓展人生可能性的渴望，重庆一中社团类型多样、社团活动丰富，学生在参与社团活动中延伸自己的兴趣与爱好，学习新知，拓展自己的视野，为实现主体的精神自由创造了更多的机会。重庆一中集趣味性、知识性、实践性于一体的“模拟法庭”和“模拟联合国”两个社团活动深受学生欢迎，在活动召开之前，有专业老师对学生进行培训，学生需要学习相关的基本法律知识、世界各国历史地理知识等，学生在潜移默化中提升了法治素养、在讨论中加深对国际政治的认识，同时提高了学生的演讲能力、思辨能力和语言表达能力。此外，篮球社、乒羽协会等运动类社团以及街舞社、器乐社等艺术类社团一直是学生群体社团活动的热门选择，与此同时建设哲学社、党建研究会、模拟联合国等专业性的社团，让学生在发展自己兴趣特长的同时，可在更深层次的文化层面与同辈群体进行沟通和交流，以此活跃思维，扩展视野，提升学生社会实践能力。

在“尊重自由，激发自觉”办学理念的指导下，重庆一中的学生们在丰富的社团实践中自省、自悟，充分发挥主观能动性对自己人生的发展进行自我探索，让每个生命体实现由内而外的自觉成长，使学生通过自觉力的激发找到实现人生精神自由的途径。

（三）社会实践（基地）

2019 年的暑假对于刚上重庆一中初中部的王波来说意义非凡，他在完成一份特殊的暑假作业中感受到了学习真正的意义。

这个暑假，王波和他的许多同学一样，走出课堂、走出校园，来到了社会的不同岗位上参加职业生涯体验。同学们纷纷走进工厂、早教中心、政府部门、工地等，王波的选择是一个平凡的岗位——街边早餐员。

夏天天亮得早，为了卖早餐，王波每天 4 点半起床与轻轨口的李阿姨一起准备热粥、热豆浆、馒头等可口的早餐，6 点半准时把早餐车推到轻轨口为来往的行人送上早晨的第一份温暖。一路上他看见清洁工们在晨曦未开启之前为睡梦中的人们打扫干净街道，早间巡逻的警察开着巡逻车一圈圈地绕路行驶。

什么是“自由选择的权利”？王波在开学后上交的职业体验书上写上了对这几个字的感悟：“在这次工作体验中，我明白了，选择的权利就是用自己的能力去拥有属于自己的幸福。学习的意义就于让我们拥有一种奇妙的力量去做出符合内心的选择。我们现在所拥有的一切美好，都是由不同的人在替我们创造。”

激发学生主体的自觉性需要补充学生的实践经验，与此同时，创新和实践能力的培养更是学生自由成长的核心要求。重庆一中在践行“尊重自由，激发自觉”办学理念的过程中，力求让学生进行社会实践的方式多样，选择范围广泛，使学生在不同的社会角色体验中了解社会，学会解决基本的实际问题，促进学生的自我成长，激发生命自觉。

重庆一中利用学生寒暑假开展“职业体验”活动。让学生自主选择岗位，鼓励学生们走出“象牙塔”，到各行各业里见“真龙”，让学生在职业体验中近距离感悟生活，了解到学习与人生的真正意义，帮助学生尽早树立自己的人生目标。活动前有教师专门负责编写好活动实施细则，给每位学生分发职业体验报告表一份，内容包括体验岗位、体验方法、体验时间、体验地点、体验目的、体验感悟和学生实践时的照片。学生在实践后需填写完成以上内容，并交于学校评定。实施细则上的规范化与学生选择上的多样化结合，帮助学生能够最大限度地从假期职业实践中得到成长和收获。

为了使学生在社会实践选择上多样化，重庆一中与地方政府、企业、社会团体密切联系，有计划地组织学生参与社会生活，建立起了三类长期、稳定、持续的社会实践基地，以其为载体创新学校与社会协同育人的新模式。具体内容如下：

1. 在地方政府、法院设立学生实践基地

与地方政府保持联系，让学生有机会进政府、法院实习体验或参加这些机关举办的系列活动，帮助学生深入了解政府运行机制以及法律制度，让书本上的知识鲜活起来。帮助学生了解民主管理的程序、体验民主决策的价值、感受民主监督的作用，增强公德意识、公共精神和参与能力，成为有担当的中国公民。

2. 在各高校建立社会实践基地

中学阶段是世界观、人生观、价值观形成的重要阶段，树立人生目标对中学生有着重要意义。重庆一中与地方高校紧密合作，建立社会实践基地，让学生参与到高校文化建设中，使学生有机会提前感受高校文化，有利于学生调整自己的奋斗目标，树立远大的人生理想，为学生的幸福生活奠定基础，也为向高校输送人才提供了有利途径。

3. 在社会公益社团建立社会实践基地

公益社团的社会影响力在近年来逐日上升，成为维护社会和谐的一股重要力量。在重庆的一些公益社团建设社会实践基地，搭建中学生服务社会、增益他人的桥梁。激发学生热心公益活动、参与公共服务的兴趣与积极性，从而培养学生公共参与素养，激发社会活力。

激发学生的成长自觉性需要一片沃土。鲜活的社会实践活动为学生提供了展示才华、服务社会的舞台，开辟了认识社会、贴近生活的窗口，这类活动的教育效果是单纯学校教育所不能替代的。重庆一中的学生们从中学时代起就深入社会，体会责任与担当，在社会实践中释放潜能、发展个性，为成为一名优秀的学子而奋力生长。

三、主体选择的激发

“张老师，今天你班的李明（化名）又逃课了！你赶紧去找一下吧！”

“啊？选修课又逃了，这个孩子最近怎么了，又不听话了。”听到学生逃课不在教室，我心急如焚，首先想到的是学生的安全问题。我随即放下手上的工作，立刻走出办公室去找。我边走边想，他会去哪里呢？食堂？超市？宿舍？操场？出校？……按照心中预想的几个地方，健步如飞地赶往目的地去寻找。食堂、宿舍和超市都没有，我心里一边做着排除法，一边着急地赶往下一个目的地。我在操场上像个短跑运动健将一般奔跑着，试图以最短时间跑完整个操场，以最快速度巡查每一个可以躲人的角落。

皇天不负有心人！目标人物出现了，在远处，我看见他双腿盘坐在体育办公室房子与操场院墙之间约 3 平方米的空地里，手中拿着笔和纸在画着什么，地上还堆放着一些似木块和电线一样的东西。看着他那么认真和专注，我不愿打破这片宁静。我放慢了脚步，此时心里悬着的大石已经落地了。

“张老师，我……”李明看到我走近了，他欲言又止。

“这节课是家长选修课，为什么不在教室上课？”我语气加重地问道，想从他那里得到不想上家长选修课的原因。

“我……我……我觉得这个课……很无聊，家长从家里跑到学校里来说教了，还不是和家里一样唠叨个没完，真没什么意思！”他由开始的断断续续变得理直气壮。

我当时一阵冷汗，年级开发的家长课程怎么在学生心中一文不值，我沉思了一会儿，没有接他的话。

学生发展核心素养的提出，为当前学校课程建设指明了方向。怎样去育人？需要学校以顶层设计的视野和人本主义理念回归学生作为人的立体发展。学校课程是实现核心素养育人目标的重要途径和载体。在课程改革的新时代背景下，重庆一中倡导的是开放、对话、合作的课程文化，课程资源不再被束缚在教材之中，课程需要融入生活，课程资源更要扩大范围，需要联合各种教育资源形成合力。

中学阶段的选修课不像大学，依靠点名留住学生。那么，“学生喜欢什么？”“学生成长和发展需要什么？”“什么样的课程才是学生真心喜欢、真正需要的课程？”

我们在课程资源选择、课程开发建设时应尊重学生的主体发展需求，给予学生多元化选择方式。以学生主体成长需求为导向，来开发和建设学校的选修课程。在初 2017 级第二期家长课程开发实践中，我们探索了学生需求主导式的开发模式。需求主导式则是以学生的成长和发展需求为主要依据进行家长课程开发的模式，此种开发模式就是要按照学生的需求设课，尊重学生主体的发展需求的课程开发理念。年级组首先以问卷调查、学生访谈等形式对学生进行意愿和需求调查，制定和发布“重庆一中家长课程——聆听教育的话语”话题内容征集，学生根据自己的兴趣爱好，向家长课程小组建议家长课程设置的内容和开展形式。通过了解学生希望开设哪类（形式）课程和哪些（内容）课程，我们发现，学生对心智开发、科学实践、技术技能、户外拓展等方面的内容感兴趣，而这些方面的素养是学生成长和发展过程中不可或缺的重要因素。学校教师结合学校课程设置的现状以及学生中学阶段的成长特点和发展需求，拟定需要开设的课程，供学生自主选择。这样，既增强了家长课程的吸引力，又调动了学生学习的积极性和热情。

第三节

让创新成为一种行动

一、创新意识的激发

（一）创新氛围的营造

小康是一名初一学生，以前在小学时他从未参加过任何创新比赛，但他进入重庆一中后就立马被学校的创新氛围所吸引。重庆一中重视科技教育，努力为学生搭建各类创新平台，学校不仅开设了科技课，还有各种各样的科技活动。

新学期开学没多久，科技老师就给学生们上了一堂动手实践课，教学生如何自己动手做（DIY）一个吸尘器，老师详细介绍了吸尘器的工作原理，之后便让同学们准备相应的材料动手尝试。小康其实很喜欢动手制作，只是以前一直没有机会来尝试，听了科技老师的讲解之后他跃跃欲试，认真思考了吸尘器的原理，他惊奇地发现吸尘器的原理和电吹风有点类似，于是开始动手改装家中的一个旧吹风，并成功地做成了一个简易吸尘器。

学习是需要氛围的，创新也是需要氛围的，重庆一中一直在努力给孩子们营造一个好的创新氛围。学校将每年的11—12月设为科技活动月，在科技活动月期间学校会举办大量的科技活动，比如开展科技讲座、举办科技竞赛等。“重庆一中科技活动月”从20世纪80年代初就开设了，一直持续至今。经过几十年的发展与革新，“重庆一中科技活动月”是具有引领性的一项招牌活动。它的主要内容如下：

（1）参观大学实验室和科研所等科学技术单位。把学生带到大学实验室和科研单位这些地方参观、访问，让学生见到了从未见过的高、精、尖仪器设备，使他们大开眼界，使他们对大学和对科学研究产生向往，更是对科学的向往。

（2）“六个一”活动。“六个一”活动是指学生读一本科技书籍（或一篇科技文章），了解一个科学家的故事，拟出一个科技小设想，做一件科技作品，搞一个科技小发明，撰写一篇科技小论文。

（3）科技讲座。为了配合“六个一”的活动，科技活动月期间，分别举办小论文写作讲座和小发明小制作讲座，鼓励大家制作。

（4）举办科技竞赛。把科技活动进行“包装”，用竞赛的办法组织活动。竞赛以班为单位，学生动脑动手，活泼有趣。主要有：①趣味数学竞赛。②物理实验设计和实验操作比赛。③化学实验设计操作比赛。④显微镜操作和动物解剖实验比赛。⑤地理拼图和地理知识抢答比赛。⑥环境和环保知识比赛。⑦计算机程序设计、计算机绘画、中英文字录入、网页制作比赛。

（5）科技游园活动。科技游园活动在实验室由教师带领学生准备一些有趣的物理化学实验，如叶脉书签的制作。

（6）智力快车竞赛。以中央电视台三星智力快车竞赛的题目和形式为框架，结合学校的实际进行改编，以班为单位参赛，深受学生欢迎。

（7）科技小制作、小发明评比展览。全校布置一间或几间大的展室，举办小设想、小制作、小发明评比展览，全校同学轮流参观，学生互相观摩、互相学习。对于那些科学性强、独特有创造性的小制作和小发明，在教师的指导下，逐步改进，使之完善，推荐参加市和全国青少年小发明比赛。特别突出的作品，帮助申请专利。

（8）科学绘画、科幻绘画评比展览、摄影作品展览。科学绘画和科幻绘画活动，要求学生充分发挥想象力，把他们心目中未来的世界利用绘画的形式表达出来。科技活动月中将画张全部贴出来展览。摄影作品也与科学绘画同时展出，供全体师生欣赏。

（9）信息技术创新与实践活动。从2003年开始的信息技术创新与实践活动，内容包括文字排版、平面绘画、计算机动画、网络知识、网页制作、DIY、程序设计等，吸引了广大同学参加，成为课堂知识充分应用和创新的途径。

好的教育绝不是填鸭式的灌输，而应当是细水长流的引导。好的创新氛围的营造便是在潜移默化中熏陶和感染孩子们，让他们更有求知的欲望，更有探究知识的冲动。

（二）创新思维的培养

第十四届全国普通高中通用技术课程技术教育创客项目会场上，来自重庆一中的魏子琪等 3 名学生携带他们的作品“基于物联网和云服务器的 socket 通信智能开关”，在展台前向参会的专家评委仔细地讲述他们的项目。在其他同学的眼中，他们不过是花费了 1 年多的时间做成了这个项目，但是他们并不知道这几名同学的艰辛，我作为他们的指导老师，十分清楚整个项目的进展。这要从这几个娃娃上初中开始说起。在初中时，我就刻意培养他们的创新思维能力，给他们讲述求异创新，每个星期都要求他们给出一个新奇的点子，然后一起探讨，我的办公室也被这群娃娃占领，初中时他们虽然没有比较出色的创新成绩，但是具备了创新的素养和能力。在他们步入高中后，又来到我的办公室，并对我说：“曾老师，我们想做一个像智能家居一样的东西，因为了解了家里的饮水机不能一直处于烧水状态，这样的水喝了不好，能不能做一个 App 来控制家里面的饮水机呢？”我听了这个想法后大吃一惊，创新源于生活又高于生活，这的确是具备了创新思维能力，我决定给予他们精心的指导，虽然孩子们还不具备社会 IT 行业制作精心 App 的能力，但幸好微信有推出公众号的功能，因此后面借助微信公众号来实现 App。其间虽然一波三折，但他们通过认真学习，终于在高中通用技术课程年会上大放异彩。

在第 33 届的全国中小学生科技创新比赛上，黄志恒通过制作的定点降落的增雨火箭荣获 4 个专项奖以及重庆市科技创新比赛一等奖。黄志恒虽然初中不在重庆一中学习，但是在高中阶段，我培养了他的科技创新思维能力。这个孩子从小就对航天事业充满兴趣和爱好，我带着黄志恒去四川航天中心以及重庆大学参观学习，同时也借阅了重庆大学的很多航天方面的图书，最后设计制作出优秀的作品参加比赛。我想借助这两个案例告诫读者朋友们，要让孩子在创新道路上走得远，应当从小开始培养他们的创新思维能力。

创造性思维不是生来就有的，而是后天认真思考、培养锻炼出来的。培养学生的创造性思维能力的主要环节就是激发学生的求知欲和好奇心，也就是我所提倡的“奇异”。培养发散思维能力和聚合思维能力又是培养创新思维能力的关键，同时，培养直觉思维和逻辑思维能力又是培养创新思维能力不可缺少的环节，直觉思维是未经逐步分析而迅速地对解决问题的途径和答案做出合理反应的思维。如猜测、预感、设想、顿悟等。创造性思维是在一般思维的基础上发展起来的，它是后天培养与训练的结果。卓别林先生曾说过一句耐人寻味的话："和拉提琴或弹钢琴相似，思考也是需要每天练习的。"因此，我们可以运用心理上的"自我调解"，有意识地从几个方面培养自己的创造性思维。成功者和平庸者的区别，不过是因为思维存在差异，前者通常更擅长也更喜欢思考，而后者通常只是一味蛮干。古希腊哲学家赫拉克利特曾说过，世界上唯一不变的就是变化。我们需要时常否定自己惯常的行为和认知，思考它们是否还适用于当前的社会和节奏。比如每天下班后，除了学习和娱乐，是否应该留出一部分时间锻炼身体或做些其他事情？当你主动否定自己的时候，就是开始思考的时候，当你开始思考，成功便会向你靠近。

（三）创新热情的激发

近年来，我国的基础教育正在发生深刻的变革，以素质教育为基础、以创新驱动为发展战略、以培养学生科学创新精神为目标的教学改革正在实施。我们的科创教育面临着创新，而创新的关键在于培养青少年对科技创新的兴趣和创新的思维方法。科技创新教育是一个全面普及的教育，让每一个学生拥有发掘自身创新能力的机会，然而创新思维的不足和青少年知识的局限性等原因成了学生创造的瓶颈，热情也随之减退。教育的目的就是要发挥学生身上蕴含着的创造潜能，要设法激发学生去发现、去钻研、去创造的热情，这一过程需要教师发挥自身优势，肩负起倡导科学思想、传播科学知识的责任，积极搭建平台，创设科学环境，为学生的学习和发展提供丰富的教育环境和学习工具，充分激发学生爱科学、学科学、用科学的热情。

【案例】

"老师，我有一个大胆的想法，您帮我分析一下可不可行。""哦？说来听听。"每一节科技课后，总有几个意犹未尽的孩子围在科技老师的周围叽叽喳喳，激动不已地想要将自己天马行空的想法分享出来，迫不及待地想要得到老师的肯定。在刚刚结束的课堂上，初一 3 班的同学们就如何结合人体工学改进充气颈枕的话题分小组展开了创意讨论。发明创造课是科技课中其中一个章节的内容，一直深受学生喜爱。在创造课上，学生可以系统地学习到初中生发明创造的方法，从选题立意到发明技巧，从对象确立到专利查新，用贴近学生生活的案例让他们了解发明创造其实就是身边的一件小事，原来自己也可以成为发明家。在课上，同学们首先通过同类型案例的分享，颈枕效用以及面向人群的具体分析，然后确定初步方案后进行头脑风暴，小组选出最优方案后依次上台阐述。在讨论过程中，有的同学建议把颈枕制作成可自主化调节式的，通过改变枕芯内部的棉球数量来达到形状的调节，以此来满足不同使用者的需要；有的同学建议可以添加自发热装置，达到减轻疲劳的作用；还有的同学建议细分颈枕的前中后三个区域，按区域来设计枕头的形态以及材质。这样的提议一个接一个迸出来，引发了更多同学的思考，又激发出了新的创意。

这样的场景，几乎每一节科技课都在上演。

重庆一中是重庆最早开设科技课的学校之一，为了激发学生的创造热情，老师们自主编写了《科技制作与创新》《中小学信息技术创新与实践活动学习指导——智能机器人》等校本教材，自主开发了水火箭、3D 全息投影等深受学生喜欢的科技课程。科技课发展到今天，课程形式已经丰富多样，不仅有科技新事物的讲解，如人工智能、VR、AR、区块链等紧跟时代的科技名词，还有最新的科技产品以及科学进展的普及；不仅有科学小制作的课程，让学生在制作过程中体验科学的乐趣，同时还有课题研究的课程，就一个创意的可行性展开讨论，为学生不断注入新鲜的创意灵感。

同时，课外活动也极大地激发了学生对科学的热情。每年 11 月，学校都会举办声势浩大的科技活动月。在科技活动月中，科技与数学、物理、历史、地理、化学、生物等科目巧妙地融合，智力快车、头脑运动会、科技游园、魔方比赛、飞叠杯比赛、地理拼图、3D 绘制比赛、科幻绘画等活动逐一上演，不仅为学生普及科技知识，培养学生的科学素养，更能通过动手实践来激发学生的科学热情。

培养创新人才是新时代的呼唤，我们要培养的是具有创新意识、创新精神、创新能力的新型人才。中学阶段是培养学生创新能力的关键时期，这一阶段的学生心理和生理发育趋于成熟，具有一定的独立思考能力与判断能力，思想活跃，接纳信息量大，求知欲强，可塑性极大，可以说每个学生都有巨大的创新潜能。但同时，由于这一阶段的学生还未形成比较完善的思维方式和解决问题的模式，遇到困难容易放弃，同时这个年龄段的孩子的心理处于不稳定状态，需要强有力的肯定来达到自我认可。作为教育者，就是要最大限度地挖掘学生的潜能，搭建良好的平台，通过课内课外活动的结合，激发学生的好奇心，培养学生的求知欲，肯定学生的创造力，将学生的创新热情一直延续下去。

二、创新能力的培养

（一）创新机制的创建

小董同学：“张老师，我想利用开源硬件设计一个预防长时间使用电脑的装置，并利用 3D 打印技术为这个装置设计外壳，这个装置就叫防久视提醒器吧！”

张老师：“那可以根据自己的想法绘制思维导图，然后讨论一下方案可行性。”

几天后，小董同学绘制出创意想法的思维导图和设计草图，并列出硬件清单。

一周后，小董和小伙伴利用创客教室的工具，动手制作出防久视提醒器的作品模型并为其设计一个精美 3D 打印外壳。

小董同学：“张老师，我想把这个防久视提醒器的 3D 外壳再完善一下，使用时提醒器外壳不怎么稳定，容易倾倒！”

张老师：“好的，那你要从哪些方面改进结构设计呢，比如我们在通用技术结构与设计章节上学习硬件稳定性的因素有哪些呢？”

小董同学：“影响机构稳定性的因素有重心、支撑面和结构形状，噢，我知道了降低外壳的重心，增大其支持面积，形状设计应采用几何不可变体系……”

张老师：“项目优化时，不仅要考虑到影响结构稳定性的因素，如重心、支撑面，更要确保作品功能不受影响，当然这是项目设计的改进与优化的过程，也是不断提升自己创造力到项目实践的过程。”

小董和张老师还在不断地探讨创客项目的改进与优化，这已经是小董完成的第三个创客项目了。为预防人们长时间使用电脑，保护视力，小董设计制作的“防久视提醒器”获第十四届全国普通高中通用技术课程工作会议中的创客项目展示活动获“一等奖”。为设计一款经济实惠的智能安防装置，小董通过“机器人及创客制作”选修课学习，学以致用设计“基于 Arduino 的智能安防系统”，获第十五届全国宋庆龄少年儿童发明奖重庆金奖，在 2019 年全国青少年创意编程终评中网易“少年极客”专项奖这些都是小董同学所获荣誉。

学生发展核心素养的提出，为当前学校课程建设指明了方向。如何让创新教育真正在学生中落地生根，让创新成为一种行动，是我们一直思考的。

在新一代人工智能规划之下，重庆一中积极开设了“机器人及创客设计”“科技创新与制作”等选修课程，为有兴趣学习，愿意探索的同学们提供深入学习的平台与机会。一方面，重庆一中以技术必修课程为科技教育普及，选修课程为个性化辅导，机器人创客等科技比赛活动展示成果。选修课上，两人为小组，相互协作，积极探索，敢于实践，在老师的指导下，逐渐掌握了开源硬件、3D 设计与打印、创意编程等创造工具，具备一定的创新实践能力。

另一方面，学校机器人创客室一周七天开放，为学生们提供创新创造和动手实践平台；学校科技教师积极为同学们搭建各种创新实践平台，组织他们参加各种科技创新活动，如“青少年科技创新大赛”“中小学电脑制作活动”“明天小小科学家”“宋庆龄少年儿童发明奖”“创客嘉年华”“创意编程”等活动，从科技教育普及到科技应赛，再到针对他们制订个性化培养方案，循循善诱，尽可能地为学生们搭建平台，鼓励他们参加创新实践活动。

从激发创新意识到创新能力的提升，再到从创新实践中汲取成长的营养。发展学生核心素养，让创新成为一种行动。重庆一中在“尊重自由，激发自觉”以生为本的教育理论指引下，科技创新教育已在重庆一中落地生根，茁壮成长，枝繁叶茂。

（二）创新平台的搭建

教育往往希望学生全面发展，殊不知很多学生的特长由此而被掩埋，而学生真正感兴趣做得好的方面在中学阶段因条件限制往往不能得到肯定与支持。重庆一中重视科技教育，为学生搭建各类创新的平台，让学生的科技特长得以充分发挥。课堂上信息技术、科学技术、通用技术三大技术学科为学生指引方向，电脑制作、创意编程、STEAM 选修课里学生根据自己的兴趣特长进行专业学习。志同道合的学生组成社团碰撞出火花，共同在学校每年 12 月里开展科技月活动展示成果，同时将成果参加每年举办的机器人竞赛、全国中小学电脑制作活动、全国青少年科技创新大赛、“明天小小科学家”奖励活动、宋庆龄少年儿童发明奖、东润丘成桐科学奖等科技创新大赛，让学生们有机会和专家对话、与大神们交流。重庆一中努力为学生们搭建创新的平台，让学生踏上从课堂到课外，辐射全校，进击全市，冲向全国的科技创新脚步。

【案例】

学校开展素质教育，培养学生的创新能力少不了家长的共同支持。学校更要敏锐捕捉学生科技创新的闪光点，给学生搭建平台，发挥特长。家长有时会向我们反映这样的情况，比如杨浩妈妈：“我们家杨浩放学后回到家第一件事就是开电脑，有时候连作业都不做，我跟他爸都觉得他肯定是在玩游戏，不让他玩电脑，他一直说不是在玩儿，这也是在学习，还说我们啥都不懂，向我们发脾气。老师，这孩子说的到底是不是真的？”

家长眼中的杨浩只会“玩游戏”，但通过各学科老师特别是信息技术、通用技术、科技老师的深入了解，杨浩并不是沉迷游戏，而是对三维设计、软件开发非常感兴趣，于是让他担任了班上的电教委员，并且当老师讲到二进制他总是能第一时间换算出结果，说到计算机编程他立马罗列出了 C++、Visual Basic、JAVA 等编程语言，讲到人工智能、AlphaGo 时他更是双眼放光，全神贯注盯着机器人视频。这个妈妈眼中的“网瘾少年”，分明是科技创新课程中的优等生啊！

接下来开始学习 C 语言程序设计知识，杨浩的表现让人大吃一惊，每次讲完课后杨浩总是能以全班最快的速度编写完代码并能得到正确运行结果，还帮助其他同学解决疑问、修改代码，而且他还自己买了大学的编程教材，十分积极主动。杨浩缺的不是学习成绩好，缺的是主动学习的兴趣，而他的兴趣，正好是编程、科技创新这一块。有了语言基础，老师又鼓励杨浩参加信息学竞赛班，同时让他带头组建了机器人社团，每年 12 月学校科技月活动杨浩总是带着社员们展示他们制作的各类机器人。为了让他们得到专业的指点，学校让杨浩团队参加了 VEX、全国中小学电脑制作活动、全国青少年科技创新大赛等科技创新比赛，都取得了不错的成绩。曾经在家长老师眼中成绩中等的学生，现在是经历过学校、省级、国家级专家考验的自信的杨浩，他已经成为一名有特长、有理想、有能力的机器人特长生。编程制作机器人也带动了他学习数学、物理等知识，提高了各科成绩。高中毕业，杨浩考取了理想的大学，目前成立了自己的科技公司并在行业里成绩斐然。就像杨浩自己说的，感谢重庆一中为他提供了科技创新平台，让他找到了真正的自己，成为理想的自己！

重庆一中重视素质教育，素质教育是指一种以提高受教育者诸方面素质为目标的教育模式，重视人的思想道德素质、多方面能力培养、个性发展、身体健康和心理健康的教育，目的是把每一个孩子培养成为全面发展的人。学校不仅重视科技创新人才的培养，而且还搭建了校内到校外众多创新平台。

重庆一中科技活动始于 20 世纪 50 年代，开展以弹射飞机、索引飞机和线操纵飞机为主的航空模型活动。60—70 年代，“三模一电”（车模、船模、空模以及无线电）活动兴起。70年代末80年代初，学校科技活动大发展，活动内容增加了科技小设想、小制作、小发明、小论文等“四小活动”和计算机活动，建立了科技社团组织，成立了小科学家协会，经常举办科学讲座，开始开展科技月活动，形成了“以科研树名校，以创新促发展”“尊重自由，激发自觉”的科技教育办学理念，确定了培育学生科技素养、创新精神、实践能力的教育宗旨。发展至今，学校科技教育进入整合提升阶段，包括三个方面的整合——师资整合、管理整合、内容整合。通过整合与提升，实现了多专业师资的优化组合，各场地设备资源的充分利用，相关技术学科内容的深度融合，学校营造出了“爱科学，学科学，用科学”的浓厚科技氛围。

最好的教育在于平台的搭建、风气与氛围的营造。毫无疑问，重庆一中为学生们搭建的科技教育的平台，培育了他们的创新精神和实践动手能力，并在他们的心里埋下了科技创新的种子。在如此优良的平台上，沐浴在科技创新的氛围和风气中，广大师生成了科技教育自觉者！

（三）创新评价的构建

创新评价不同于普通教学评价，普通教学是以试卷、作业或是教师的口头反馈、成果甄别，创新评价是站在学生个体差异、兴趣特点及不同创新思维、创新方法、创新内容的基础上对其进行多方位、多角度、多方式的评价体系。当创客教育、STEAM教育大步流星地走进中学生课堂，当跨学科创新实践在中学生课外活动开展得如火如荼的今天，科学性的创新评价显得尤为重要。创新评价不仅要考查学生对知识的掌握，还要考查学生创造性地分析问题、解决问题的能力，以此培养学生的创新意识和创新能力。学生创新活动评价中，始终坚持其发展性，采用“自我参照”标准，引导学生对自己在创新活动中的各种表现进行自我反思评价。

【案例】

在第32届全国青少年科技创新大赛全国赛的会场上，来自重庆一中的李京雨同学携带着他的作品——“基于智能手机的盲道与斑马线识别系统”，在展台前向与会的专家评委热情地讲解。在他解说作品时，言语中除了对他这次参赛作品制作的过程讲述之外，他还不时提到了研究制作时辅导老师、团队同学对他的引导、帮助。创新活动如同投石问路，前方的困难和障碍扑朔迷离，李京雨同学在项目初期选题时与辅导老师李老师几番讨论后，才敲定方案。决定利用信息技术课堂所学结合现实生活中实际问题，在数字化学习与创新和信息社会责任的核心素养下，制作能为盲人服务的一款App。

李京雨往返计算机教室、实验室查阅资料、搜集信息。他发现日常生活中，经常能看到盲道被占用或被破坏的情况，而当前人们提出的多种针对视障人士的导航系统，例如可穿戴导航设备、智能导盲手杖和反偏离系统在一定程度上存在功能单一、操作复杂、实时数据更新困难和价格昂贵等缺陷，并不能惠及大部分视觉障碍用户。在查阅资料和搜集信息阶段，学校在创新活动中搭建平台，辅导老师李老师也鼓励他走出校园，在生活中观察、体验、感悟。设计研究过程中，应需对盲人有极高的普适性，李京雨采用智能手机作为硬件开发设备；同时要兼具广泛的应用性，他采用Android系统作为开发平台。他认为解决盲人识路的关键所在，是需要软件能有效地识别盲道和斑马线且识别后要快速将信息反馈给盲人，辅导教师对李京雨的想法给予了肯定，并鼓励他运用现有知识经验结合网络寻求解决方案。一番调查后，李京雨选择在Android平台上采用基于OpenCV的图像处理技术，增强其实用性；在盲道识别算法上进行改进，提高识别效率和准确性。研究过程中，项目的主要部分是照片的图像处理系统利用智能手机的摄像头实时采集盲道信息，对盲道区域定位，整个软件设计流程主要包含图像预处理、盲道粗定位、经定位流程，最终确定盲人面前的盲道与普通道路的区别与具体位置。项目从选题到设计再到最后制作完成，李京雨倾注了不少心血，指导老师也以多种不同的评价方式让他肯定自己的成果、坚定信心，保持对科学技术的最初的那份热爱。从选题到定案，从资料搜集到项目制作，每一个阶段背后，都有来自身边的力量为他指路引航，对他实践中的困惑疑虑解惑答疑、评价反馈，在创新探索的过程中，学校创新课程的评价体系、辅导教师心理相容的反馈引导、团队同学诚挚友好的互助交流，使得这位创客少年在创新探索中重新认识自己，确定前进方向，带着自信与无畏开启了他的创客之旅。

在学校创新评价中，首先应关注学生的个性发展与创造精神。每名学生都是具有创造潜能的主体，评价中按部就班，学生就会处于被动，个性得不到尊重和发展，创造精神和创新能力则会大打折扣。其次，兴趣是最好的老师，每个孩子兴趣都有所不同，而他们不同的兴趣爱好是创新成果弥足珍贵的源泉和动力。教师的评价应结合学生的智力特点、兴趣特长，“对症下药”评价反馈，根据学生不同的信息加工方式、气质类型、偏好进行测评，对跨学科创新活动选择多名涉及不同专业领域的教师进行评价，这不仅可以优化学生的知识结构，为以后在某个专业深造做好准备，同时也有利于发展学生的特殊兴趣，使之能够学有所长，以便激发其创新的积极性。

评价应具多元化，创新活动中允许学生用不同的方案解决问题，提倡学生用多种形式展示其成果，评价主体方面，教师、家长、同学、自己、校外专业人士都可成为创新活动的评价者，不同主体依据其自身角度的评价，更能促进学生进步；评价应坚持动态的过程性，学生课外创新活动，往往时间不固定，随时随地都在活动创新，在评价活动中，应关注学生活动中的每个环节的表现，并对他们寻求解决方案时遇到的问题和解决过程做重要评价。

创新评价是在创新活动中依据特定目标和标准对学生进行的过程与结果的价值认定与判断，它对学生创新活动具有诊断、激励、调节及教学的作用，科学性创新评价的构建能给予学生在创新活动课程与创新实践活动正确的反馈，让学生在创新活动中快乐成长！

三、创新成果的展现

（一）人文成果

学生的人文素养是其一生成长的重要组成部分，人文积淀是一个人成长的灵魂基础。对于学校而言，学校的人文氛围是其历史积淀、现实关怀的写照。一个学校人文氛围的营造会折射出办学者深厚独特的教育理想。重庆一中深厚的、红色的校园历史文化给学校创造人文氛围提供了有利条件，唐宏宇校长“尊重自由、激发自觉”办学理念更为人文校园注入了新时代的教育血液。

重庆一中面对新时代教育的形势，紧紧抓住新高考改革的主旋律不放松，紧紧扣住学生核心素养的培养不放松，紧紧围绕学生综合素养的提高不放松，培育了一批批具有人文素养、人文关怀的莘莘学子，可谓人文成果硕果累累。其中，在历史组学科核心素养教学引擎的带领下，重庆一中中学生的历史学习成果丰硕。初中进行的历史素养培养非常接地气，它把学生了解的生活、课本中的历史转化为可以触摸得到的实实在在的事物。高中的历史学习把感性的直接认识上升到理性的思考感悟。

历史课堂中，在学完《第二次鸦片战争》一课后，老师进行了一次《我眼中的圆明园》手抄报评比。本着公平、公正的原则，历史组老师将全年级的所有作品进行了初评和终审两个阶段的评比，最终评出一、二等奖。学生们通过自己查阅资料，从不同的角度审视万园之园——圆明园。从选材到绘画、从版面设计到落笔实施，都由学生独立完成。有的学生用画笔再现圆明园的风华绝代；有的用卷轴的方式呈现圆明园一个半世纪的建筑历程；有的用文字痛斥英法联军抢劫并火烧圆明园的强盗罪行；有的以理性笔触思考圆明园毁灭的深层原因……或许学生审视圆明园的角度不够全面、思想未必深刻，但是这就是学生将历史从课本转移至手中的方式，也是学生将历史从遥远的过去拉近至自己心灵的距离。

每个同学的热情参与、每位历史老师的深情指导，让中学生的历史学习更有趣、历史味道更浓厚、历史思悟更深刻。重庆一中的学生不仅在校园中去展现历史的光华，而且在重庆市中学生的舞台上也呈现了别样的风采。

2017 年重庆市教科院为适应历史课程改革和历史教学发展的新趋势，凸显学生的学习主体地位，调动中学生学习历史的积极性，提升中学历史教学质量，特别举办了重庆市首届中学生历史“学・思・悟”征文评选活动。重庆一中学生用自己的努力奋斗，取得了好成绩。龙美旭的《叹息中的历史》获得一等奖，欧阳汉卿的《历史里的秦淮河，永不褪色》、李蕊含的《梦回唐朝》、谭尧的《历史孕育着未来》、吴姝燕的《重新发现秦始皇》获得二等奖。王云锋、秦朗、胡宇航的《“德”与“术”对中国官吏选拔的影响》，李逸韵的《叩史》，王森的《红苹果——浅谈君士坦丁堡战役对西方世界的影响》获得一等奖。陈美瑾的《悲情李鸿章》、刘沛东的《概谈高中历史学习》获得三等奖。

除学生在历史成果方面的展现外，语文教学培育的人文成果也是可圈可点。全国全市中学生各类作文大奖赛上，都可以看到重庆一中学子的风采。学生人文成果的孕育是学校精心营造人文氛围、一心谋求学生发展、核心激发自由自觉的必然结果。重庆一中学生人文素养的提升，定会为其在未来生活获得幸福感打开一扇窗户。

（二）科技成果

青少年科技活动是激发学生科技兴趣、培养创新人才的重要途径，重庆一中科技教育有着 50 多年的悠久历史，通过形式多样的科技选修课、课外活动、兴趣小组、科技活动月等培养出一批又一批的科技创新人才，得到了家长和社会的广泛认可。

2001—2018年，每年学校都会组织学生参加如全国中小学电脑制作活动、全国中小学信息技术创新与实践活动、全国中小学科技创新大赛、全国青少年信息学奥林匹克竞赛、全国宋庆龄少年儿童发明大赛、全国无线电测向大赛、重庆市青少年科技模型大赛、重庆市青少年车模锦标赛等30多项赛事，学校累计参赛人数约2.5万人次。在层层选拔中不少学生脱颖而出，据不完全统计，获得国际级奖项9项、全国一等奖459项、全国二等奖786项，市级一二三等奖12321项。其中有黄思冲、张宇翔、毛婧琦等28名学生获得重庆市科技创新市长奖、市长奖提名奖等，李博、高正宇等124名学生通过科技竞赛获得北京大学、清华大学、浙江大学等高校的保送、加分、降分等资格，更有黄晓愉等学生选择从事科技行业，在各自行业中发光发热。重庆一中高2014级学生袁诗然就是从校本选修课中走出来的学生，也是众多学生的一个缩影。

学生在校学习的基本形式是课堂教学，但课堂教学有它的局限性，一般只能根据教学大纲的要求、教学内容和大多数学生的知识水平来进行教学，在教学方法上也不可能照顾到全体学生的不同特点。而选修课、课外活动等方式对学生来说则是个广阔的天地，它能开拓新的知识领域，使学生能够根据自己的兴趣与爱好有选择性地学习与发展。同时，课外科技活动也为学生提供了课堂教学中所不具备的各种条件和设备，让学生走出了教室狭隘的空间，学生可以有机会把已掌握的知识运用于实践，实现自我成长。

从日常课堂上发现学生，到校本选修课程深入学习，再到各类科技类比赛中崭露头角，甚至在全市、全国的各种大赛平台中屡屡斩获大奖，我们的学生总会带来各种惊喜。更让我们看到学生在不断参加比赛、活动中的变化与进步，以学竞赛、以赛促学，学生在屡屡收获各类科技奖项的同时也不断提升了自己的能力，甚至对自己的专业选择、职业规划都起到了重要的作用。

在舞蹈、表演、绘画等领域，重庆一中在市级、国家级别的比赛中取得了优异的成绩。还有很多的同学凭借出众的艺术成绩，通过国内外一流大学的自主招生考试，获得了一流大学的录取通知书。他们是重庆一中近些年来注重艺术发展的名片标签。他们折射出重庆一中在学生艺术氛围培养、艺术意识历练、艺术行为激发、艺术感悟获得等方面的努力。

艺术滋养心灵，艺术丰润人生，艺术升格校园。重庆一中艺术成果的取得，是学校关注学生自由与自发展自觉的必然趋势，是学校用艺术之光浇灌新时代学校发展之路的辉煌见证。

第四节

让成就成为一种追求

一、个人价值的实现

重庆一中在办学90周年的历程中，形成了“明礼崇德、求知求真”的校训，“爱国爱校、尊师爱生、朴实勤奋、改革创新”的校风，“崇德、敬业、博学、严谨”的教风，“励志、笃学、乐群、力行”的学风。在新时代的条件下，重庆一中在继承和发展学校传统文化的基础上，创造性地提出了“尊重自由，激发自觉”办学理念和“发觉自觉力，成就自觉者”办学目标。学生是学习的主体，通过教育，激发出学生的内在自觉，让学生主动学习、终身学习，实现人生价值，一直是重庆一中坚持做的事情。

（一）源自更高目标的自我努力

成功的花儿，人们只惊羡她现时的明艳！然而当初她的芽儿，浸透了奋斗的泪泉。如果你要问我重庆一中哪里最美，我会告诉你，最美的不是自然风景，而是努力奋斗的学生。当暑假来临，很多学校都已经关门放假了，在重庆一中，有那么几个地方是永远开着的。

1.“两假”无假的图书馆、体育馆

据图书馆馆长胡南北回忆，这是他来重庆一中的第十一个年头，而在这十一年里，他从来没有享受过其他老师的待遇——寒暑假。因为在重庆一中，每个寒暑假，当学校的铃声消失、教学楼的人流散去，图书馆又成了学子的聚集地。在假期，图书馆的开门时间是早上 8 点到下午 5 点，但是在很多时候，当胡馆长 7 点 50 到达，已经有学生在门前等候，就是为了能够在图书馆有“一席之地”，是的，在寒暑假，总量能容纳 800 人的图书馆，因为有学生自习，常常显得很拥挤，还必须早一点来占座。这背后，体现的是重庆一中学生对学习的热爱，想在图书馆占有一席之地，也想在自己的所学领域能够有一席之地。这也成就了重庆一中乐学好学的文化氛围，自我学习、自我努力的学习环境。正是学生对学习自发的追求，才有重庆一中连年的好成绩——重庆市状元人数最多的学校。

与图书馆的安静相比，就是操场和体育馆的热闹。体育生每天早晨 6：00 起床，由教练带领着训练。首先就是 3000 米的长跑，锻炼学生的耐力和体能。跑完之后的恢复训练做完了，接着就是基础的运球、传球，以及投篮姿势的调整，提高命中率是必不可少的，且训练量只增不减。除此之外，力量练习也很关键，上肢利用哑铃，做双臂前平举，双臂侧平举发展前臂、三角肌。持哑铃做仰卧起坐和俯卧飞鸟，练胸肌和背肌。下肢训练比如深蹲、蛙跳、跳台阶等方式，以上就是体育生的家常便饭了，不管是篮球体尖还是田径体尖，也不管是酷热的夏天还是寒风刺骨的冬天，教练与学生为伴，学生与操场、体育馆为伴，就成了假期里重庆一中的一道风景线。学生的努力换来了成绩，2017 年 3 月 22—24 日，重庆市 2017 年中学生田径锦标赛暨第十三届全国学生运动会选拔赛在字水中学举行。作为传统田径强队的重庆一中继 2016 年获得高中组丙组团体冠军后今年再度夺魁，获得丙组团体冠军。初中组也获得了丙组团体亚军的优异成绩。

2.“双休”未休的自习室、排练厅

高中学业繁重，平时学习比较辛苦，周末“放松”就成了很多学生的理由。劳逸结合是有利于学习的，但许多学生把放松过成了放纵。周一至周五在学校是乖学生，周六周日回家就成了“网瘾少年”。一周的知识没有得到巩固总结，最终成了“后进生”。但在重庆一中是另外一种情况。周末自习是高中学习的常态，学校并不做硬性要求，但是如果你到重庆一中你就发现，周末放假，到了中午、下午放学时间，除了高三学生，其他教学楼也会有很多学生，这就是学生自发地自习。高 2019 级 17 班班主任陈小燕就说过，学生通过周末抽时间自习，巩固了本周的知识，同时完成了下周的预习工作，学习起来更高效，这才是真正的劳逸结合。由于上自习学生人数多，各个年级每周安排值班老师值班，以保障学生在自习期间的安全。很多重庆一中毕业的“学霸”，在回忆自己的高中阶段学习，都忘不了周末自习文化，这段安静的时间，在这个过程中成就了自己的学业。

乐器、舞蹈、话剧等，这些都是重庆一中出名的项目。可每到周末，别的学生都在教室自习或者家中休息的时候，艺术生们分别来到了学校的各个排练室。压腿、压肩、推脚背、把杆训练、踢后腿、劈腿跳、大踢腿……这些在我们认为复杂多样的事情，在跳舞者眼中却是再自然不过的，他们在周末重复练习，从不觉得辛苦，为了自己的梦想，他们在学校的每个角落默默地努力着。

（二）良好学习氛围里的自我成长

文化对人的影响是潜移默化的，也是深远持久的。但是人接受健康向上的文化，往往是积极主动的过程。重庆一中为学生学习创造了良好的环境，而众多学子也在其中汲取母校的文化，使自己不断成长。

二、社会价值的实现

（一）社会认可

学校要培养什么样的人，立德树人是学校的根本任务，这就要求我们要培养道德情操高尚，具有扎实的科学文化素养，健康的身心，良好的审美情趣，具有社会责任感、创新精神、实践能力的社会主义接班人。基于这样的育人要求，重庆一中重要的是要把学生培养成正常的“社会人”、与社会接轨的人，而不是没有自己的想法，不会创新的人；或者是没有集体观念，我行我素，不受纪律约束的人。

钓鱼岛的名字、美国的立场……年轻淡定的中国记者冉维操着流利的英文连连发问，美国国务院新闻发言人被追问到手足无措，最终无言以对……

很多人熟知冉维是因为央视新闻的一段视频，视频中的他言辞犀利，几个提问竟让见惯大场面、自信满满的美国政府发言人哑口无言。网友们赞其是“真正的中国好声音”。

对此，冉维这样解释：“这个提问其中有偶然的因素，也有必然的因素，我对这个问题也进行了长时间的了解和研究，怎么提问也经过了思考。所以从记者专业的角度来讲，这个问题还是非常符合规范的，包括美国人也没法说我这个问题过于刁钻或者说有什么不对的地方。”对于冉维来说，记者的成就感有很多种，这种在“危险”的处境下，报道历史性的事件，尤其让他觉得有意义。

在华盛顿这个媒体竞争激烈的地方，中国记者以前并不受重视。冉维觉得现在对手渐渐意识到，中国记者的专业性和逐日上升的中国国家实力是相匹配的。中国的记者越来越专业，他们英文说得越来越好，他们越来越有自己的思想，他们能够灵活地以自己创造性的方式来表达中国的立场、维护中国的利益。

冉维是2013年获第十七届中国青年五四奖章获得者，这是中国共产主义青年团中央、中华全国青年联合会共同授予中国青年的最高荣誉。他出生在九龙坡一个普通的工薪家庭。1995年，冉维初中毕业后，凭借优异的成绩考上了重庆一中，在这里，他度过了难忘的高中时代。在谈到重庆一中对他的影响时，他说道："在重庆一中学习的三年，重庆一中的'红色文化'氛围使我从来没有放松过对时事政治的学习和注意，我逐渐觉得，我的呼吸、我的欢乐、我的悲哀同我的国家、我们事业的呼吸、欢乐和悲哀一致了。为了这个，我要谢谢亲爱的母校：您给了我最重要的东西。我在您的怀抱里夺取了知识，在您的怀抱里产生了对科学的热爱。知识给了我力量。我决心把自己的一生献给祖国的科学事业。母校，您鼓励我、支持我的志愿，并且教育我要不怕困难披荆斩棘地努力进取。"

此"社会人"非彼"社会人"，此"社会人"是指正常的在社会学中具有自然和社会双重属性的完整意义上的人，与"自然人"相对。通过社会化，自然人在适应社会环境、参与社会生活、学习社会规范、履行社会角色的过程中，逐渐认识自我，并获得社会的认可，取得社会成员的资格。

（二）社会担当

核心素养下中学生社会责任意识的培养不仅是思想道德教育工作的内容，也是中学生成长成才发展的需要。核心素养主要包括三大内容：文化基础、自主发展与社会参与，而社会参与中就包括了责任担当这一重要内容。因此，要以课堂教学、社会实践、公民教育三方面来加强中学生社会责任意识的培养，体现核心素养培养的要求与精神。

重庆一中在中学各学科教学中渗透社会责任意识教育，培养社会责任意识。在数学教学中，可以通过数学在现实社会的应用，来丰富培养学生社会责任意识的途径。以数学简单统计为例，重庆一中在课堂教学中通过篮球、足球等体育运动的各种核心指标统计，或者学生演讲活动、辩论赛的各种数据统计，既可以让学生看到数学统计的作用，又可以引导学生从班级、社会等角度来思考个人作用的发挥，最终实现社会责任意识的隐性培养。

在中学各种社会实践中渗透社会责任意识教育，强化社会责任意识培养。以三月学雷锋活动为例，通过去敬老院看望老人，帮老人们做一些力所能及的卫生，或者是开展义务劳动活动等。无论是从形式上，还是从内容上，对学雷锋做好事的精神都没有太多帮助；但通过社会责任意识的培养来开展系统社会实践活动，则效果显然就不一样。

把中学生公民教育与社会责任意识培养联系起来，增强学生自我教育。中学生处于人生成长的特殊阶段，是少年儿童向成人过渡的重要时期，只有把握好这个时机开展社会责任意识培养，才能增强学生社会责任感，培养学生自我反思与教育的能力。如通过“共享单车”被人为破坏为例，其中一小部分破坏行为的实施者就是中学生，而通过公民教育与社会责任意识培养的结合，就可以让学生在这种反面案例中反思自我社会责任意识存在的不足，从而进一步增强学生的社会责任意识培养。

（三）家国情怀

基于对时代、对中国、对教育的全面审视，从基础教育阶段，我们就要培养学生树立正确的价值观念，使社会主义核心价值观的种子在学生心中生根发芽。结合新的时代目标，重庆一中将育人模式进行了完善，在“尊重自由，激发自觉”办学理念的指导下，提出要培养具有家国情怀、和谐发展的人；旨在为他们提供良好的成长要素和育人环境，使他们尽可能充满活力、千姿百态而又具有共同的家国信念。

扎根在重庆一中学子内心的家国情怀是几千年来中华民族内心深处的精神支柱，现在我们讲社会主义核心价值观的国家、社会和个人三个层面，都是家国情怀的不同时代表征。在重庆一中，教师们用自己的学识、阅历和经验，激发学生对社会主义核心价值观的学习兴趣、对国家的认同，引导学生争做具有家国情怀的榜样。

学校为同学们的发展提供良好的成长要素和育人环境，使他们尽可能充满活力、千姿百态而又具有共同的家国信念。在家国情怀的培养中，重庆一中也特别注重全面推进优秀传统文化进校园、进课堂活动，使学生了解中华民族博大精深的优秀文化，在潜移默化的熏陶中，增强国家认同。同时，把学生培养成为中国的世界人和走向世界的中国人，让其成为未来世界的主人。

重庆一中作为一所有着光荣革命传统的学校，始终肩负着地方、国家、民族教育的情怀与担当。重庆一中学生始终关注社会、关注人生、关注民族与未来的发展，心怀天下，积极作为，在关注时代的过程中把握时代脉搏和人生方向，强化使命意识和责任担当，做胸怀天下、担当有为的学子！